혁신의 공통 언어

디자인 씽킹

혁신의 공통 언어

디자인 씽킹

2020년 8월 25일 초판 인쇄
2020년 8월 30일 초판 발행

지은이	슈이린린·장하오·왕커웨
옮긴이	이원정·이윤경
교정교열	정난진
펴낸이	이찬규
펴낸곳	북코리아
등록번호	제03 01240호
주소	[13209] 경기도 성남시 중원구 사기막골로 45번길 14 우림2차 A동 1007호
전화	02 704 7840
팩스	02 704 7848
이메일	sunhaksa@korea.com
홈페이지	www.북코리아.kr

ISBN | 978-89-6324-699-4 (93320)
값 18,000원

혁신의 공통 언어

디자인 씽킹

Innovation via
DESIGN THINKING

슈이린린·장하오·왕커웨 지음

이원정·이윤경 옮김

북코리아

서문

기하급수적인 성장세를 타고 있다면 사람이든 기업이든 사회조직이든 그들의 혁신적 성과를 단지 바라보며 부러워하기만 할 필요가 없다. 이제 우리에게는 혁신을 이끌어내는 혁신의 도구와 방법을 알려주는 디자인 씽킹이 있기 때문이다. 부러워하며 시간을 소비하는 대신 이 책 《혁신의 공통언어: 디자인 씽킹》을 반복해서 읽자. 반복하여 읽을수록 디자인 씽킹의 핵심적 개념에 대한 이해가 새로워질 것이다. 혁신과 거리가 멀었던 삼성이 1996년 디자인 경영을 도입하면서 혁신 기업의 대명사로 일컬어지는 기업들과 대등하게 어깨를 견주는 글로벌 기업으로 기하급수적인 성장을 했다는 사실에서 우리는 디자인 씽킹의 힘이 얼마나 강력한 것인지 알 수 있다. 디자인 씽킹을 배우고 학습하고 적용한다면 삼성과 애플 같은 기업만이 아니라 누구든 눈부신 성과를 달성할 수 있다.

이 책은 매우 구체적이고 이해하기 쉽게 혁신에 이르는 방법을 자세하게 안내한다. 이것이 이론적이고 추상적인 내용으로 가득 찬 디자인 씽킹 책이 아닌 풍부한 사례와 실습으로 혁신의 핵심 개념을 알기 쉽고 적용하기 쉽게 구성된 이 책을 선택하여 번역하게 된 동기다. 혁신은 그들만의 이야기가 아니라 이제 나의 이야기이며 우리의 이야기다.

혁신의 원천은 미국의 실리콘 밸리에서 시작되었다고 흔히 말한다. 미국의 실용주의 철학은 미국에서 혁신이 유래된 사상적 맥락을 제공한다. 한 세기 전에 미국의 대표적인 철학자인 존 듀이(John Dewey)와 윌리엄 제임스(William James)는 유럽과 대별되는 미국만의 독창적인 사상인 실용주의 철학을 내세웠다. 미국의 실용주의 철학은 르네 데카르트(René Descartes) 같은 유럽 근대 철학자들의 철학적 전통과 단절하고, 지식의 확실성을 추구(Quest for certainty)하는 대신 지식의 실용성을 추구했다. '지식이 왜 존재하는가(What is knowledge for?)'라는 지식의 존재이유를 묻는 질문에 대해 유럽의 철학과 미국의 철학은 매우 다른 답변을 준다. 유럽의 철학자는 이구동성으로 "불변하는 확실한 진리를 추구하기 위해서"라고 대답한다면, 미국의 실용주의 철학자는 "세상의 변화에 기여하기 위해 지식이 존재한다"고 대답한다.

　　지식에 대한 관점을 전환한 미국의 실용주의 철학은 혁신이 미국에서 시작될 수 있었던 사상적 기반이다. 구글, 아이비엠, 마이크로소프트, 애플 등의 미국 기업들을 중심으로 혁신이 시작되고 확산되었지만, 혁신이 비단 미국 기업에서만 가능한 것은 아니다. 디자인 씽킹을 빠르게 도입한 곳은 어느 곳이든, 개인이든, 사회단체든, 기업이든 혁신적인 성과를 냈고 기하급수적 성장을 실현했다. 중요한 것은 지리적 위치가 아니라 지식에 관한 관점의 전환이기 때문이다.

　　지식을 발견하는 연구방법이 진화되어온 과정을 살펴본다면, 디자인 씽킹의 방법과 도구가 왜 그리고 어떻게 혁신적인지 명백하게 알 수 있다. 디자인 씽킹은 '사람 중심'을 강조한다. 근대과학은 객관적 세계를 강조하므로 사람 중심의 관점이 들어설 자리가 없었다. 자연과학뿐 아니라 사회과학에도 객관적 세계에 대한 강조가 과학적 규범으로 자리 잡으면서 사람 중심적 관점은 객관적인 세계에 자리를 내주었다. 디자인 씽킹은 근대과학으로 잃어버렸던 사람 중심적 관점을 되찾아오고 회복한다. 이 사실은 혁신에서 매우 중요하다. 아니, 혁신만이 아니라 우리 인간의 삶을 인간답고 풍요롭게 해주는 모든 지식탐구에서 매우 중요한 진리다. 또한 이 사실은 객관적 세계의 물질적 기반 자체가 허구라는 것을 알려주는 아인슈타인의 상대성이론과 양자역학의 현대 물리학에서 증명되고, 근대과학에서 탈피하는 포스트모던의 과학적 진리의 어느 곳에서나 일치한다. 이에 관한 학술적인 논의는 역자가 집필한 연구방법론에 관한 학술논문과 디자인 씽킹 후속 저서에서 좀 더 자세히 논의될 것이다.

빠르게 변화하는 세계에서 혁신은 누구에게나, 어느 사회에서나, 어느 기업에서나 필수다. 혁신은 성장을 동반하고, 성장은 모든 유기체에게 핵심적인 가치이기 때문이다. 따라서 디자인 씽킹은 특정 전공이나 분야에 국한된 사람이나 기업이 배우는 선택 과목이 아니라 모든 전공과 분야에서 생존과 성장을 위한 필수 과목이 되고 있다. 20세기 초에 근대적 교육제도와 학문이 발전하면서 세부 전공으로 심화되는 학문 분과들로 전문성은 강화되었지만, 현시대에 우리가 직면하는 복잡한 문제들은 전문성만이 아닌 다학제적 역량을 요구한다. 디자인 씽킹은 근대적 교육방식과 사고방식으로부터 탈피하고 다학제적 역량을 개발하고 미래를 준비하는 교육혁신의 지침을 제공한다.

2020년부터 한국의 주요 대학들은 전공이 아닌 다학제적 역량을 배양하는 역량기반 교과과정을 도입한다. 교육부 대학평가의 주요 항목이 학생들의 역량개발에 대학이 기여하는 정도를 평가하는 방식으로 변화했기 때문이다. 또한 대학들도 글로벌 기업과 마찬가지로 교육혁신을 위해 대학 본부 차원에서 디자인 씽킹을 도입하여 미래지향적 교육 패러다임을 준비하느라 분주하다. 디자인 씽킹 교과과정을 발전시켜온 미국의 스탠퍼드대학교는 한국의 대학들이 벤치마킹하기 위해 항상 언급하는 해외 대학의 모범 사례. 스탠퍼드대학교는 '개방형 순환 대학(open loop university)' 개념을 도입하며 21세기를 준비하는 미래지향적 교육 패러다임을 앞서 제시해왔는데, 이 개방형 순환의 개념은 스탠퍼드대학교 디자인 씽킹 스쿨의 프로젝트를 통해 개발된 것이다.

이 책은 혁신의 핵심적 개념들을 디자인 씽킹의 주요 내용과 유기적으로 연결시키고 혁신에 이르는 과정을 잘 짜여진 6단계로 소개하는 디자인 씽킹의 안내서이자 교과서다. 총 9개의 장으로 구성되어 있으며, 흥미로운 이야기 방식으로 풍부한 실제 사례를 접목하며 사례를 통해 디자인 씽킹의 핵심 개념, 사고, 방법, 도구를 이해하고 실습할 수 있도록 구성되었다. 이 책은 활용도가 높다. 디자인 씽킹의 전체 과정을 즐겁게 학습하기 위한 입문서와 교양서로서 대중적으로 읽힐 수도 있고, 좀 더 학술적인 목적에서 대학의 강의 교재와 연구방법의 교재로 사용될 수도 있다. 이 책의 내용은 디자인 씽킹 스쿨의 원류인 미국 스탠퍼드대학교와 독일 포츠담대학교의 디자인 씽킹 스쿨의 교과과정을 체험할 수 있도록 다양한 프로젝트 사례들을 수록했고, 여기에 중국 본토의 디자인 씽킹 프로젝트의 경험을 결합했다. 또한 디자인 씽킹의 혁신적 사고와 연관된 베스트셀러 서적들도 함께 소개하고 있다. 사고의 전환에 필요한 개념과 새로운 사고를 배우기 위해 읽어야 할 필독서의 목록을 제공한다.

이 책의 후속 저서로는 역자가 집필한 《혁신의 공통언어: 디자인 씽킹 노트》가 있으며, 이 책과 워크북은 하나의 세트로 기획되었다. 두 권의 책을 함께 사용하거나 각각의 서적을 개별적으로 사용할 수도 있다.

혁신은 자기계발과도 맞물려 있다. 디자인 씽킹을 통해 자아의 혁신부터 시작해보자.

2020년 7월 26일
이원정, 이윤경

목차

제1장 디자인 씽킹은 혁신이다

"평온했던 과거의 교리는 폭풍우 치는 현재에는 적합하지 않다. 어려움으로 높이 쌓인 상황이라면 우리도 그 상황과 함께 높이 올라가야 한다. 새로운 상황이라면 우리도 새롭게 생각해야 한다."

– 에이브러햄 링컨(Abraham Lincoln)

애니메이션영화 〈크루즈 패밀리〉(The Croods, 2013)는 어쩔 수 없이 혁신의 길을 걷게 되는 이야기를 들려준다. '팀 리더'인 원시인 아빠는 동굴 밖을 관찰하여 위험을 간파한다. 동굴 밖에 있는 원시인 이웃들은 모두 죽었다. 공룡에게 밟히고, 뱀에게 삼켜지고, 모기에게 물려 죽고, 독감에 걸려 죽는다. 원시인 아빠는 100% 정확한 '생존 규칙'을 터득했다. 모든 새롭고 신기한 것들은 해롭고 위험하다는 것! 날이 어두워진 뒤에는 온 가족이 동굴로 숨어들어가는 것이 가장 안전한 선택이다. 그러다가 원시인 일가족의 피신처인 동굴이 지진으로 무너지자 일가족은 동굴 밖으로 나가 새 집을 찾는 탐험을 시작해야 했다.

〈크루즈 패밀리〉는 아무리 보수적이고 안전한 삶을 추구한다고 해도 외부 환경이 급박하게 변화하면 미지의 여정에 오를 수밖에 없는 시대상을 드러낸다. 전환을 이끄는 것은 혁신에 대한 열망이 아니라 구세계의 붕괴다. 우리도 이제 원시인 가족처럼 급변하는 시대에 혼자 동굴 안에 웅크리고 앉아 탐험에 나서는 것을 두려워할 것이 아니라 살아남는 역량을 키워야 한다. 켄 로빈슨(Ken Robinson)은 《학습혁명》(Creative Schools)을 저술하면서 링컨이 1862년에 남긴 명언을 인용했다.

우리 시대에 유일하게 변하지 않는 것은 '변화'이며, 혁신을 이해하지 못하는 사람은 미래에 발붙일 수 없다. 스티브 잡스는 "디자인이 너무 중요하기 때문에 디자이너들에게만 전적으로 맡길 수는 없다"라고 말했다. 반면 디자인 씽킹의 개념은 "창의력은 학습을 통해 얻을 수 있고, 누구나 혁신에 참여할 수 있으며, 세상을 긍정적으로 바꿀 수 있다"고 강조한다. 뛰어난 적응력, 학제 간 협력과 팀워크에 능한 혁신적 재능이 혁신 시대의 주축이 될 것이다. 전 세계적으로 대학들은 디자인 씽킹 방법을 도입하여 학생들의 비판적이고 창의적인 사고, 협력과 협력 의지, 리더십, 창업정신, 새로운 능력과 품성을 키우고, 시대의 추세에 적응할 수 있도록 힘쓰고 있다.

I.   디자인 씽킹이란 무엇인가

디자인 씽킹은 간단히 말해 일련의 효율적이고 혁신적인 방식이다. 디자인 씽킹은 도전을 분석하고 사용자를 관찰하며, 사용자의 충족되지 않은 수요를 발견하고, 그 안에서 통찰을 발굴한다. 통찰을 통해 문제해결을 위한 다양한 창의적 해결방안을 제시하고, '프로토타입'을 제작하며, 여러 번의 테스트를 통해 끊임없이 검증·사고·개선·반복하여 비즈니스, 기술, 사용자 수요 간의 균형을 이루는 혁신적인 해결방안을 모색한다.

디자인 씽킹은 지난 50년 동안 효과적인 혁신 도구를 발전시키고 통합해왔다. 사용자 체험, 브레인스토밍, 반복 개선 등의 혁신 도구들은 다시 통합되고 명확해졌다. 팀 브라운(Tim Brown)은 다음과 같이 결론지었다.

"디자인 씽킹은 단지 사람 중심이 아니라 사람 중심의 포괄적인 사고다. 이와 같은 접근은 비즈니스에서 사회 전반에 이르는 모든 것을 통합할 수 있어야 한다. 디자인 씽킹을 통해 개인과 팀은 획기적인 아이디어를 창출하고 실제 세계에서 실현시키고 작동되도록 해야 한다."

사례: 해적선 CT(컴퓨터단층촬영) 검사

글로벌 의약품 제조 및 유통기업인 지이헬스케어(GE Healthcare)의 영상설비 디자이너인 더그 디츠(Doug Dietz)는 어느 날 우연히 병원에서 놀라운 광경을 목격했다. 한 어린 소녀가 CT 검사를 하기 전에 무서워서 흐느끼며 울고 있는 모습을 보았다. 그는 뭔가 크게 잘못되었다고 느꼈다. 그는 조사를 하는 과정에서 80%의 어린이 환자들이 MRI(자기공명영상)나 CT(컴퓨터단층촬영)를 위해 마취과의 도움이나 수면제를 필요로 한다는 것을 알게 되었다. 아이들에게 낯선 CT 검사는 엄청난 공포를 의미했다.

더그 디츠와 팀원들은 디자인 씽킹을 적용하여 어린이용 CT 검사기계를 재설계했다. CT 기계를 해적선 모양으로 디자인한 것이다. 아이가 CT기에 들어가기 전에 의사는 "자, 이제 해적선에 들어갈 거야. 함부로 움직이면 해적에게 발견될 거다!"라고 말한다. 이 기계를 도입한 이후 어린이 환자의 80% 이상이 자발적으로 CT 검사를 하겠다고 말했다. 검사를 막 마친 어린아이들은 "엄마, 우리 내일 또 와도 돼?"라고 물었다.

CT 검사실은 벽면과 바닥이 해적선 소품으로 꾸며져 있고, 게임처럼 안내 음성을 들려주는 '해적선 체험관'으로 바뀌었다. 마치 테마파크 같은 재미를 선사해주었다. 어린이들에게 엄숙하고 공포스러운 의료 검사가 놀이와 탐험으로 변했다. 해적선 CT기 사례는 공감을 바탕으로 한 사용자 중심의 문제해결 마인드를 잘 보여준다. 이러한 성과는 아동 환자의 수요를 충족시키는 동시에 병원의 검사 효율을 향상시켰다.

1) 디자인 씽킹은 혁신적인 사고체계다

디자인 씽킹이라는 단어에서 '디자인'이 의미하는 것은 단순히 포스터 디자인이나 그래픽 디자인만이 아니다. 건축, 도시, 기계, 사람과 환경 등 다양한 분야로 디자인 개념을 확장할 수 있다. 디자인은 생각이 외부로 드러난 형태를 일컫기도 하지만, 더 나아가 복잡한 문제를 해결하는 일련의 사고 방식을 통칭한다. 디자인은 문제해결 과정에서 혁신을 위한 강력한 추동력을 제공한다. 디자인 씽킹에서 의미하는 디자인은 전문 디자이너들만 할 수 있는 영역이 아니라 평범한 개인이나 기업 모두 디자인 씽킹 방법을 사용하여 적극적으로 세상을 변화시킬 수 있다.

디자인 씽킹은 다양한 분야에서 널리 활용되고 있다. 잘 알려진 혁신 기업들인 구글(Google), 에스에이피(SAP), 비엠더블유(BMW), 아이비엠(IBM), 디에이치엘(DHL) 등이 모두 디자인 씽킹 이념을 도입했다. 이 방법은 실제 세계의 문제해결을 목표로 한다. 여러 분야의 전문가로 구성된 팀을 만들고, 단계별 과정과 몰입식 교육방식으로 코치하여 용감하고 활동적인 팀 분위기를 조성하며, 여러 분야의 인재들을 서로 연결하는 혁신적인 분위기 속에서 비즈니스와 사회 전반에 많은 변화의 기적을 창조해왔다.

　　전 세계적인 범위에서 디자인 씽킹은 혁신을 추구하는 사람들의 공통언어가 되고 있다. 혁신적인 사상체계로서 디자인 씽킹은 다음과 같은 핵심적인 사상을 포함한다.

- 사용자를 중심으로 현실세계에 들어가 새로운 시각을 찾고 새로운 통찰을 얻는다.
- 문제의 범위를 다시 정하고, 문제해결의 사고 경로를 개척한다.
- 사용자, 협업 파트너, 이해관계자를 초대하고 공동으로 참여하여 변화시킨다.
- 빠른 속도로 교체하고, 실천과 피드백을 끊임없이 모색하여 지속적으로 해결방안을 개선한다.

(I) 사용자를 둘러싼 3요소의 균형: 사람, 기술, 비즈니스

인간의 의사소통에 대한 수요는 변함이 없지만, 의사소통 방식은 엄청난 변화를 겪었다. 대면, 확성기, 비둘기 서신, 우편, 전보, 전화, 큐큐(QQ), 화상채팅에 이르기까지 다양한 의사소통 도구와 수단이 존재한다. 지금 우리는 카카오톡, 위챗(WeChat), 인터넷, 전화 등을 주된 의사소통 수단으로 사용하고 있는데, 10년 뒤에는 과연 어떤 도구를 사용하게 될까?

　　우리는 디자인 씽킹 개념을 기반으로 미래의 가능성을 탐색할 수 있다. 디자인 씽킹은 '사용자 수요'를 중심으로 하면서도 과학기술의 실현 가능성, 비즈니스의 지속 가능성을 강조한다. 혁신을 추구하는 사람들은 인문학, 비즈니스, 과학기술이라는 세 분야를 교차하는 능력을 갖추어 수요를 예리하게 관찰하고 파악하며, 적절한 기술적 수단과 결합하여 문제를 해결할 수 있고, 원가 개념이나 경영 마인드를 포함한 비즈니스 측면의 타당성을 고려할 수 있어야 한다.

스탠퍼드대학교 디자인 씽킹 커리큘럼의 시골 마을에 거주하는 '네팔 가정을 위한 인큐베이터' 사례는 '3요소'(사람, 과학기술, 비즈니스)의 균형관계를 잘 보여준다. 이 사례는 유아의 체온이 따뜻하게 유지되지 못하면 사망에 이르게 된다는 문제 정의로부터 시작한다. 학생팀은 디자인 씽킹 방법을 사용하여 인큐베이터의 대체품인 유아용 소형 침낭을 고안했다. 침낭 안에는 발열젤이 들어 있는데, 발열젤이 식으면 뜨거운 물에 가열한 후 계속 사용할 수 있다. 이 디자인은 디자인 씽킹의 3요소를 충분히 구현하고 있다. 사용자의 특성에서 출발하여 제품 원가를 낮추고 (개당 25~75달러), 발열젤을 활용했다. 사람, 기술, 비즈니스를 균형 있게 구현한 사례다.

(2) 다양한 분야 간 협력과 팀 협력

디지털화는 인간이 서로 연결되는 방식을 변화시켰으며, 개방 가능성을 제공한다. 인터넷 콘텐츠는 대중의 공동 창조와 공유에서 비롯된다.

수만 명의 사용자가 공동으로 《위키백과》를 작성했고, 온라인 동영상 사이트의 주요 콘텐츠는 다양한 창작가들로부터 탄생했다. 페이스북,

위챗 같은 소셜 플랫폼은 영향력 있는 매체가 되었지만, 스스로 창의적인 콘텐츠를 제공하지는 않는다. 포츠담대학교 디자인 씽킹 스쿨의 학장인 울리히 와인버그(Ulrich Weinberg) 교수는 '공동창조와 공유'의 특징을 "개인 지능(IQ)에서 집단 지능(WeQ)으로"라고 표현했다. 현대사회는 각 개인을 '우리'로 연결하고, 참여 문화를 육성하며, 집단지성을 장려하고, 팀워크를 통해 혁신적인 해결방안을 모색하는 '집단 지능' 모델의 개막을 알리고 있다.

대규모 글로벌 기업에서부터 스타트업 창업기업이나 글로벌 프로젝트팀에 이르기까지 점점 다양한 분야 간의 협력이 강조되며, 협력을 통한 혁신으로 수익을 창출할 수 있다.

(3) 체험하면서 배우고, 실패 포용하기

혁신은 종이 위에서 하는 탁상공론이 아니며, 말하면서 도출되는 방안도 아니며, 보기 좋게 만든 ppt도 아니다. 생생하게 살아있는 실험이다. 디자인 씽킹은 '생각하는 방법을 가지고 행동을 요구하는', '직접 하면서 배우는 것'(learning by doing)을 강조한다.

혁신을 추구하는 사람들도 낯선 미지의 문제에 직면하면 종종 두려움을 느낀다. 이때 '즉시 행동하기'는 초조함을 달래는 가장 좋은 수단이다. 디자인 씽킹은 권투 링에 올라가고 수영장 물속으로 뛰어들며 상대에게 패배당하거나 물 한 모금을 마신 뒤 다시 생각하는 전체 과정을 반복하며, 능력을 향상시켜 실제 경기에서 효과를 내는 것과 같다.

디자인 씽킹은 무미건조한 토론과 아이디어에만 만족하지 않는다. 손을 이용하여 생각하고, 새로운 영감과 가치 있는 정보를 얻는다. 행동하며 탐색하는 프로토타입(prototype) 제작을 통해 처음에는 거칠고 단순한 형태에서 시작하지만 끊임없는 개선을 통해 완벽한 프로토타입으로 나아간다. 짧은 시간에 프로토타입에 대한 반복적인 테스트를 하면서 창의적인 혁신을 촉진한다. 디자인 씽킹은 실패를 포용한다. 실패는 배움의 과정이며, 실패가 빠를수록 성공 확률은 그만큼 높아진다.

(4) 문제해결을 위한 열린 탐색

디자인 씽킹은 과감하게 개척하고, 열린 마음으로 탐색하며, '빈 컵'의 마음상태를 가질 것을 격려한다. 베스트셀러 《제로 투 원》(Zero to One)의 저자이자 페이팔의 창시자, 페이스북의 첫 외부 투자자인 피터 틸(Peter Andreas Thiel)은 직원 고용 시 채용할 만한 가치가 있는지 판단하기 위해 "중요한 문제에 대해 사람들과 다른 시각을 가지고 있는지"를 질문한다. 그는 "대부분의 사람은 지식의 홍수 시대에 점점 더 많이 배워야 한다고 생각하지만, 사실은 점점 덜 배워야 한다"라고 말했다. 무한한 지식의 세계를 마주하며 열린 사고를 유지하는 것이 특정 지식을 습득하는 것보다 더 유용하다는 의미다.

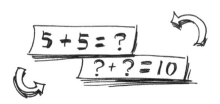

　예전에 우리가 대답해야 할 문제는 5 + 5 = ?였다. 그러나 현재 우리가 대답해야 할 문제는 ? + ? = 10이다. 문제 산출 방식이 더욱 개방적으로 변화하고 있다. 물론 이 문제에 대한 답은 다양할 수 있다. 우리에게는 상상력을 속박하는 사고 경로의 습관이 있다. "손에 망치를 가진 사람에게는 전 세계가 못으로 보인다"라는 말처럼 이 문장이 시사하는 의미는 특정한 사고 경로와 도구가 해결방식의 다양성을 제한한다는 것이다. 따라서 디자인 씽킹은 동일한 문제에 대해 차별화된 다양한 사고방식을 격려하며, 특정한 실행 경로에 구속되는 것이 아닌 해결방안의 효과를 강화하도록 격려한다.

사례: 에어비앤비(Airbnb)와 디자인 씽킹

2009년만 해도 에어비앤비는 세상에 알려지지 않았다. 주당 수입이 200달러에 불과했고, 3명의 젊은 창업자는 0%의 성장률에 직면해 있었다. 그러나 디자인 씽킹 방식이 에어비앤비의 운영방식을 변화시켰다.

　사용자의 관점에서 볼 때 모든 호텔의 객실 사진이 비슷하고, 너무 평범하며, 촬영 각도도 단일하다는 것을 알았다. 객실 사용자는 이러한 사진들에 관심을 갖지 않을 것이다. 그래서 팀은 '서투른' 해결책을 제시했다. 우선 카메라를 대여하여 집주인의 방 사진을 찍고 원본 사진을 아름다운 사진으로 교체한다. 이러한 움직임은 에어비앤비의 전환점이 되었다. '데이터 중심'에서 '사용자 중심'으로 전환한 것이다. 단지 컴퓨터 앞에 앉아 코드를 입력하여 문제를 해결하려고 했던 구태의연한 상태에서 전환할 수 있었다. 사무실 밖으로 나가 실제 고객을 대면하고, 문제를 해결하고, 최고의 해결방식을 찾아내는 것이 가장 중요하다.

에어비앤비의 구체적인 조치는 다음과 같다. 모든 직원에게 관찰하도록 격려한다. 회사에 입사한 모든 직원은 입사 후 첫 주나 둘째 주에 여행을 해야 하며, 여행 보고서를 작성하여 모두와 공유한다. 모든 직원이 창의의 동력이 되도록 한다. 신입사원이 회사에 입사한 첫 날, 새로운 아이디어를 제출하도록 장려한다. 이는 새로운 회사 환경에 빠르게 적응하도록 돕는다. 이런 식으로 회사는 직원에게 좋은 아이디어는 언제 어디서나 구상될 수 있다는 것을 알려준다.

2) 디자인 씽킹은 혁신적인 사고방법이다

디자인 씽킹은 혁신 과정이 신비로운 것이 아니라고 믿는다. 누구나 혁신가가 될 수 있고, 구체적인 규칙과 절차에 따라 혁신을 배우고 실천하는데 참여할 수 있다. 디자인 씽킹은 혁신에 이르는 상세한 도구와 방법을 포함한다.

(1) 6단계를 반복 순환하기

디자인 씽킹의 학습 과정은 다양한 고객과 조직적으로 협력하여 사용자의 현실에서 의미 있는 혁신을 위한 도전을 설정한다. 설정한 도전을 수행하기에 좋은 환경을 조성하고, 표준화된 절차를 사용하여 혁신을 촉진한다. 디자인 씽킹의 방법은 다음과 같은 여섯 단계로 이루어진다. ① 이해하기, ② 관찰하기, ③ 종합하기, ④ 창의하기, ⑤ 프로토타입 제작하기, ⑥ 테스트하기다. 디자인 씽킹을 배우는 학생들이 이 같은 6단계를 거쳐 각자의 강점을 발휘하고, 6단계를 반복적으로 순환하며 혁신적인 성과를 낼 수 있도록 한다. 디자인 씽킹은 팀원 간의 의사소통을 중시하고, 각 단계마다 각 팀원이 발표하고 제안하도록 하여 협력 과정에서 학생들이 끊임없이 의사소통 기술을 향상하도록 유도한다. 전체 단계를 관리하며, 서로 다른 분야를 연계하여 여러 분야에 걸쳐 있는 문제를 해결하는 능력을 강화시켜준다. 시간 관리는 디자인 씽킹에서 특히 강조하는 혁신 요소다. 각 단계의 시간을 잘 제어하여 각 단계를 반복적으로 순환함으로써 혁신의 가장 기본적인 틀을 구성한다.

- 이해: 문제에 내포된 의미 이해하기, 문제의 경계 정하기, 문제 분석하기
- 관찰: 현장관찰, 체험, 탐방 등의 방법으로 사용자를 심층적으로 이해하기
- 종합: 사용자의 수요 해석하기, 통찰을 발굴하고 문제 재정의하기
- 창의: 브레인스토밍을 통해 통찰과 수요에 집중하여 최대한 많은 아이디어 내기
- 프로토타입: 아이디어를 선택하여 만지고 느낄 수 있는 프로토타입 제작하기
- 테스트: 사용자를 관찰하고, 사용자 피드백을 반영하여 반복적으로 개선하기

(2) 문제해결 중심의 팀워크

찰스 임스(Charles Eames)가 말한 것처럼, 만약 의자를 디자인하고자 한다면 의자를 만드는 사람, 의자를 구입하는 사람, 그리고 의자를 수리하는 사람 모두와 소통할 필요가 있다. 따라서 디자인 씽킹의 학습 과정은 '도전' 중심과 '사용자' 중심을 강조하며 학과별 구분을 약화시킨다. 의자 하나를 완성하기 위해서는 팀원을 다원화하는 팀 구성이 필요하며, 다양한 사람과 의사소통할 필요가 있다.

창의력을 키우는 디자인 씽킹의 열쇠는 협력이다. 학습 과정은 학제 간 학습을 바탕으로 한다. 혁신 작업을 위한 팀 구성은 학과나 전공으로 구분한 기존 방식에서 벗어나 각기 다른 전공자들을 연계하는 원칙에 의거한다. 팀원들은 공학, 디자인, 마케팅, 혁신, 미디어, 매니지먼트 등 서로 다른 분야의 사람들로 구성되는데, 이와 같은 다학제적인 팀원들의 배경은 다양한 각도에서 문제해결에 접근할 수 있도록 하며, 다른 팀원으로부터 새로운 자원, 기술 또는 아이디어 등을 얻을 수 있게 한다.

모든 팀원은 동일한 작업에 직면하여 다른 팀원에게 의견을 묻기도 하고, 다른 팀원들이 작업을 완성하도록 돕기도 한다. 팀원들은 공동의 목표를 달성하기 위해 공동 작업을 하며, 서로 협력하고 격려한다. 디자인 씽킹 워크숍은 잊을 수 없을 만큼 흥미로운 혁신적인 경험이다.

(3) 위계가 사라지는 강의실

디자인 씽킹 강의실에서는 담당 교수가 '가르치는 사람'(teacher)이 아니라 '코치'(coach)로 바뀐다. 교수진은 보통 3~4명의 코치로 구성되며, 코치는 소규모로 조직된 각 학생팀에 들어간다. 교수들은 강의를 하기 위해 강단에 서 있는 것이 아니라 학생들 가운데 함께 있다. 코치의 역할은 '교육하는 지도자'에서 '이끌어주는 안내자'로 바뀐다. 코치는 학생들을 대신하여 생각하는 것이 아니라 혁신적인 분위기를 조성하여 혁신적인 아이디어를 구상할 수 있도록 북돋아주는 역할을 한다.

　　디자인 씽킹은 공간의 개방성을 강조한다. 학생들은 스스로 자유롭고 독립적으로 팀의 공간을 정하고 화이트보드, 테이블과 의자, 보조 도구를 사용하여 편안한 환경을 조성한다. 유연한 환경은 전통적인 강의실의 위계 서열을 없애고, 혁신적인 분위기를 북돋우며, 팀원들이 구상한 새로운 혁신적인 아이디어의 여러 층위를 연결하도록 돕는다.

사례: 아이데오(IDEO)사가 혁신적으로 재설계한 슈퍼마켓 쇼핑카트

미국 방송사 나이트라인(Nightline)은 디자인 혁신기업인 아이데오사와 합작하여 아이데오 디자이너 데이비드 켈리(David Kelly)가 4일 동안 슈퍼마켓 쇼핑카트를 재설계하는 혁신적인 탄생 과정을 시청자에게 '리얼타임'으로 보여주었다.

　　첫 날은 다학제적 배경을 가진 팀원들로 혁신팀이 꾸려졌다. 팀원은 역할을 나누어 어떤 팀원은 소비자의 구매 행위를 관찰하고, 다른 팀원은 쇼핑카트와 관련된 기술을 탐구하여 카트 구매 담당자와 수리 전문가를 찾아가 조언을 구하고, 또 다른 팀원은 슈퍼마켓을 직접 방문하여 쇼핑 과정을 조사하거나, 어린이용 의자와 유모차 10대를 해체하고 조립하면서 연구했다. 이후 혁신팀은 세 가지 혁신 목표를 정했다. 세 가지 혁신 목표는 ① 어린이 친화적 쇼핑카트 디자인하기 ② 효율적인 쇼핑 방식 디자인하기 ③ 쇼핑카트의 안전성을 높이는 디자인하기이다.

　　둘째 날, 팀원들은 브레인스토밍을 시작하여 혁신목표를 실현할 창의적인 아이디어를 구상했다. 어떠한 아이디어도 환영했다. 오전 11시가 되자 화이트보드에는 기발하고 자유로운 아이디어들로 가득 차 있었다. 그 후 프로토타입을 제작할 방향을 결정하기 위해 투표를 하고, 오후 6시가 되자 프로토타입 쇼핑카트가 테스트용으로 출시되었다. 프로토타입 쇼핑카트는 우아한 외관에 카트 프레임에는 바구니를 놓을 수 있도록 디자인했고, 고객 서비스센터와 소통할 수 있도록 마이크를 설치했으며, 계산대에서 줄을 서서 기다리는 시간을 절약하기 위해 직접 결제할 수 있는 스캐닝장치 등의 기능을 갖췄다.

셋째 날 오전, 숙련된 용접공에 의해 스마트하고 아름다운 장바구니가 완성되었다. 프로토타입 제작 책임을 맡은 팀원은 바퀴 기능을 개선했다.

넷째 날, 팀원 모두가 함께 쇼핑카트를 조립하고 쇼핑카트에 장바구니를 넣기 시작했을 때 켈리가 "설마 이 바구니를 사용하려는 건 아니겠지요?"라고 피드백을 주자 팀원들은 나무판 여러 장을 가져와서 다시 완전히 새로운 장바구니를 만들었다. 동시에 각 연결부위를 조립하고 테스트 작업을 완료했다.

오전에 팀원들의 환호성 속에서 혁신적인 쇼핑카트 1대가 베일을 벗고 모습을 드러냈다. 카트의 메인 프레임은 양쪽으로 경사져 흐르는 듯한 곡선형 구조를 형성하여 스포츠카 분위기를 냈으며, 개방적으로 디자인하여 표준규격 장바구니 5개를 상하 2층으로 가지런히 놓을 수 있도록 했고, 어린이 좌석에는 안전 받침대와 흥미로운 놀이보드를 설치했고, 직접 계산할 수 있는 스캐닝장치와 커피를 마시면서 장을 볼 수 있도록 2개의 커피잔 거치대도 장착되었다.

켈리는 프로그램에서 "사실 우리는 특정 분야의 전문가가 아니다. 우리의 전문성은 디자인 씽킹의 일련의 과정을 적용하는 데 있다. 만들고자 하는 제품이 무엇이든지 간에 디자인 씽킹의 일련의 과정을 활용해 혁신할 수 있는 방법을 찾아내려고 하는 것"이라고 말했다.

연습: 디자인 씽킹의 철학

혁신

혁신은 낡은 것을 타파하고 새로운 것을 만들어내며 종종 전복성을 띤다. 보수적이지 않으며 변화의 경향성이 있다.

애플(Apple)사의 광고 문구인 "다른 방식으로 생각하자"(Think different)는 혁신 정신을 담은 슬로건으로 유명하다.

디자인 씽킹은 모든 사람에게 창의력이 있다고 믿으며, 기업의 수직적 위계서열을 타파한다. 왜냐하면 상사의 창의력이 부하직원보다 항상 뛰어나다고 할 수 없기 때문이다.

연결

"창조란 여러 사물을 연결 짓는 것이다." 아이디어는 낡은 요소들을 새롭게 조합하여 연결하는 것을 의미한다.

디즈니(Disney)는 자신의 일을 가리켜 "작은 벌 한 마리가 스튜디오를 여기저기 날아다니며 꽃가루를 수집하여 모든 사람을 자극하는 것"이라고 묘사한 바 있다. 디즈니는 세계 곳곳의 동화를 미국식 서사방식과 연결하여 혁신을 이루었다.

레고(Lego) 장난감은 사람들에게 지칠 줄 모르는 즐거움을 가져다준다. 왜냐하면 블록은 무궁무진한 가능성을 가지고 있기 때문이다. 레고 장난감은 형태가 각기 다른 부품의 조합을 통해 완전히 새로운 창의적 성과를 가져다준다.

좌뇌와 우뇌

인간의 좌뇌는 논리적 사고를 한다. 반면 우뇌는 이미지 형성, 창의력의 원천, 예술과 경험 학습의 중추다. 좌뇌와 우뇌의 미개발된 지능의 영역으로 깊이 파고들어가는 균형 있는 개발이 중요하다. 디자인 씽킹은 좌·우뇌의 협동, 논리와 감성의 통일을 강조한다.

아이데오사의 CEO 팀 브라운(Tim Brown)은 '좌우 결합'이라는 디자인 씽킹의 과정을 이렇게 서술한다.

> 디자인 씽킹은 영감과 직관, 도형 판별 능력, 실용적 기능과 감정적 의미를 표현하는 능력, 다양한 매체에서 문자나 기호로 자신을 표현하는 능력 등 인간의 다양한 능력에 의존한다. 물론 영감이나 직관에만 의존하여 기업을 경영하는 사람은 아무도 없지만, 이성이나 분석에 지나치게 의존하는 것도 기업 경영에 해를 끼칠 수 있다. 디자인 씽킹의 영감과 이성을 통합하는 방법은 위의 두 가지 방식을 뛰어넘는 '제3의 길'이다.

혁신가

혁신가의 공통점은 끊임없이 질문하고 관찰하며, 다른 사람과 협력하고, 행동력이 강하다는 것이다. 가장 중요한 것은 현재 상황을 받아들이는 것으로 만족하지 않는다. 당연하다고 여겨지는 사실에 대해서도 의문을 제기한다. 예를 들어, "고장이 나지 않은 것은 수리하지 말라"는 속담은 혁신을 추구하는 사람들의 눈에는 어떨까? 고장 나지는 않았지만, 이미 많은 부분에서 개선이 필요한 것으로 보일 것이다.

유명한 동화 〈벌거숭이 임금님〉을 생각해보자. 아이는 벌거벗은 임금을 벌거숭이라고 부르며 웃지만, 어른은 자신의 눈으로 보고 들은 것을 말할 용기가 없다. 진실하게 세상을 마주하는 것이 혁신을 추구하는 사람들의 가장 중요한 소양이다.

2. 창의 시대에 요구되는 디자인 씽킹

디자인 씽킹의 부상은 시대의 결과다. 혁신은 '제3의 물결' 이후로 많은 분야에서 인간의 삶을 바꾸어놓았다. 디지털미디어는 인간사회의 새로운 생태계를 형성했다. 그와 동시에 우리는 환경오염, 도시, 이민, 질병, 자원 불균형 등 현시대의 더욱 복잡해진 문제해결에 직면해 있다.

디자인 씽킹은 비즈니스 문제뿐만 아니라 사회 각 분야의 여러 가지 문제에도 직면해야 한다. 변화는 변화로 응답하며, 우리는 변화에 대응하여 새로운 사고방식으로 시대에 응답한다. 디자인 씽킹의 시대적 사명에는 다음과 같은 내용을 포함한다.

- 혁신가는 기존에 설정된 전제를 전복시켜야 하고, 새로운 선택사항들을 만든다.
- 개인의 수요와 전체 사회의 수요에 대한 균형을 맞추고, 건강·가난·교육 문제를 다루는 새로운 아이디어를 제공하는 새로움 제품을 만든다.
- 새로운 전략은 주요한 변화를 가져오고, 변화에 영향을 받는 모든 사람이 사명감을 갖고 적극적으로 이 과정에 참여하도록 한다.

1) 기업을 혁신하는 디자인 씽킹

구글은 무인자율주행차를 개발했고, 알리바바는 세계 최대의 유통업체를 설립했고, 위챗은 텔레콤의 가장 강력한 경쟁자가 되었고, 에어비앤비(Airbnb)는 자체적으로 운영하는 호텔 없이 세계 최대의 게스트하우스 체인업체로 발돋움했고, 우버(Uber)는 보유한 택시 1대 없이 전 세계 택시업계의 구도를 영구적으로 바꾸어놓았다. 이렇게 끝없이 나타나는 혁신은 영역 간, 학제 간 혁신이 일상화되고 있음을 보여준다. 교차 혁신은 기존의 비즈니스 모델을 빠르게 전복할 수 있으며, 대다수의 혁신은 기존 지식의 새로운 연결이나 조합에서 도출되었다.

많은 기업의 경영자들 사이에서는 스스로 변신을 모색하지 않으면 새롭게 등장하는 기업들에 뒤처질 수밖에 없다는 인식이 점차적으로 확산되고 있다. 기업들은 저마다의 경영전략에 '혁신'을 포함시켰다. 뮌헨재보험회사, 씨티은행, 바클레이은행 등 '거물'급 기업들은 혁신실험실이나 전문 혁신기구를 구축하여 기업문화의 변화를 통해 신속하게 혁신을 도모하고 있다.

중국은 '창조적 국가' 전략을 내놓은 이래 기업의 사명을 '중국 제조'에서 '중국 창조'로 변화시켰고, 창조는 교육계의 핫이슈로 떠올랐다. 인터넷은 새로운 혁신의 물결을 추진했고, '인터넷 플러스(+)' 방식이 널리 적용되어 농업, 상업, 문화, 과학기술, 금융 등 각종 영역 간 교차가 일상화되었다. 중국에서는 창업의 붐을 타고 제품, 서비스, 비즈니스 모델에서 끊임없이 혁신이 쏟아져나오고, 스타트업 창업 기업들은 다양한 자원을 효율적으로 통합하고 새로운 잠재적 가치를 발굴하고 있다.

기업의 혁신에서 디자인 씽킹은 어떤 역할을 하는가?

우선, 혁신적인 기업은 가장 먼저 디자인 씽킹을 선택한다. 혁신적인 기업, 특히 초기에 나타난 혁신 기업들은 사용자 수요를 출발점으로 하여 시장에 대해 새롭게 통찰한다. 크리스 앤더슨(Chris Anderson)은 《메

이커: 새로운 산업혁명》이라는 저서에서 신세대 혁신가들의 방식에 대해 다음과 같이 묘사했다.

> 그들은 디지털 도구를 사용하여 스크린에서 디자인하고, 인터넷을 통해 성과를 나누고, 제조 과정에 인터넷 문화와 협력을 도입한다. 디자인 씽킹은 사용자 중심의 마인드로, 완전히 사용자의 사용 방식에 맞춘다. 혁신 기업이 개척하는 새로운 영역은 전문가의 경험적 판단에 의존하지 않는다. 혁신가는 독립적으로 분야 간 협력과 디자인 씽킹의 팀워크를 이루어 반복을 통해 빠른 보완과 함께 긍정적이고 개방적인 기업문화를 만들어낸다.

둘째, 전통 기업들도 디자인 씽킹을 도입해 기업문화의 변화를 도모한다. 뮌헨재보험(Munich Re), 보쉬(Bosch) 같은 외국계 대기업들은 이사회 차원에서 디자인 씽킹을 도입하여 기존의 제품 개발, 마케팅, 관리 프로세스를 변화시키고 있다. 사용자를 중심으로 좀 더 '수평화'된 방식으로 혁신적인 관리구조를 열고, 부서에 할당된 제한된 공간이 혁신에 장애물이 되지 않고 혁신인재들이 능력을 더욱 발휘할 수 있도록 별도의 공간을 제공한다.

현재, 혁신을 추구하는 기업에서 나타나는 디자인 씽킹에 대한 수요는 다음과 같다.

- '사용자 중심' 마인드가 기업의 의사결정에 포함된다.
- 부서 간 교차 협력으로 혁신적 분위기를 조성한다.
- 새로운 통찰로 새로운 기회를 포착하고 빠른 테스트를 실현한다.
- 디자인 씽킹에 기초하여 창업을 실천한다.

사례: 아이비엠(IBM)과 디자인 씽킹

아이비엠은 전 세계에 지점을 두고 있는 100년 전통의 글로벌 과학기술 기업으로, '디자인 씽킹'을 적극적으로 모색하여 재창조 과정에 돌입했다. 아이비엠은 1천여 명의 전문 디자이너를 채용하는 한편, 경영진을 대상으로 디자인 씽킹 교육을 실시해왔다.

아이비엠 디자인(IBM Design)의 필 길버트(Phil Gilbert) 사장은 "아이비엠 디자인은 사용자를 1순위에, 기술은 2순위에 두는 우리의 새로운 작업 모델입니다. 오늘날 우리가 말하는 디자인 씽킹은 바로 인간 중심의 새로운 비즈니스 모델이자 사고방식입니다"라고 말했다. 덧붙여 아이비엠 자체의 디자인 문화를 조성함으로써 모든 업무에 디자인 요소를 도입할 수 있기를 희망한다고 전했다. 아이비엠의 디자인을 담당하는 인력은 주로 그래픽디자인, 사용자 체험 디자인, 시범 개발, 산업 디자인과 디자인 연구자 등 5개 분야다. 인류학, 심리학, 사회학 전공자와 미디어 전문가를 연결하고 학제 간 인재와 디자이너들이 긴밀히 협업하여 공동 개발하도록 한다.

아이비엠은 사용자에 대한 심층적인 이해를 위해 빠른 속도로 아이디어를 고안하고, 사용자 체험을 통해 테스트하며, 사용자의 피드백을 받은 다음 그것에 기초하여 최종 사용자의 체험을 끊임없이 최적화하도록 한다. 빅데이터, 클라우드 컴퓨팅, 모바일과 소셜 네트워크 등의 디지털 기술을 디자인 씽킹과 통합하여 활용할 수도 있다. 예를 들어, 항공사의 경우 승객의 비행 빈도, 자주 가는 목적지, 여행지에서 구매하는 물품 목록, 가족 동반 여부 등 승객에 대한 빅데이터와 아이비엠의 분석 기술에 기초하여 승객을 위한 맞춤형 앱을 설계할 수 있다.

2) 교육을 혁신하는 디자인 씽킹

오늘날 지식은 매우 신속하게 교체된다. 전문화된 지식은 학생들이 졸업할 때쯤이면 이미 시대에 뒤떨어진 것이 된다. 학습혁명 시대에 진입하여 모든 학습자가 '혁신'의 이름으로 불리고, '혁신을 위한 교육'에 대한 공감대가 커지고 있다. 고등교육기관과 대학들은 혁신적인 교육 체계로 변화해야 하는 도전에 직면하고 있다. 교육혁신은 학제 간 교육에 대한 새로운 혁신 수요에 어떻게 대응해야 하는가에 대한 문제에 직면하여 디자인 씽킹을 실천·연구·참여하는 대학이 늘고 있다. 디자인 씽킹이 교육 분야에 침투되어 기존의 교육 관행을 타파하고, 한 분야에만 정통한 인재가 아닌 여러 분야를 교차하는 인재육성을 실현한다.

　(1) 디자인 씽킹 교육의 글로벌 지도

2005년 미국 스탠퍼드대학교에 디자인 씽킹 스쿨이 설립되었고, 2007년에는 독일 포츠담대학교에 하소플라트너 디자인 씽킹 스쿨(Hasso Plattner Design Thinking Institute: 이하 HPI)이 설립되었다. 에스에이피(SAP)사의 공동 설립자인 하소 플라트너(Hasso Plattner)가 두 스쿨의 공동 투자자다. 이들 디자인 씽킹 스쿨은 비슷한 교육철학과 혁신경험을 공유하며 각각 2학기에 걸쳐 혁신 과정을 배우는 대학원 과정을 제공한다. 스탠퍼드대학교는 실리콘밸리의 첨단 시설이라는 환경적 혜택을 누리고 있고, 포츠담대학교는 독일의 막강한 제조업과 제휴하여 과학적이고 체계적인 혁신 프로세스와 지속적이고 전략적인 실행방안에 초점을 맞추고 있다. 이들 디자인 씽킹 스쿨은 학생을 대상으로 하는 대학원 프로그램 외에도 기업 임원을 대상으로 하는 다양한 형태의 교육 프로그램도 운영하고 있다.

　현재 파리과학기술대학교, 시드니공과대학교 등 저명한 해외 대학교들이 디자인 씽킹 과정을 운영하고 있다. 2014년 미국의 명문 대학교인 보스턴 칼리지(Boston College)는 콘티누엄(Continuum)사와 협력해 전공 전반에 걸쳐 디자인 씽킹 수업을 도입했고, 이를 통해 1991년 이후 한 번도 수정되지 않았던 커리큘럼을 전면 개정했다. 스탠퍼드대학교는

2014년 디자인 씽킹 프로세스를 통해 더욱 급진적인 '오픈 루프'(Open Loop) 개혁 방안을 모색했는데, 학과·학년·전공 구분을 없애는 대신 학습을 세 가지 단계인 맞춤, 진급, 활성으로 구분했다. 오픈 루프의 개념은 전통적인 4년제 대학 과정을 탈피하고 기술과 학문이 필요할 때마다 언제든지 학교로 복귀하여 학습할 수 있도록 하는 혁신적인 방식이다.

　　(2) 중국 커뮤니케이션대학교의 디자인 씽킹 혁신센터
중국 커뮤니케이션대학교는 2011년 독일 포츠담대학교로부터 디자인 씽킹 교과과정을 전면적으로 도입하고, 초급과정과 고급과정의 두 가지 수준으로 나누어 대학원생을 위한 디자인 씽킹 전공과정을 개설했다. 기업, 사회단체, 국제기구 등 다양한 분야와 협업을 추진하며 혁신적인 인재육성 방식을 도입했고, 아우디(Audi), 폭스바겐(Volkswagen), 콘데나스트(Condé Nast), 핑안(平安)보험사, 베이징 방송국, 에스에이피(SAP), 인텔(Intel), 헝다(恒大)부동산 그룹 등의 글로벌 기업과 중국여성기금회(中国妇女基金会), 아동자선기금회(儿童慈善基金会), 백년직교(百年职校) 청소년직업학교, 츠와와(瓷娃娃) 희귀병센터, 홍단단(紅丹丹)시각장애인서비스센터, 중국 상무부(中国商务部), 중국-독일국제협력기구(中德国际合作组织) 등의 기관과 협력하여 인재육성과 프로젝트 실행의 혁신 분야를 확대해왔다. 2014년에는 '중국 커뮤니케이션대학교 디자인씽킹혁신센터'가 정식으로 설립되었다. 글로벌 차원의 혁신을 위한 지혜와 중국 본토의 경험을 결합한 '새로운 디자인 씽킹 커리큘럼'을 공식적으로 개설했다. 중국인에게 적합한 혁신적인 교육과정을 만들어 외국 기업들과 손잡고 혁신의 여정을 시작했다.

사례: 하버드대학교의 미래를 위한 교육
미국 하버드 교육대학원 데이비드 퍼킨스(David Perkins) 교수는《퓨처 와

이즈》(Future Wise: Educating Our Children for a Changing World)라는 저서에서 "미지의 것을 위해 가르치고, 미래의 지혜로운 시각으로 교육을 본다"라는 새로운 강의 이념을 개진했다. 그는 종합적인 능력 배양을 바탕으로 현실세계의 도전을 결합하여 고등교육의 개혁을 제안했다. 미래지향적인 교육에는 다음과 같이 초월해야 할 여섯 가지 사항이 포함된다.

① 기초적인 기술 초월하기: 21세기에 적합한 기술과 자질을 배양한다. 교수들은 글로벌 차원에서 학생들의 비판적 사고와 창조적 사고, 협동 능력과 협력 의지, 리더십, 창업 정신, 그리고 이 시대에서 생존하고 발전하는 데 필요한 중요한 능력과 품성을 양성하는 데 주력해야 한다.

② 전통적인 학과 구분 초월하기: 전통적으로 구분된 학과는 새로 등장한 종합적인 학과와는 차이가 있다. 교수들은 생명윤리학, 생태학, 심리학, 사회학 등의 최신 개념을 연결하여 당면한 학과 영역의 기회와 도전에 대처할 수 있도록 한다.

③ 개별 학과 초월하기: 학제 간 주제와 문제를 생각한다. 현시대의 중요한 현실적인 문제들을 다루는 강의 내용은 일반적으로 학제 간 특성을 가지고 있다. 예를 들어 빈곤의 근원과 해결 경로를 연결하고, 다양한 에너지 자원과 무역 문제 등을 연결한다.

④ 지역적 관념 초월하기: 글로벌하게 사고한다. 더 이상 특정 지역이나 하나의 국가에 국한되지 않고 국제적인 문제로 관심이 확대되고 있다. 예를

들어 세계사, 상호작용하는 글로벌 경제체제, 세계시민 등이 있다.

⑤ 학술적인 지식습득 초월하기: 현실세계와 관련된 교과내용과 사고를 학습한다. 교수는 학생이 수업 내용과 관련하여 현실 생활에 관심을 갖고 깊이 사고하도록 격려한다. 단지 수업 내용을 학술적인 지식의 습득으로 받아들이는 데 그치지 않고, 실제 생활과 연결하고 통찰을 길러 생산적인 활동을 촉진한다.

⑥ 기존 학습내용 초월하기: 다양한 학습내용을 제공한다. 최근 교육기관에서는 학생들이 전공선택 과목 외에 타 전공 교과과정의 내용을 자유롭게 선택할 수 있도록 지원하고 지도한다.

3. T형 인재를 키우는 디자인 씽킹

스탠퍼드대학교 티나 실리그(Tina Seelig) 교수는 "우리는 T형 인재 육성에 주력해왔다. 이런 인재들은 깊이 있는 학문적 지식은 물론, 일정 정도의 혁신과 경영이념을 갖추고 있다. 이런 재능은 다른 학과의 인재와 협력하여 효율적으로 일하고, 자신의 생각을 실천에 옮길 수 있다"라고 말한다.

이른바 T형 재능(T-shaped talent), 알파벳 T의 '세로획'은 인재의 전문적 소질을 대표해 특정 분야에서 심화 정도를 가늠하는 데 쓰인다. T의 '가로획'은 인재가 특정 전공을 초월해 다른 분야로 확대되는 것을 상징해 서로 협력하는 의지와 협력행위를 의미한다. 시대적 요청으로 국경을 초월하는 혁신이 요구되면서 'T형 재능'은 인문, 과학기술, 비즈니스를 아우르는 교차의 통합 소질을 의미한다. T형 인재들은 아이데오, 애플, 구글 등 테크놀로지 혁신 기업을 포함하여 비즈니스, 공업,

금융, 예술, 디자인 등 다양한 분야로 뻗어나가고 있다.

제임스 듀어(James Dewar)는 "사고는 낙하산과 같아서 열 때만 기능을 발휘한다"라고 지적했다. T형 인재는 생각의 '열림'이 있다. 이는 다양한 분야의 소질, 타인과 협력하는 능력, 종합적 소양 등 여러 가지 의미를 내포한다.

1) 첫 번째 T형 자질: 교차 능력

전통적인 교육방식은 'I형' 인재육성이었다. 'I형 인재'는 하나의 전문분야에 초점이 맞춰져 있으나, T형 인재는 전문성에 기초를 둔 다방면에 능한 '통재(通才)'다. I형 인재는 문제 자체를 탐구해 자기 학과에서 다루는 제한적 범위 내에서 전공분야에 집중하여 문제를 해결하는 데 익숙하며 아마추어를 경시한다. 반면 T형 인재는 학제 간 영역을 넘나드는 방식과 시각을 강조하며, 감성과 이성, 창의력 발산과 귀납적 논술의 결합을 중시한다. 단일 방법에 의존하기를 거부하는 T형 인재들은 좌뇌와 우뇌의 협동 운용에 능하며, 신선하고 유연한 시각을 갖는다. 구체적인 문제의 해결책을 생각할 때 사용자 체험에서 출발하고, 특정 환경을 결합하여 문제해결 능력이 뛰어나다.

특정 영역을 초월하는 학제 간 능력은 유연한 '통재'가 되는 것을 의미한다. 미시간주립대학교 필 가드너(Phil Gardner) 교수는 T형 인재야말로 "기술력 있는 예술인, 또는 인문적 소양을 갖춘 경영자로 이상적인 창업자"라고 표현했다. 탄탄한 이성과 감성을 가진 T형 인재는 넓은 시야와 호기심을 갖추고 있어 문화 간 경계, 학과 간 경계, 또는 사람과 사람 간 경계를 뛰어넘을 수 있다.

2) 두 번째 T형 자질: 협력 능력

혁신의 실천은 인문, 비즈니스, 기술 등 서로 다른 분야들의 중첩과 연결

을 강조하며 더욱 많은 교차를 통해 혁신적인 인재를 육성하는 것이다. 흔히 말하는 'T형 재능'을 가진 사람들은 한 전공에 대한 깊이 있는 연구 (T의 세로획)뿐만 아니라 특정 영역을 뛰어넘어 다른 영역과 결합(T의 가로획)함으로써 다른 팀원과 연결을 모색하고 당면한 문제나 한계를 돌파해나갈 수 있다. 디자인 씽킹은 다양한 과목, 여러 분야의 협력, 이질적인 배경을 가진 팀원의 브레인스토밍을 통해 개개인의 혁신적인 에너지를 창출할 수 있다.

T형 인재들의 협력은 '공통의 사고'를 통해 실현된다. T형 인재는 자신의 아이디어를 다른 사람들의 아이디어 위에 세우며, 새로운 아이디어를 확장한다. T형 인재가 협력하는 자세는 남의 말을 경청하고 상대방의 시각에서 문제를 이해하려고 한다. 서로 다른 사고방식을 받아들이며, 팀워크에 기반을 두고 혁신적인 작업을 한다. 아이데오(IDEO)의 최고경영자 팀 브라운은 T형 인재의 기본요소를 개인 차원을 넘어 다른 사람의 시각과 특정 영역을 뛰어넘는 시각에서 문제를 보려는 자세라고 설명했다. 구체적으로는 작업 성과를 묘사할 때 자신이 어떻게 다른 사람의 협력을 받았는지 강조하고, 팀의 기여를 소중히 여긴다.

T형 인재는 독자적으로 사고할 수 있을 뿐 아니라 기꺼이 협력하고 창조할 수도 있다. 기꺼이 협력하는 것은 기본적인 업무 태도이자 팀과 기업의 혁신적인 분위기를 조성하는 핵심이다.

3) 세 번째 T형 자질: 종합적 능력

T형 인재는 교차 능력과 협력 능력 외에도 호기심을 갖는 것, 질문을 잘하는 것, 과감하게 시도하는 것, 실패를 두려워하지 않는 것 등 일련의 종합적인 자질을 갖추어야 한다. 천진난만한 어린이 같은 눈으로 관찰할 수 있어야 하며, 체면에 구애되지 않고 맡은 역할에 충실하며, 낙관적이고 긍정적인 태도를 가지고 사고와 습관의 틀을 깨고 자신만의 틀에서 벗어

날 수 있어야 한다. 변화를 기꺼이 받아들이고, 변화하는 것으로 변화에 대응하고, 변화 속에서 도전에 대처할 수 있어야 한다. 열린 마음과 변화된 모습으로 참된 삶으로 들어갈 수 있어야 한다.

연습: 손오공은 혁신가다

손오공은 혁신에서 가장 필요로 하는 여러 가지 자질을 갖추고 있어 혁신가의 본보기라고 할 수 있다. 손오공은 디씽커(D-thinker)다. 디(D)는 디자인(Design), 파괴(Distruction), 발견(Discovery), 차이(Difference), 차원(Dimension), 토론(Discussion), 다양성(Diversity), 결정(Decision) 등 여러 가지를 의미한다. 디자인 씽킹의 혁신방법은 사람 중심, 비즈니스 구현, 기술 실현의 균형을 강조하며 팀원을 손오공과 같이 사고하는 디씽커로 육성하는 것이다.

교차

손오공은 사람인가, 원숭이인가, 신인가, 아니면 요괴인가? 손오공은 다중적인 캐릭터를 가진 집합체. 어떤 특정한 신분으로 손오공을 지칭할 수 없다. 그는 진정한 팔방미인이다. 손오공의 교차하는 능력은 문제를 해결하는 데 많은 편리함을 제공한다. 손오공은 서로 다른 시공간의 차원을 자유로이 넘나들며 인간 세계를 이해할 뿐 아니라 신과 요괴의 세계도 이해할 수 있다. 손오공은 자신만의 독특한 이해에 기초하여 더욱 깊은 통찰을 얻는다.

변화

손오공은 72개의 변신술을 몸에 지녀 하늘로 날아올라 가거나 바다에 들어가기도 하는 만능 원숭이다. 손오공의 변화는 구체적인 '도전'과 관련이 있는데, 예를 들어 상대방의 배를 뚫고 들어가야 할 때는 벌레가 되고, 날아야 할 때는 새가 되는 등 다양한 변화로 다양한 도전에 대응한다.

전복

《서유기》를 개작한 애니메이션 '천궁대소동'에서 손오공은 '전복하기'의 대담한 예를 보여준다. 손오공은 계층 관념과 기존 규정을 경멸했다. 어느 세계의 신선이든 손오공은 용감하게 맞서서 대담하게 무예를 겨루었다.

팀

'취경팀(取经团队)' 멤버인 손오공은 재주가 많지만 다른 멤버들과 유연하게 호흡을 맞추고 능숙하게 협력한다. 어려운 상황에 부딪치면, 각 세계의 신선에게 도움을 청하며 '법보'를 공유하여 해결한다.

혁신적인 학습에서는 '개인 지능' 대신 '집단 지능'(we-intelligence)을 강조한다. 서로의 강점으로 보완하여 여러 분야를 교차하는 혁신팀을 결성하여 개인 영웅주의를 극복한다. 다른 팀의 작업 과정과 달리 디자인 씽킹 팀의 협력은 더욱 긴밀하고 현실적이다. 팀원들은 융통성 없이 개별적으로 분업하는 것이 아니라 항상 함께 어울리며 실시간으로 교류한다. 디자인 씽킹 과정을 통해 팀의 응집력이 효과적으로 향상되었다는 것을 발견한다.

천진난만

불세출의 손오공은 한결같이 천진난만한 마음을 유지하고 있는데, 엄숙하지도 않으며 아무리 큰일을 당해도 게임하듯 즐거운 마음가짐으로 임한다. 손오공은 진실한 성품을 지녔고, 의사소통도 직접적이며, 빠르게 피드백을 주고받는다.

행동

손오공은 진정한 행동파다. 결론에 이르기 전에 항상 근두운을 타고 직접 체험하고 조사한다. 손오공은 수동적으로 받아들이지 않고 스스로 탐구하며, 들은 것을 맹신하지 않고 권위를 거부한다.

4. 디자인 씽킹 사례

디자인 씽킹의 학습 방식은 특정한 사례를 따르거나 모방하는 것이 아니라 특정 상황과 문제에 따라 각기 다른 사용자의 수요와 필요에서 도출되는 독특하고 혁신적인 해결방안을 모색하는 것이다. 다음의 두 가지 사례를 통해 디자인 씽킹 과정의 기본적인 흐름과 이념을 이해할 수 있다.

1) 미국 스탠퍼드대학교 사례: 신생아 인큐베이터

(1) 배경

전 세계적으로 매년 2천만 명의 체중 미달인 미숙아가 태어나고, 100만 명 이상의 아기들이 생후 한 달 동안 적절한 보살핌을 받지 못해 사망한다. 영아 사망의 98%가 개발도상국에서 발생한다. 네팔의 시골 마을에서는 공립 병원이 적어 어린 생명이 병원까지 장거리 이동 중에 적절한 보살핌을 받지 못하거나 하루 약 130달러의 인큐베이터 사용료를 지불하지 못하여 사망하기도 한다. 제때 병원에 보낸다 하더라도 인큐베이터 조작 오류로 종종 영아 사망 사고가 발생한다.

(2) 혁신 과정

① 이해 및 관찰

학생팀은 네팔에 있는 대형 병원을 방문하여 의사, 간호사와 이야기를 나눈다. 상황을 살펴보고 인큐베이터 사용 배경을 조사하는 과정에서 문제점을 발견했다. 원래 인큐베이터 사용료는 비싸지만, 여러 구호기관이 기부하여 비교적 저렴해졌다. 그러나 병원 인큐베이터를 사용하는 아기가 많지 않다. 그 이유를 알아내기 위해 학생팀은 대형 병원의 의사와 간호사를 인터뷰하고 인근 가정도 방문하여 산모의 인큐베이터 수요 상황을 직접 관찰하고 조사했다.

② 종합적 분석을 통한 통찰

대부분 교통이 불편하다 보니 집에서 병원으로 이동하는 데 시간이 오래 걸렸다. 이동 시간 동안 영아의 건강 상태가 나빠져 4~6시간 후 병원에 도착했을 때는 이미 사망하는 경우가 다수 있다는 것을 발견했다. 학생팀은 인큐베이터 사용료를 저렴하게 한다고 해도 산모들에게는 실질적인 의미가 없다는 것을 알게 되었다. 아기에게 필요한 것은 이동하는 차 안에서 사용할 수 있으며 전기가 필요 없는 인큐베이터 제품이라는 통찰을 얻었다.

③ 창의와 프로토타입 제작

학생팀은 브레인스토밍을 진행하여 100여 개의 제품 아이디어를 내고 프로토타입을 만들기 위해 최종적으로 하나의 아이디어를 선택했다. 발열젤을 장착한 유아용 보온침낭을 만들어 쉽게 가열되고 지속적으로 보온되도록 했다.

④ 반복 테스트 및 개선

학생팀은 시골 마을로 돌아가 마을 사람들에게 유아용 보온침낭을 사용
하도록 했다. 그 과정에서 산모들의 사용 체험을 통해 미처 발견하지 못
한 중요한 사실을 발견했다. 어떤 아기들은 체구가 너무 작아서 엄마가
침낭에 있는 아기의 얼굴이 보이지 않아 아기가 호흡하고 있는지 확인이
어렵다는 점이었다. 학생팀은 산모들로부터 피드백을 받아 반복 테스트
하여 프로토타입을 개선했고, 궁극적으로 실제 사용자의 사용 방식과
현실적인 고려사항을 반영한 완벽한 유아용 보온침낭을 디자인할 수 있
었다.

(3) 혁신 성과

스탠퍼드대학교 디자인 씽킹 학생팀은 성공적으로 유아용 보온침낭을
개발해 기존 인큐베이터보다 사용이 간편하고 안전하며 간헐적인 충전
만 필요한 혁신 제품을 제공했다. 1회 충전으로 4~6시간 동안 아기의 체
온을 37°C로 유지할 수 있다. 가격은 25달러로 기존 인큐베이터 가격의
1% 수준이다. 이 밖에도 아기의 체온을 유지하기 위해 사용되는 발열팩
은 재활용이 가능한 친환경 제품이다.

(4) 피드백

임브레이스(Embrace)사가 혁신적인 유아용 보온침낭을 시장에 유통한 이후 이미 1만 명이 넘는 개발도상국의 영아들이 혜택을 받았다. 이 제품은 이코노미스트지로부터 '이코노미스트 혁신상(The Economist innovation awards)'을 비롯하여 많은 상을 받았으며, 사회 각계의 투자를 이끌어내고 공감을 얻었다.

2) 중국 커뮤니케이션대학교 사례: 시각장애인 생활용품

(1) 배경

2010년 중국장애인연합회 통계에 의하면, 중국에는 1,263만 명의 시각장애인이 있고 이 숫자는 계속 증가하고 있다. 중국인 100명당 한 명꼴이다. 시각장애인 수가 이렇게 많은데 왜 우리는 시각장애인들을 볼 수 없을까? 왜냐하면 시각장애인은 좀처럼 외출할 엄두를 내지 못하기 때문이다. 시각장애인들은 일반인과 마찬가지로 학교, 직장, 가정 생활을 하면서 일상에서 불편을 겪고 있다.

중국 커뮤니케이션대학교 디자인씽킹혁신센터는 베이징의 '홍단단시각장애인서비스센터'와 협력하여 시각장애인 사용자를 위한 실용적인 제품을 설계하여 그들의 삶의 질을 향상시킬 수 있도록 했다.

(2) 혁신 과정
① 이해와 관찰

학생팀은 홍단단센터를 방문하여 여러 명의 시각장애인 친구들과 일대일로 교류했다. 학생들은 안대를 착용하고 시각장애인 되기, 시각장애인용 지팡이에 의지하여 걷기, 목소리 듣기, 영화 보기 등의 활동을 체험했다.

학생들은 교류를 통해 시각장애인이 우리가 생각했던 것처럼 아무

일도 할 수 없는 것이 아니라는 사실을 알게 되었다. 시각장애인은 스스로 여행도 하고 밥도 직접 지어먹고 정보도 찾을 수 있다. 시각장애인은 시력이 정상인 사람이 두 손을 내밀어 자신을 돕기를 바라는 한편, 자신의 존엄성과 삶의 독립성을 유지하며 가능한 한 스스로 할 수 있는 일은 스스로 해결하기를 원했다.

　② 종합적 분석을 통한 통찰

4개의 학생팀은 작업실로 돌아와 각각 시각장애인의 생활에 관한 이야기를 나누고, 사용자의 정보를 정리했다. 이름, 나이, 직장, 결혼, 취미 등 여러 측면에서 시각장애인이 했던 말, 생각, 감정을 종합 분석하여 시각장애인에 대한 이해와 통찰을 도출했다. 4개의 학생팀은 각각 시각장애인을 위한 주방 디자인, 시각장애인의 외출과 사교활동 보조장치, 시각장애인을 위한 내비게이션 등 혁신을 위한 방향을 정했다.

　③ 창의와 프로토타입 제작

브레인스토밍 과정에서 시각장애인의 삶을 개선하는 새로운 아이디어가 쏟아져나왔다. 이 중 한 학생팀은 레고 인형을 사용하여 시각장애인을 위한 주방 프로토타입을 만들었다. 이 학생팀은 자신들이 구상한 아이디어를 다음과 같이 설명했다.

　"시력이 건강한 사람들은 눈을 감고 음식을 끓이는 일을 해본 적이 없겠지만, 눈을 감고 음식을 끓여야 한다면 어떻게 할 것인지 생각해보았습니다. 세계 각지의 실명되거나 시력이 손상된 사람들에게는 음식을 끓이는 이 간단한 일이 상당히 어렵고 위험한 일이기 때문입니다. 그래서 우리는 안전한 취사 용품을 디자인했습니다. 냄비의 가장자리를 움푹하게 만들어 채소 등의 볶음요리를 할 때 냄비에서 채소가 빠져나가지 않게 하여 시각장애인에게 편리함과 안전함을 제공하는 동시에 주방환경을 깔끔하게 유지할 수 있게 했습니다. 또 다른 프로토타입은 일반 나이프에 보호커버를 추가하여 시각장애인이 안전하게 채소를 썰 수 있도록 했습니다. 물론 이들 취사도구는 시각장애인뿐 아니라 요리 초보자들에게도 유용하여 쉽게 요리를 할 수 있게 해줍니다."

④ 반복 테스트 및 개선

학생팀은 홍단단센터를 다시 방문하여 시각장애인에게 프로토타입을 보여주고 사용하게 한 후 시각장애인 사용자들로부터 피드백을 받았다. 피드백의 내용은 시각장애인이 촉각적으로 정보를 얻는 것보다 청각적인 신호를 선호하고, 도구를 능숙하게 조작하며(예: 식칼을 사용할 때 손을 다치는 경우가 매우 드물다), 물건을 고정된 위치에 두면 쉽게 찾을 수 있다는 것 등이었다. 학생팀은 피드백을 받은 후 작업실로 돌아와 개선방안을 다시 생각했다. 어떤 팀은 기존 아이디어를 뒤집어 새로운 아이디어를 구상했다.

(3) 혁신 성과

2개월에 걸친 디자인 씽킹 과정을 통해 학생팀은 다섯 가지 제품을 제작했다. 시각장애인을 위한 스마트 지팡이, 채소볶음 냄비, 보호커버 식칼, 소리 나는 자, 내비게이션 등이다. 중국 커뮤니케이션대학교의 디자인씽킹혁신센터는 홍단단센터, 에스에이피(SAP)의 공익 프로젝트 책임자, 전문가 등을 초청해 혁신 성과에 대한 발표회를 개최했다.

(4) 피드백

홍단단센터와 함께한 혁신 프로젝트 책임자인 증신(曾鑫) 씨도 시각장애인이었다. 그는 혁신 성과 발표회에 참석하여 디자인 씽킹 학생팀이 시각장애인의 생활에 대해 매우 구체적으로 세부 부분까지 고려했다고 말했다. 그는 중국 커뮤니케이션대학교 디자인씽킹혁신센터와 협력해서 고안한 혁신적인 아이디어들이 실제로 제품화되기를 바란다는 소감을 전했다.

혁신 프로젝트에 참여한 학생들도 "프로젝트의 진행 과정에서 제품 개선이 필요한 부분도 있지만, 팀워크에 따른 시너지 효과를 실감하고 디자인 씽킹의 놀라운 효과를 느꼈습니다. 우리 모두는 혁신, 협력, 수확의 즐거움을 함께 경험했습니다. 시각장애인과의 만남에서 인생에 대한 가르침을 받을 수 있었습니다. 시각장애인은 우리에게 낙관적인 인생 태도를 가르쳐주었고, 시각장애인을 돕는 과정에서 그들에게 영향을 받아 삶의 순수한 즐거움을 느낄 수 있었습니다"라고 소감을 말했다.

제2장 디자인 씽킹 워크숍:
디자인 씽킹 빠르게 체험하기

"즉시 체험을 시작하는 것이 공허하게 디자인 씽킹의 이론에 대해 이야
기하는 것보다 낫다."

- 디씽커(D-thinker)

디자인 씽킹을 학습하는 가장 좋은 방법은 워크숍에 참가하는 것이다. 워크숍의 체계적인 활동을 통해 디자인 씽킹 과정을 구체적이고도 완벽하게 체험할 수 있다. 팀워크를 통해 디자인 도전을 창의적으로 완성한다. 워크숍은 한편으로는 직접 실천하고, 다른 한편으로는 팀원들과 토론하는 과정을 통해 디자인 씽킹의 핵심을 충분히 이해하고 파악할 수 있도록 돕는다.

I. 워크숍 개요

1) 디자인 씽킹 워크숍

워크숍(workshop)은 이론과 실천을 결합한 학습활동이다. 2장에서 소개하는 워크숍에서는 디자인 씽킹을 학습할 수 있는 지갑 프로젝트(Wallet Project)를 소개한다. 지갑 프로젝트는 디자인 씽킹을 처음 접하는 초보자에게 적합하다.

지갑 프로젝트는 2006년 겨울에 입문 과정을 위해 개발되었다. 당시 스탠퍼드대학교 디자인 씽킹 스쿨(d-School)은 지갑 프로젝트를 디자인 씽킹 커리큘럼의 입문 프로젝트로 도입했다. 그 후 지갑 프로젝트 워크숍은 미국, 독일, 중국 등지의 디자인 씽킹 스쿨에서 널리 사용되었다. 초기 버전의 지갑 프로젝트는 각국의 여러 디자인 씽킹 스쿨에 의해 계속적으로 수정·확장되거나 보완되어 사용되고 있다.

지갑 프로젝트는 "직접 하면서 배우기"(Learning by Doing)라는 교육철학을 담고 있으며, 실천을 강조하는 활동이다. 이 프로젝트는 참가자가 최대한 짧은 시간 내에 디자인 씽킹 과정을 순환하며 완벽하게 체험하도록 해준다. 또한 다방면의 체험 기회를 제공하며, 모든 참가자가 창의적인 디자인 씽킹 체계의 기본 가치와 "사람 중심의 디자인 개념, 적극적인 태도와 행동, 순환 반복하는 최적화된 문화, 그리고 프로토타입 제작의 신속한 실현"이라는 원칙을 직접 체험하고 실천하도록 해준다.

2) 왜 워크숍 형식인가

디자인 씽킹을 체험하는 워크숍 프로젝트에서 지갑과 같이 일상생활에 필요한 물품을 선택하여 디자인 도전으로 끌어들이는 이유는 무엇일까? 그 이유는 누구나 지갑을 사용한 경험이 있거나 혹은 다른 방식을 사용하여 현금, 카드, 신분증 등을 휴대한 적이 있기 때문이다. 지갑 같은 물건은 개인의 일상생활 속에서 의미 있는 일을 연상시킬 가능성이 매우 높다. 워크숍 참가자 자신도 실물 지갑 제품을 소지하고 있어 스스로 지갑과 관련된 다양한 개인적인 경험을 불러일으키고, 워크숍이 진행되는 실내에서 다른 팀원과의 상호 '공감'을 만들 수 있다. 지갑은 하나의 출발점이다. 지갑에서 출발하여 디자인, 체험, 서비스, 시스템, 공간 등을 포함하는 확장적이며 창의적인 목표로 연결할 수도 있을 것이다.

지갑 프로젝트뿐 아니라 다른 주제로 진행되는 모든 디자인 씽킹 워크숍은 왜 프로젝트를 중심으로 하여 팀 단위로 진행되는 학습 방식이나 실습 방식을 채택하는 것일까? 그 이유는 다양한 활동의 창의적인 교

육 모델의 효과를 기대할 수 있기 때문이다. 전통적인 교육방식은 교수가 강의하고 학생들은 강의를 경청하는 단조로운 방식이었다. 전통교육 방식과 비교해볼 때, 참가자가 팀을 이루어 서로 토론하고 직접 디자인하여 제작하는 학습방식이 더욱 흥미롭고 효과적인 것은 분명하다. 체계적으로 조직된 워크숍은 학생으로 하여금 능동적인 학습 상태에 도달하게 한다. 또한 적극적으로 참여하는 학생은 자신의 팀이 설정한 구체적인 목표에 대해 의미 있는 결과물을 만들어 성취감을 얻을 수 있다.

3) 워크숍 주제 선택

워크숍 입문을 위한 주제로는 지갑을 디자인하는 것 외에도 유사한 다른 주제를 선택할 수 있다. 예를 들면, 개인 구강 위생 방안을 새롭게 디자인하기, 선물을 주고받는 체험을 새롭게 디자인하기, 혹은 친구를 위한 이상적인 의자 디자인하기 등의 디자인 도전으로 입문할 수 있다.

입문 워크숍 주제를 설정할 때는 다음과 같은 원칙을 중시해야 한다.

- 디자인하는 목표가 구체적이어야 한다. 사용자가 자신의 몸으로 직접 만지고 느낄 수 있는 실제 대상을 선택하는 것이 가장 좋다. 실제 대상은 손쉽게 구할 수 있는 일반적인 재료를 사용하여 프로토타입을 제작하는 데 적합해야 한다.
- 빈번하게 사용할 수 있는 대상을 선택한다. 1년에 한 번 사용하거나 1년 간격으로 한두 번 사용할 수 있는 대상, 예를 들면 크리스마스 트리, 정월대보름 등의 명절 용품, 칫솔 같은 일회용품은 워크숍의 연구 주제에 적합하지 않다.
- 모든 참가자는 접촉 기회가 있는 대상을 선택한다. 사용자의 인적 특성에 따라 접촉 기회가 제약되지 않도록 한다. 예를 들면, 참가자가 성인 여성이라면 슈퍼마켓의 카트를 새로 디자인하도록 대상을 선택

할 수 있지만, 참가자가 나이 어린 청소년이라면 슈퍼마켓 카트를 디
자인 대상으로 선택하는 것은 적합하지 않다.

- 참가자의 생활, 작업 환경, 직업, 경력 등 서로 연결할 수 있는 대상이
  가장 좋다. 이는 참가자로부터 관련된 경험을 상기시키는 데 도움을
  준다. 예를 들어, 마우스나 키보드는 자주 사용하는 물품이지만, 사
  용자의 정서와 감정을 반영하기는 쉽지 않다. 지갑이나 의자 같은 주
  제를 선택하는 것만 못하다.

2. 워크숍 준비

1) 코치 준비

체험 워크숍은 적어도 2명의 코치가 함께 참여하는 것이 좋다. '지갑' 프
로젝트를 진행할 때, 1명의 코치는 워크숍의 사회자가 되어 각 과정의 기
본 사항, 강의내용과 요점을 집중적으로 전달하고 시간 제어를 한다. 다
른 1명의 코치는 과정의 세부사항을 담당하여 개별적으로 현장에서 참
가자를 격려하며 도움을 준다. 종종 참가자 인원이 홀수이거나 인원수가
충분하지 않은 경우(이상적인 상황은 참가자 인원수가 짝수다)에는 코치
중 1명은 혼자 남은 학생 1명과 팀을 구성하여 프로젝트를 진행한다. 코
치는 사전에 프로젝트의 각 단계를 모두 습득하고, 반복적으로 개최되는
워크숍을 통해 지속적으로 개선하는 책임을 진다.

2) 장소 준비

워크숍 조직자는 장소에 따른 환경 조성을 사전에 준비한다. 미리 환경을
파악하고 참가자의 적극적인 참여를 이끌어낼 수 있도록 배치하여 참가
자가 수월하게 프로젝트를 진행하도록 돕는다. 강의실 배치는 참가자의

능동적이고 적극적인 태도를 유도할 수 있게 해야 한다. 책상의 높낮이도 중요한 작업 환경을 제공한다. 책상과 의자는 낮은 것보다는 높은 것을 사용하는 것이 좋다. 낮고 폭신한 소파는 늘어지게 하고, 종종 졸리게 하는 환경을 만드므로 피하도록 한다. 이상적인 작업 환경을 조성하기 어려운 워크숍 장소인 경우 표준 높이의 딱딱한 재질의 책상과 의자를 사용할 수도 있다. 워크숍 조직자는 모든 참가자가 각자 작업할 수 있는 개인 책상을 제공하여 필기를 하거나 초안 설계도를 그릴 수 있는 환경을 조성해야 한다. 책상과 의자의 배치는 팀워크를 고려하여 참가자가 2명씩 서로 인접하여 팀을 이룰 수 있도록 해야 한다. 프로젝트 참가자가 작업할 때는 리듬이 경쾌하고 빠른 템포의 음악을 틀어놓는다. 코치가 각 절차에 관해 강의할 때는 음악을 일시 정지시키고 조용한 환경을 조성한다.

3) 재료 준비

워크숍 조직자는 모든 참가자를 위해 A3용지로 워크북을 준비한다. 워크숍 내용은 양면으로 복사하여 워크북으로 제본한다. 워크북 안의 문자와 도형은 컬러로 프린트하는 것이 좋지만, 컬러 프린트가 구비되지 않았다면 A4용지에 흑백으로 프린트하여 워크숍을 위한 워크북을 제작할 수도 있다.

또한 프로토타입을 제작하기 위한 재료를 충분히 제공한다. 다양한 색상의 종이, 볼펜, 연필, 가위, 문구용 칼, 풀, 스카치테이프 등 문구 재료를 넉넉하게 준비할 것을 제안한다. 재료는 잘 분산시켜 배치하고 참가자가 한 곳으로 몰리지 않도록 한다.

4) 디자인 도전 준비

체험 워크숍은 프로젝트 방식으로 운영한다. 디자인 도전의 준비는 '이상
적인 지갑 디자인하기'(Design An Ideal Wallet)다.

코치는 프로젝트 진행 과정에서 각 단계에 소요되는 시간을 엄격히
제어한다. 단계마다 시간을 알려주는 흥미로운 방법을 활용하여 참가자
에게 "시간이 다 되었다"는 것을 알려줄 수 있다. 예를 들어, 징을 치는 방
법을 사용하여 하나의 단계가 끝났음을 알려줄 수도 있고, 벨을 울리는
방식을 사용하거나 컴퓨터나 핸드폰의 타이머를 사용할 수도 있다. 독특
한 음악이나 소리를 설정하여 사용해도 좋다.

3. 워크숍 과정

1) 전통적인 작업방법과 비교하기

모든 참가자가 2명씩 서로 인접하여 자리에 앉은 후 신속히 프로젝트를
시작한다.

"무엇이 디자인 씽킹인지 공허하게 말로 하는 것보다 즉시 체험을 시

작하기 바랍니다. 여러분은 약 1시간 동안 디자인 씽킹 프로젝트를 완수합니다. 모두 준비되었습니까? 자, 이제 시작합니다! 아이디어를 내어 이상적인 지갑을 디자인하시기 바랍니다. 여러분이 생각하는 이상적인 지갑과 관련한 아이디어를 창의성을 발휘하여 그림으로 그려보세요."

워크숍 시작은 이상적인 지갑 그림을 그리게 하는 것에서 출발한다. 참가자는 3분 동안 워크숍 워크북 첫 페이지에 각자가 생각하는 이상적인 지갑의 초안을 그린다. 그림을 그려보는 것이 바로 '전통적인 작업방법과 비교하기'다.

이 단계의 의도는 추상적인 문제를 해결하는 전통적인 방식(매우 많은 사람이 전형적으로 사용하는 방법)과 사람 중심으로 사고하는 디자인 씽킹 방법을 비교하는 것이다. 참가자는 프로젝트를 수행하는 단계마다 전통적 방식과 디자인 씽킹 방식을 비교하는 체험을 하게 될 것이다. 그림을 그리는 동안에는 음악을 틀지 않는 것이 좋으며, 전통적 방식과 디자인 씽킹 방식이 얼마나 차이가 나는지 비교하도록 한다.

코치는 참가자들에게 주어진 시간 동안 해야 할 업무를 구체적으로 알려준다. 예를 들면 "이제 1분 남았습니다. 여러분은 대략적으로 초안이 될 만한 그림을 그려야 합니다. 그림을 그리고 나서는 간단하게 메모를 달면 됩니다"라고 알려준다. 일반적으로 참가자들은 빠르게 그림을 그리는 방식이 익숙하지 않기 때문에 시간이 다소 지연되는 경향이 있다. 따라서 수시로 시간이 얼마나 남았는지를 알려주어 참가자들이 차분하게 진행하도록 이끌어준다.

그림 그리는 단계가 끝날 때쯤 코치는 참가자에게 느낌이 어떠했는지 질문한다. 자신이 그린 그림을 다른 참가자들에게 전시하기 원하는 참가자가 있다면, 초안 그림을 보여주도록 하는 것도 좋다.

그림을 그리는 방식은 문제해결의 또 다른 작업방법이다. 주어진 하나의 문제에 대해 참가자 자신의 관점과 지식, 경험을 바탕으로 프로젝트의 방향을 전개하고, 자신의 머릿속에 떠오른 해결방안에 따른다. 디자인 씽킹의 문제해결 방식은 사람 중심의 디자인을 체험하는 것이다.

2) 관찰(observation)과 인터뷰(interview)하기

두 번째 단계를 시작하기 전에 팀워크를 하기에 적합하도록 자리 배치를 정렬한다. 팀에 맞춰 참가자가 2명씩 인접하여 자리에 앉도록 한다. 디자인 씽킹은 '팀워크'라는 창의적인 작업방법을 활용한다. 팀워크 환경은 참가자들이 팀원으로부터 배울 수 있도록 할 뿐만 아니라 팀워크를 통해 상호 간에 자극을 유도한다. 여러 팀으로 구성된 워크숍에서는 자기 팀과 다른 팀 간의 선한 경쟁을 펼친다. 입문 프로젝트에서 참가자는 최소 2인으로 구성된 팀을 작업 모델로 체험한다.

팀원끼리 맞춰 앉은 후에 참가자는 관찰과 인터뷰를 시작한다. 코치는 인터뷰를 시작하기 전에 워크북의 두 번째 페이지를 참고하라고 알려준다. 참가자들은 워크북의 두 번째 페이지를 펼쳐놓고, 자신이 보거나 들은 흥미 있는 내용들을 관찰하고 기록한다. 또한 인터뷰 내용을 논리적 순서에 따라 명확하게 진행하고, 기록하도록 한다. 두 번째 단계는 8분의 시간이 주어진다. 관찰과 인터뷰 절차는 두 가지 활동으로 구성된다. 팀원 중 한 사람이 면접자가 되고, 다른 팀원은 피면접자가 되어 인터뷰를 진행한다. 인터뷰 시간은 4분이다. 코치는 4분이 지나면 팀원들의 역할을 바꾸어 다시 인터뷰를 시작하도록 한다. 코치는 현장에서 인터뷰 시간을 제어할 때, 음악을 활용한다. 4분 후에 음악을 틀어 팀원들이 역할을 바꾸어 인터뷰를 다시 하도록 한다.

　인터뷰 내용은 디자인 도전 주제인 '이상적인 지갑 디자인하기'다. 전통적인 문제해결 방법과 달리, 디자인 씽킹은 "디자인에서 가장 중요한 부분이 목표 대상에 대한 공감을 구축하는 것"이라고 강조한다. 현재 참가자들이 직면한 도전은 사용자에게 쓸모 있고 의미 있는 지갑을 디자인하는 것이다. 이와 같은 도전에 직면하여 지갑을 디자인하는 목표를 달성하려면, 지갑 사용자가 될 팀원을 인터뷰하는 것이 좋은 출발점이 된다.

　인터뷰를 시작하는 간단한 방법으로, 면접자는 지갑 사용자에게 호주머니 혹은 책가방에서 지갑을 꺼내 달라고 하고, 지갑 안에 있는 물건을 하나씩 꺼내서 설명하도록 한다. 만일 상대방이 지갑을 소지하고 있지 않다면, 언제부터 지갑을 사용하지 않았는지, 그렇다면 평소에 현금, 은행카드, 각종 영수증 등을 어떻게 소지하는지 질문할 수 있다. 그리고 어떤 특수한 경우에 지갑을 소지하는지 질문할 수 있다. 지갑 안에 있는 물건들을 보면서 왜 지갑 안에 특정 은행카드나 회원카드를 넣고 다니는지 질문해본다. 상대방의 지갑을 관찰하고, 대답을 들으면서 지갑 안의 어떤 물건이 상대방의 생활을 더욱 잘 이해할 수 있게 해주는지 주의를 기울인다.

　코치는 8분간의 첫 번째 인터뷰가 모두 끝나면, 두 번째 인터뷰를 진행한다. 두 번째 인터뷰의 총 시간은 6분이다. 각자 3분의 인터뷰 시간이 주어진다. 두 번째 인터뷰는 첫 번째 인터뷰에서 자신의 주의를 끌었던 부분에 지속적으로 관심을 두고 그것을 중심으로 더욱 심층적으로 인터뷰한다.

　이 과정에서 디자인 씽킹 워크숍 참여자는 지갑에서 출발하여 팀원의 스토리, 감정과 정서를 경험하고 발굴하는 것이 중요하다. 그러기 위해서는 인터뷰 과정 중에 "왜?"라는 질문을 자주 해야 한다. 지갑은 잠시 잊고, 지갑과 관련된 이야기를 질문할 수도 있다. "언제 처음으로 스스로 돈을 벌었고, 당시의 상황은 어떠했는가?" 등의 질문을 통해 팀원에게 무엇이 중요한 것인지 찾을 수 있다. 예를 들어, 왜 예전 연인 사진을 아직 휴대하고 있는지 질문할 수도 있고, 어떤 상황에서 많은 현금을 휴대하고 다니는지, 혹시 지갑을 잃어버린 경험이 있는지, 당시의 느낌과 이후 어떤 일을 했는지 등을 질문할 수 있다.

　참가자는 인터뷰 과정 동안 워크북의 3페이지를 참고하여 관찰한 주요한 사항들을 상세히 적고, 인터뷰의 요점을 기록하는 것이 중요하다. 코치는 참가자가 뜻밖에 발견한 것들을 노트에 기록하고, 자신이 인터뷰한 팀원의 이야기에 주의를 기울이도록 한다.

3) 종합과 사용자 관점 진술문(POV) 작성하기

코치는 두 번째 인터뷰가 끝나면, 3분 동안 자신의 생각을 각자 정리하도록 한다. 팀원에 대해 알게 된 것을 기록하며 정리한다. 정리하는 내용들은 워크북의 4페이지를 참고하여 인터뷰 과정에서 알게 된 것들을 기록하게 한다.

　인터뷰를 두 차례 진행하면서 기록한 내용이 매우 많을 수 있고, 위크북에 적은 내용들이 원자료로서 상당히 혼란스럽게 보일 수도 있다. 이렇게 정보들이 복잡한 상황에서 활용할 수 있는 좋은 대응 방식은 귀납(induction)이다. 귀납하는 가장 간단한 방법은 인터뷰 과정 중에 발견한 것을 두 가지 유형으로 나누어 구분하는 것이다.

     ① 목표(goal)와 기대(expectation)
     ② 통찰(insight)

첫 번째 유형인 목표와 기대는 바로 지갑과 관련한 사용자의 수요다. 즉, 지갑과 관련된 생활에 대해 사용자가 갖는 구체적인 기대를 말한다. 사용자의 수요는 종종 인터뷰 기록 속에서 명확히 찾을 수 있다. 귀납할 때는 사용자의 수요에 대해 몸과 마음의 두 가지 측면의 수요를 포함하고, 두 측면 모두 동시에 주의 깊게 다룬다. 일반적으로 사용자의 수요, 즉 목표와 기대를 묘사하기 위해 동사형(verb)을 사용한다.

예를 들어, 사용자는 최대한 물건을 '적게 휴대'하거나, 혹은 호주머니에 지갑이 '두툼하게 있는' 그런 느낌을 필요로 한다.

두 번째 유형인 통찰은 면접자가 복잡한 정보 안에서 추려낸 핵심요점을 뜻한다. 어떠한 깊이 있는 통찰의 발견은 사용자가 명확히 표현해서 나온 것이 아니라 면접자의 연역 추론(deduction)이다. 혹은 면접자가 자신의 직감으로 알게 된, 사용자가 아픔(감정)을 느끼는 부분을 의미한다. 이후 단계들을 거치면서 면접자는 자신이 느낀 통찰을 통해 더욱 창의적인 해결방안에 도달할 수 있다.

예를 들어, 인터뷰한 후 사용자가 신용카드로 소비할 때보다 현금으로 지불할 때 구매 물품의 가치를 더욱 명확하게 느끼고, 더욱 신중하게 구매 결정을 내릴 수 있게 한다고 강조한 부분에 주의할 수 있을 것이다.

다른 예로, 여성 사용자를 인터뷰한 후 사용자는 지갑을 단지 자신

의 물건을 정리하고 분류하는 것을 도와주는 것으로 간주할 뿐 아니라 자신이 휴대해야 하는 물품들을 담는 용기로도 간주한다는 것을 발견할 수도 있다.

두 번째 활동은 인터뷰에서 발견한 내용을 '사용자의 수요'와 '통찰'로 구분한 것을 진술문으로 표현하는 것이다. 각 참가자에게 3분의 시간이 주어진다.

물론 사용자 수요는 여러 개가 있을 수 있다. 통찰도 적어도 1개 이상일 것이다. 참가자는 그중에서 가장 설득력 있는 수요와 가장 흥미 있는 통찰을 선택하고, 양자를 유기적으로 하나로 결합하여 상대방의 관점을 표현하는 진술문으로 구성한다.

여기서 진술문을 구성할 때, 각자 자신이 인터뷰한 팀원의 관점에서 사고해야 한다. 참가자는 인터뷰 내용에 충실하며, 의미 있는 도전에 직면하도록 한다. 이 진술문은 이후의 디자인 방향을 명확히 하는 데 사용된다.

진술문을 구성하는 작업은 디자인 씽킹의 창의적인 활동 중 하나로, '사용자 관점 진술문'(POV, Point Of View)이라 불린다. 사용자 관점은 다음의 세 가지 요소를 포함한다.

① 사용자(user): 팀원의 이름 혹은 별명을 쓸 수 있다. 가능하다면, 사용자의 특징을 묘사하는 수식어를 붙이는 것이 좋다. 예를 들어 "야외 활동을 좋아하는 여자 대학생 A씨"

② 수요(needs): 사용자가 명확히 밝힌 목표나 기대 중에 사용자를 가장 만족시킨다고 생각하는 수요를 선택한다.

③ 통찰(insights): 통찰은 사용자와의 공감을 바탕으로 더욱 깊이 사고한 후 정의를 내린 중요한 발견이다. 통찰의 발견은 사용자의 수요와 일치할 수 있고, 모순적이거나 충돌할 수도 있다.

POV의 예를 하나 들어보면 다음과 같다.

A씨는 지갑 안에 수시로 꺼낼 수 있는 물건을 넣고 싶어 한다. 그녀는 지갑을 사용함으로써 자신이 야외활동할 때 더욱 효율적이 되기를 바란다. 그런데 놀라운 것은 지갑을 챙겨왔다는 사실 때문에 그녀는 지갑 안의 내용물을 제대로 점검하지 않았다고 느꼈다.

디자인 씽킹 워크숍에서 사용자 관점 진술문의 또 다른 묘사방식도 생각해볼 수 있다. 이는 디자인 씽킹에서 비교적 난이도가 높은 부분으로, 초보자는 여기서 방향을 잃을지도 모른다. 간단한 방법을 소개하면, 비유 또는 유추의 방식을 사용하는 것이다. 말하자면 사용자와 이상적인 지갑 간의 관계를 설명하는 것이다.

A씨에게 있어 매일 집을 나서기 전에 지갑 안의 내용물을 잘 챙겼는지 빠르게 점검하는 것은 마치 그녀가 외출 전 화장하는 것과 같은 일이다.

4) 창의(ideation)와 테스트(test)하기

창의 단계는 참여자에게 아이디어를 발산시키고 자유 연상의 상태로 진입하게 한다. 이는 '브레인스토밍'(brain-storming)이라고 일컬어지는 아이디어 구상 단계다.

브레인스토밍의 시간 배정은 5분이다. 참가자는 워크북의 6페이지를 참고한다. 참여자는 먼저 페이지 위쪽에 문제에 대한 도전을 적고, 사용자 관점 진술문(POV)을 새롭게 작성한다. 그러고 나서 많은 수의 엉성하지만 창의적인 초안을 그려보고, 최대한 서로 다른 많은 아이디어를 구상한다.

워크숍 조직자는 참가자가 확정한 새로운 도전에 대해 창의적인 해결방안을 찾도록 한다.

(I) 브레인스토밍 작업의 요점

① 최대한 많은 수의 아이디어를 구상한다. 많으면 많을수록 좋다.
② 브레인스토밍은 아이디어를 구상하는 시간이지 아이디어를 평가하는 시간이 아니다. 아이디어를 평가하는 작업은 나중으로 미룬다.
③ 참가자 간에는 우호적인 경쟁이 일어날 수도 있다. 누가 창의적인 아이디어가 더 많은지 본다.
④ 도형을 사용하여 표현하도록 한다. 상세한 사항을 부각시켜 설명하는 것이 필요하면 간단한 문장을 사용하여 표기한다.
⑤ 참가자가 브레인스토밍에서 해야 할 일은 지갑을 디자인하는 것이 아니라 방금 진술한 문제에 대해 해결방안을 제공해야 한다는 점을 일깨운다.

(2) 테스트 작업의 요점

브레인스토밍 단계가 끝나면, 참가자는 팀원에게 자신이 구상한 여러 가지 창의적인 아이디어 방안을 소개하고 피드백을 듣는다. 피드백을 받는 총 시간은 10분이다. 인터뷰할 때와 마찬가지로 각 참가자에게 5분이 주어지고, 5분 후에 다시 역할을 바꾸어 피드백을 주고받는다. 피드백 단계는 실질적으로 진전된 인터뷰라 할 수 있다. 참가자는 팀원의 질문을 청취하고, 팀원의 반응을 관찰한다. 팀원에게 해결방안을 그린 초안을 보여주고, 팀원의 의견을 청취한다. 이 과정에서 참가자는 많은 아이디어 중에서 상대방이 무엇을 좋아하고 무엇을 좋아하지 않는지, 상대방이 초안에 표현된 지갑에 어떤 의문을 갖고 있는지, 어떤 개선점을 생각하는지 청취한다. 참가자는 팀원의 피드백을 주의 깊게 청취하여 더욱 새로운 통찰을 얻는 것이 필요하다.

테스트 단계는 팀원의 감정과 동기를 이해하는 또 다른 좋은 기회다. 참가자는 초안을 보여주고 먼저 상대방 스스로 초안을 살펴보도록 한다. 상대방이 초안을 보고 무엇을 디자인한 것인지 알 수 있도록 한다. 그러고 나서 상대방이 자신의 창의성을 해석하도록 한다. 참가자는 상대방의 말을 듣지 않고 자신의 이야기만 늘어놓아서는 안 된다. 또한 자신의 아이디어를 상대방에게 옹호하지 말아야 한다. 왜냐하면 이 과정은 자신의 아이디어가 얼마나 합리적인지를 증명하기 위한 것이 아니라 초안 디자인을 지속적으로 개선할 수 있도록 새로운 통찰을 찾기 위해서이기 때문이다.

5) 프로토타입(prototype) 제작하기

(1) 프로토타입 제작하기 전

참가자는 팀원으로부터 얻은 피드백과 통찰을 바탕으로 3분 동안 수집한 피드백을 귀납하여 결론을 내린다. 프로토타입 제작 단계에서는 사용자 수요에 대한 새로운 이해와 통찰을 바탕으로 새로운 창의적 아이디어로 하나의 완전히 새로운 해결방안을 도출한다. 이 해결방안은 이전의 아이디어를 완성하는 것일 수도 있고, 완전히 새로운 디자인일 수도 있다. 이전에 구상했던 여러 아이디어로부터 발전해서 나올 수도 있고, 여러 아이디어를 하나로 종합하여 하나의 복합적이면서 창의적인 제품을 얻을 수도 있다.

　　참가자는 원래 설정했던 문제에 대한 사용자 관점 진술문을 중심에 놓고 작업을 진행할 수 있다. 또는 참가자가 다시 설정한 새로운 통찰과 수요를 바탕으로 도출된 새로운 문제에 대한 사용자 관점 진술문이 중심이 될 수도 있다. 디자인 과정에서 참가자는 새로운 창의적 아이디어를 중심에 놓고 어떻게 하면 더욱 많은 세부적인 내용과 색채를 입힐 수 있을지 최대한 구상할 필요가 있다. 참가자는 해결방안이 팀원의 생활환경에 적합할지, 자신이 디자인한 물건을 상대방이 언제 어떻게 사용할지를 더욱 적극적으로 고려할 필요가 있다.

　　(2) 프로토타입 제작하기

워크숍 조직자는 프로토타입 제작에 사용되는 재료를 준비한다. 프로토타입을 직접 손으로 제작하는 단계에서는 자신이 방금 초안에서 그린 아이디어를 디자인 청사진으로 하여 해결방안을 실제 유형의 물건으로 제작할 수 있다. 총 7분의 시간이 주어지며, 프로토타입의 실물 디자인 방안을 구체적으로 실현하는 데 사용한다.

　　우리는 모든 해결방안 중에서 주요 측면만 실현할 수 있다. 예를 들어, 사용자의 주된 요구를 만족시킬 수 있는 지갑의 크기, 두께 혹은 재질, 질감 등을 부각시킨다. 우리의 창의성을 설명하기 위해 종이와 천, 얇은 금속 포일 재료를 사용하여 하나의 동일한 비율의 실제 모형을 만들어 사용자로 하여금 모형과 상호작용할 수 있는 일종의 체험 과정을 제공하는 것도 필요하다. 우리가 제작하는 물건은 최대한 팀원이 몸소 접촉하도록 해야 한다. 만일 우리의 해결방안이 서비스이거나 시스템이라면, 하나의 상황이나 접촉할 수 있는 환경을 조성하여 팀원이 해결방안을 체험하도록 한다.

참가자는 수중에 있는 재료를 사용할 수 있다. 워크숍의 공간 환경도 재료에 포함한다. 워크숍 조직자는 제작하기 전과 제작 과정 중 참가자에게 '안전주의!'를 반복하여 일깨워야 한다.

4. 워크숍 피드백 및 요약

1) 피드백

다음은 해결방안을 소개하고 피드백을 듣는 과정이다. 이 단계는 총 8분이 주어지며, 두 부분으로 나뉜다. 코치는 4분이 지나면 팀 역할을 바꾸도록 알려준다. 우선 한 팀원이 다른 팀원에게 해결방안을 소개하고 피드백을 받은 다음 역할을 바꾼다. 이 단계에서는 자신의 프로토타입을 팀원과 공유한다. 피드백을 받을 때 자신이 제작한 프로토타입에 물리적으로나 감정적으로 너무 얽매이지 말아야 한다. 여기서 요점은 프로토타입의 정확성을 확인하는 것이 아니라 지갑은 단지 인공물이며 우리의 목표는 이를 사용하여 새롭게 목표로 하는 대화를 진전시키는 것이다.

실제 사용자나 주변 사람들과 비교할 때, 프로토타입이 중요한 것이 아니라 제공하는 피드백과 새로운 통찰이 중요하다. 워크숍 코치는 각 참가자에게 자신의 프로토타입을 옹호하려 하지 않도록 상기시켜야 한다. 그 대신에 팀원이 신중하게 디자인하고 세밀하게 제작한 지갑을 상대방에게 주고 사용자가 직접 경험할 수 있도록 해야 한다. 그러고 나서 사용자가 올바르게 사용하는지 주의 깊게 관찰한다. 이 과정에서 팀원이 해결방안에서 좋아하는 부분과 싫어하는 부분, 디자인의 세부 사항에 대한 다른 질문이나 새로운 아이디어 및 제안 사항을 기록해야 한다.

2) 전시 및 공유

전시와 공유는 디자인 씽킹 워크숍의 마지막 활동이다. 체계적인 피드백과 공유는 연습을 단순하고 재미있는 활동에서 의미 있는 학습과 실용적인 경험으로 고양시킬 수 있다. 또한 참가자가 미래의 혁신적인 작업에 참여하는 방식에 영향을 줄 수 있다.

테이블이 이동 가능한 경우, 테이블을 신속하게 모으거나 중앙에 큰 테이블을 놓아 모두 함께 앉을 수 있도록 해야 한다. 직접 디자인하고 제작한 프로토타입을 강의실의 테이블 위에 놓게 한다. 이 과정의 핵심은 모든 사람이 함께 모여 디자인한 혁신적인 해결방안을 모든 팀원이 보고 워크숍 경험을 공유하는 것이다. 코치는 다음 방법을 사용하여 참가자가 적극적으로 발언하도록 안내할 수 있다.

"팀원이 디자인한 것 중에서 자신의 마음에 드는 프로토타입이 있습니까?"
"어떤 프로토타입에 가장 호기심을 느꼈습니까?"
공유 과정에서 프로토타입을 제작한 팀원이 대화에 참여해야 할 뿐 아니라 지갑 사용자를 포함시키고 이들의 체험 소감을 들어야 한다.

"팀원들과 원활하게 의사소통했습니까?"
"팀원과 대화할 때 어떤 정보가 디자인에 반영되었습니까?"

"테스트 및 피드백 단계가 최종 디자인에 어떤 영향을 주었습니까?"
"이 과정에서 가장 어려운 부분은 무엇이었습니까?"

워크숍 참가자는 학생이거나 직장인일 수 있으며, 관리자이거나 특정 비즈니스의 경영자일 수도 있다. 팀원의 상황에 따라 전문 영역을 학습하고 활동을 공유할 수 있다. 방금 체험한 워크숍을 이용하여 후속 작업에서 개선하고 완벽하게 만들 수 있을지 자유롭게 토론한다. 워크숍 과정에서 자신의 습관적 사고나 행동과 비교할 때 분명히 다른 부분은 무엇인지, 그 이유는 무엇인지, 자신에게 영감을 준 부분은 무엇인지 이야기한다.

3) 요약
워크숍을 마무리하며 참가자는 자신의 경험을 바탕으로 요약 발표를 할 수 있다. 참가자들이 워크숍 전체의 성과를 요약하는 데 도움이 될 수 있도록 다음과 같이 디자인 씽킹의 핵심 개념을 강조한다.

- 사람 중심 디자인: 자신이 디자인하는 사람이나 집단에 공감하고, 실제 사용자로부터 피드백을 받는 것이 모든 좋은 디자인의 기초다.
- 실습 및 프로토타입: 프로토타입을 사용하여 자신의 아이디어를 검증할 뿐만 아니라 사고 과정을 외면화하고 혁신 과정에서 얻은 이익을 내면화할 수 있다. 직접 움직여 프로토타입을 제작하고 프로토타입 제작을 통해 생각하고 배운다.
- 항상 행동한다: 디자인 씽킹은 말 그대로 생각에 머물러 있지 않으며, 행동하도록 격려하는 경향이 있다. 관찰하고, 인터뷰하고, 토론하면서 어떻게 행동할지에 대해 계속 생각한다.
- 말로 설명하지 않고 전시한다: 사용자에게 경험을 제공하고, 가능한

한 많은 시각적 설명을 사용하며, 흥미 있고 의미 있는 방식으로 스토리를 설명하고, 자신의 생각을 전달하는 방법으로 시각화를 사용한다.

- 반복의 힘: 우리가 워크숍 과정을 매우 빠른 속도로 수행한 이유는 참가자들이 디자인 씽킹의 전체 과정을 경험하기를 기대하기 때문이다. 그래서 참가자들에게 미리 디자인 도전을 설정해주었다. 반복은 프로젝트에서 결과를 얻는 열쇠다.

제3장 디자인 씽킹: 이해 단계

"이해(understanding)는 인류의 지혜와 대뇌의 고차원적인 기능 중 하나이며, 또한 가장 독특한 것이다. 동물의 대뇌나 컴퓨터 같은 많은 물리 시스템은 사실을 흡수하고 사실에 따라 행동할 수 있지만, 현재까지 어떠한 것도 사람의 뇌처럼 하나의 해석을 '이해'할 수 있는 것은 없다. 또한 이해하려면 먼저 해석이 필요하다."

– 데이비드 도이치(David Deutsch)

Ⅰ. 이해 개요

디자인 도전에 대한 이해와 사용자가 직면한 문제에 대한 이해를 바탕으로 혁신적인 해결방안을 찾는 토론과 사고는 모든 디자인 씽킹 프로젝트를 시작할 때 필요한 작업이다.

1) 이해란 무엇인가

이해는 다른 생물과 구별되는 인간의 고유한 능력이다. 서커스나 동물원, 수족관 등에서는 코끼리, 개, 오랑우탄, 돌고래 등 많은 동물이 복잡한 동작을 완성할 수 있으며, 많은 사람들은 이 같은 동물들의 흥미로운 공연을 관람한다. 어떤 사람들은 자신의 감정을 동물에게 투사하고, 이들 동물에게 사람과 같은 감지 능력이 있다고 주장한다. 그러나 동물들의 행동은 음식 같은 자극에 대한 단순한 반응인 본능의 범주에 속한다. 동물은 근본적으로 사물을 이해하는 능력이 없다.

우리는 중학교 때 이반 파블로프(Ivan Pavlov)의 생물학 연구에서 동물이 반복 훈련을 통해 조건반사를 보인다는 발견에 대해 배웠다. 동물은 인간의 일부 행위를 생생하게 모방할 수 있지만 그러한 행위가 무엇인지, 왜 그렇게 행위해야 하는지는 이해하지 못한다. 적어도 현재로서는 동물에게 이해 능력이 있다는 어떠한 증거도 없다. 이해는 동물의 본능(instinct)을 초월하는 인간 지능(intelligence)의 시작점 중 하나라고 할 수 있다.

디자인 씽킹의 초기 단계에서 강조되는 '이해'는 두 가지 측면의 의미를 내포한다. 하나는 상황에 대한 이해를 의미하고, 다른 하나는 사람에 대한 이해를 의미한다. 사람에 대한 이해는 사용자에 대한 이해뿐 아니라 프로젝트팀을 구성하는 팀원 간, 팀 간, 프로젝트 참여자와 코치 간의 관계에 대한 이해도 포함한다.

우리는 디자인 씽킹을 5~6개로 연결된 단계를 포함하는 과정으로 설명하고, 이해를 디자인 씽킹의 첫 번째 단계로 표현하지만, 실제로 사람 중심의 디자인은 하나의 선형적인 과정이 아니다. 디자인 씽킹은 각 프로젝트의 구체적인 도전 내용에 따라 다양성에 대응할 수 있도록 다채로운 변화가 가능하다. 디자인 씽킹의 과정을 더욱 효과적으로 표현한다면, 하나의 연속적인 단계가 아니라 서로 교차하고 중첩되는 연결고리들로 표현할 수 있다. 초보자들은 세 가지 연결고리인 동기부여-창의-구현을 염두에 두어야 한다. 어떠한 디자인 도전에 직면하든 '동기부여'는 해결방안을 찾도록 장려하는 문제나 기회로 간주된다. 창의는 각종 아이디어를 생성하고 확장하며 테스트하는 과정이다. 구현은 혁신 성과를 실생활로 유도하는 과정이다.

사례: 5달러로 창업하기

스탠퍼드대학교에서 디자인 혁신 강의를 맡은 티나 실리그 교수는 학생들에게 다음과 같은 도전을 제시했다. "만일 여러분에게 5달러 자금을 주고 2시간 내에 최대한 돈을 벌라고 한다면 얼마를 벌 수 있습니까?"

학생들은 여러 팀으로 나누어 팀별로 경쟁했다. 모든 팀은 4일 동안 이 도전을 연구하고 몇 가지 혁신방법을 테스트했다. 다음 강의 시간에서 각 팀은 3분 동안 해결방안을 발표했다.

도전에 직면한 학생들은 5달러로 복권을 구매하거나 라스베이거스 카지노에 가서 도박할 것이라고 우스개로 말했다. 물론 이런 방안도 가능하다. 하지만 성공 확률은 매우 낮으며, 수익을 내기는커녕 본전도 찾지 못할 가능성이 매우 크다. 또 다른 학생은 우선 5달러로 재료를 구입하거나, 도구를 빌리거나, 아파트 단지에서 주스를 팔거나, 혹은 세차나 제초작업을 하는 아이디어를 냈다.

　실제로 최고 성적을 받은 팀은 문제를 보는 일반적인 아이디어에서 벗어나 초기투자에서 100% 이상의 수익을 올렸다. 한 팀은 학생회관 옆에 노점을 열어 학생들에게 무료로 자전거 타이어의 공기압을 측정하도록 도와주었다. 공기압이 부족하면 1달러를 받고 자전거 타이어에 공기를 넣어주는 유료서비스를 시작했다. 이것은 간단하면서도 실행 가능한 서비스 방안이었다. 많은 학생들은 노점에서 1달러를 내고 공기를 넣었다. 인근의 주유소에 가면 무료로 공기압을 체크하고 공기를 넣을 수 있었지만 말이다. 노점을 연 지 1시간쯤 지났을 때, 문제에 대한 팀의 인식이 바뀌었다. 공기 넣는 비용을 받지 않는 대신 공기를 넣은 후에 기부를 요청하기로 방법을 바꾸었다. 새로운 방법으로 바꾸자 2시간 만에 수입이 크게 늘었다. 기부액수에 대해 어떠한 요구도 하지 않았으나 서비스를 받은 학생들은 크고 작은 기부금을 답례로 주었다. 그러나 이 팀의 수익이 최고는 아니었다.

　최고 수익을 낸 1위 팀의 문제 접근 시각은 독특했다. 이 팀은 심지어 초기 자금 5달러를 사용하지도 않았다. 왜냐하면 가장 가치 있는 자원은 5달러의 투자도, 돈을 버는 2시간도 아니라고 생각했기 때문이다. 가장 가치 있는 자원은 다음 강의 시간에 갖게 될 각 팀의 3분 발표시간이라고 생각하고, 통화료만으로 실리콘밸리의 한 회사에 연락하여 자기 팀의 발표시간 3분을 기업에 판매했다. 스탠퍼드대학교 디자인 혁신 강의에 와서 수강

학생들에게 연설하고 채용할 기회를 기업에 준 것이다. 이런 간단한 방법으로 3분 동안 650달러를 벌었다.

2) 이해가 중요한 이유

디자인 씽킹은 혁신적인 방법론으로, 프로젝트가 전개되는 초기 단계에서 이해부터 시작하기를 강조한다. 왜냐하면 문제와 사람에 대한 깊은 이해는 새로운 관점을 열고 독창적인 해결방안을 촉진할 수 있기 때문이다.

(1) 문제 이해

실제 문제에 대한 이해는 다양한 각도, 층위, 차원에서 이해한다. 다양한 각도, 층위, 차원에서 이해한다면, 특정 사고 경로에 국한되거나 시작하자마자 문제해결의 사고 경로를 단순한 제품에 집중하지 않도록 해준다. 디자인 씽킹에서 실행하는 디자인은 시각디자인이나 좁은 의미의 제품 기능 디자인 같은 전통적인 디자인을 지칭하는 것이 아니라 광의의 디자인을 가리킨다. 광의의 디자인은 사회생활 전반에 걸친 복잡하고 다양한 문제와 도전에 직면하여 제품, 서비스, 비즈니스 모델, 조직 형태와 관리 체계 등에서 혁신적인 해결방안을 제공하는 것이다.

(2) 사용자 이해

디자인 씽킹은 인문 가치를 강조한다. 항상 사람에 대한 이해를 혁신 실천의 모든 단계에 관통시킨다. 디자인 씽킹이 강조하는 사고방법은 수직적이며 심도 있는 분석적 사고와 다르다. 디자인 씽킹은 수평적으로 연결하여 다양한 확장을 추구하는 연결적 사고다. 다른 분야나 전공의 다양한 지식과 배경을 가진 전문가들을 연결하는 데 전력을 다한다. 서로 다른 전공 분야의 사람들이 긴밀히 협력하도록 하고, 사용자에 대한 관심을 바탕으로 실제적이고 구체적으로 문제를 해결하도록 한다.

DESIGN THINKING

ANALYTICAL THINKING

두 가지 사고는 영어 알파벳 대문자 T의 수직선과 수평선에 대응한다. 수직선은 전통적인 교육방식에서 강조하는 분석적 사고(analytical thinking)를 나타내고, 수평선은 개인의 다양한 능력, 소통 능력, 학과의 다양한 전공지식, 전문가 역량을 가진 다양한 팀원을 연결하는 디자인 씽킹의 사고방식을 나타낸다.

분석적 사고는 현대사회의 모더니즘의 특성과 기본 개념을 반영한다. 전문적인 분업과 분업의 세분화를 지지하며, 명확한 개념과 분류로 모든 사람과 사물을 특정 카테고리에 할당하여 균일하고 효율적인 방식으로 처리한다. 가로 방향의 수평적 사고는 포스트모더니즘의 특성을 잘 반영한다. 개인의 가치를 존중하는 환경에서 개인의 지위는 새로운 높이로 상승하고, 모든 사람은 고유한 범주를 차지하면서, 그 사람을 중심으로 하는 방식의 상품과 서비스의 디자인 설계가 전개된다. 수평선의 확장은 사람들 간의 연결과 상호작용을 강조하고, 의사소통과 상호 이해를 바탕으로 창의성과 혁신을 자극한다.

3) 이해의 방법

(1) 제약 직시

혁신에 대한 잘못된 인식 중의 하나는 혁신에는 무한한 자유가 있어야 한다고 생각하는 것이다. 어떤 사람들은 돈을 마음껏 사용하고 시간적인 압력이나 스트레스가 없는 그러한 조건에서 디자이너가 온전히 정신적 긴장을 풀 수 있으며, 비로소 혁신을 위한 영감이 발휘될 수 있다고 생각한다. 실제로 제약이 없다면 아무런 문제가 발생하지 않으며, 당연히 혁신은 필요 없게 된다. 바로 희소성과 물리적인 자원 구속의 제약이 있기 때문에 가상의 지식과 지혜를 충분히 활용하여 특정 시대와 환경과 집단이 직면한 구체적인 문제를 대처하는 해결방안을 찾아야 한다.

따라서 참가자는 디자인 씽킹 워크숍에서 우선적으로 엄격한 시간 제약에 직면한다. 워크숍에는 전체 절차에 대한 전반적인 시간 계획과 분 단위로 정해진 매일의 작업 일정이 있다. 모든 팀은 각각의 단계에서 임 무를 완료하는 데 시간이 제한되어 있고, 지정된 시간 내에 각 팀의 활동 에 대한 발표를 완료해야 한다. 어느 단계에서나 존재하는 시간 제약이 디자인 씽킹 워크숍 참여자에게 스트레스를 주는 것은 의심의 여지가 없 다. 시간 제약이라는 상황 속에서 각 개인은 긴장을 늦추거나 지체할 수 없으며, 실제 비즈니스 환경이나 사회 환경과 유사한 제한 사항이 디자이 너의 창의성을 자극하고 활력을 줄 수 있다.

사례: 아폴로 13호 우주비행선의 위기

1970년, 달 착륙 임무를 수행하는 과정에서 아폴로 13호 우주비행선의 산 소저장장치가 폭발했다. 폭발로 인해 사령선에서 달착륙선으로 옮겨 타야 했고, 달착륙선 안의 이산화탄소 농도가 급격히 증가하여 3명의 우주비행 사가 생명의 위험에 직면했다. 이 소식을 접한 지상의 항공우주국(National Aeronautics and Space Administration: NASA) 직원은 몇 시간 내에 신속 하게 해결방안을 찾아야 했다. 이런 위급한 시점에 직원의 놀라운 창의력이 동원되었다. 짧은 시간 안에 규격이 다른 사령선의 이산화탄소 제거 장치를 착륙선에 삽입하기 위해 우주선에 있던 책자의 표지, 비닐봉지, 양말, 호스 를 접착테이프로 붙여 필터를 제작하는 방법을 고안하여 우주비행사에게 전달했다. 다행히 우주비행사 3명은 무사히 지구로 돌아올 수 있었다.

(2) 개방성 유지

개방성은 혁신의 필요조건이다. 개방성에 대한 디자인 씽킹의 실천은 이 념에서 구현될 뿐 아니라 구체적인 혁신 활동에서도 반영된다. 다른 교육 방식에서는 교수나 강연자의 지식 전수가 대부분의 시간을 차지한다. 반 면 디자인 씽킹은 프로젝트 참여자 모두가 평등하게 참여하여 자유롭게 의견을 개진하고 발표한다. 디자인 씽킹에서 긴 시간의 강의나 코칭은 장 려되지 않는다. 디자인 씽킹 워크숍은 참여자에게 더욱 많은 시간을 할 당하며, 팀원은 소그룹 내에서 충분히 아이디어를 교류할 수 있다. 팀원 의 아이디어는 아무리 유치하고 이상하더라도 포스트잇 메모지에 기록 되어 화이트보드에 부착된다. 공유와 상호교류는 소규모 팀 내부에만 국 한되지 않으며, 각 단계에서 디자인팀 간에도 이루어진다. 또한 디자인 씽킹팀과 프로젝트 위탁자, 그리고 사용자와의 공유와 소통은 혁신 과정 에서 필수적인 부분이다.

(3) 불확실성 수용

불확실성을 수용하면 사고가 자유로워지고, 혁신으로 가는 새로운 영감 을 발견할 수 있다. 디자인 도전에 직면하여 문제에 대한 답을 알지 못하 는 경우가 종종 있다. 그럴 때 일시적으로 확실성에 대한 의존을 멈추고 불확실성에서 각종 가능성을 찾아야 한다. 전문가가 아니기 때문에 관련 분야에 대한 경험이 부족하더라도 기존 사고에 제한받지 않는다. 디자인 씽킹 과정에서는 더욱 많은 아이디어가 떠오를 것이라고 믿어야 하며, 팀 원 간에 긴밀하게 협업하여 이상적이지 않은 방안을 끊임없이 배제해나 가는 과정이 우리를 미지의 답안으로 안내할 것이다.

(4) 낙관 유지

디자인은 미래지향적이고, 낙관은 디자인 작업의 기본적인 의식상태다. 따라서 탐험의 길에서 일시적으로 직면하는 한두 개의 장애에 얽매이지 말고, 가능성에 대해 긍정적인 태도를 유지해야 한다. 낙관론자는 해결되지 않는 문제에 고집스럽게 매달리지 않고, 낡은 사고에서 벗어나 새로운 시각에서 문제를 해결할 수 있다. 직면한 문제가 아무리 어려워도, 환경이 아무리 열악해도, 자원이 아무리 부족해도 항상 해결방안이 있다고 믿는다. 당장은 답을 모를지라도 반드시 답을 찾을 수 있다. 의미 있는 시도와 실패를 통해 최종적인 해결을 위한 도로를 깔고 다리를 놓을 수 있다.

사례: 페이스북(Facebook)의 창의 마케팅(creative marketing)

랜디 주커버그(Randy Zuckerberg)는 페이스북의 마케팅 이사로 근무했으며, 그녀의 부서는 원래 '소비자 마케팅' 부서라고 불렸다. 그녀가 부서의 이름을 '창의 마케팅' 부서로 바꾸었을 때, 새로운 부서 이름은 모든 부서원에게 긍정적인 신호를 전달했다. 회사의 다른 부서들은 이러한 변화를 감지하지 못했지만, 창의 마케팅 팀원들은 사업 내용과 실적 목표를 낙관적인 방식으로 살펴보기 시작했다. 새로운 가구와 예술작품을 배치하고, 업무 공간을 새로 디자인하고, 팀 성과를 미디어 형식으로 업무 공간에 전시했다. 부서원들은 모두 더욱 가치 있는 좋은 아이디어를 제안했고, 경쟁이 치열한 인터넷시장에서 선두 자리를 차지하기 위해 적극적으로 노력했다. 팀장이 부서 이름만 바꾸었을 뿐인데 이런 작은 변화로도 모든 부서원에게 긍정적인 영향을 주었고, 모든 사람의 상상력을 자극하고 팀을 의욕과 활력으로 가득 채울 수 있었다.

(5) 문제 직시

문제는 피할 길이 없는 것이고, 문제는 해결할 수 있는 것이다.
– 데이비드 도이치

모든 문제가 해결된 완벽한 상태는 존재하지 않는다. 새로운 문제는 항상
나타난다. 그것이 디자인 씽킹의 혁신 시스템을 지속적으로 운영하고 발
전시키며 개선해야 할 이유다. 종교는 사람들에게 천국을 약속한다. 그런
완벽한 상태는 꿈일 뿐이며 신앙에서만 존재한다. 현실에서 우리는 여전
히 문제에 직면한다. 모든 사람이 생존을 위해 매일 음식을 섭취해야 하
는 식생활 문제에 직면해 있는 것과 같다. 물론 오늘날 이 문제는 대부분
의 지역에서 가볍고 신속한 해결방안이 많이 있다.

　거시적으로 볼 때, 문명과 현대과학기술은 인류에게 행복을 주기도
하지만, 환경오염, 생물 다양성 감소, 극단적인 테러 확산 등의 바람직하
지 않은 부작용을 가져왔다. 이런 문제들은 여전히 계속될 수 있으며, 문
명발전과 과학기술진보를 통해 지속적으로 해결할 수 있다. 물론 이런 커
다란 문제들을 해결한 후에도 미래에 또다시 새로운 문제가 발생할 수 있
다. 하지만 이것이 현실을 도피하고 문제를 직시하지 않으며 혁신을 포기

하고 진보를 거부하는 이유는 아니다. 오늘날 질병으로 인해 생활이 편리한 대도시를 떠나 인적이 드문 산속으로 도망가 원시상태로 살아갈 사람은 없다. 실제로 그런 생활을 선택한다면 환경에 대한 1인당 평균 환경오염과 파괴는 자원 활용이 집약된 도시보다 훨씬 높을 것이다. '자연적인' 생활에서 문제는 더욱 심각하다.

디자인 씽킹은 이성적이고 낙관적인 시각으로 문제를 이해한다. 발생하는 문제에 대해 더욱 높은 차원에서 생각하며, 문제를 해결하고 도전에 대처하는 과정에서 지적 진보를 이룰 수 있다고 생각한다. 우리는 문제를 해결할 수 있으며, 나아가 새로운 사고 단계에서 더욱 복잡하고 까다로운 새로운 문제에 맞설 수 있다고 믿는다. 이것이 인식의 진화론이다. 또는 지식의 진화론이나 지능의 진화론이라고도 부를 수 있을 것이다.

2. 이해 준비

1) 소규모 팀의 이해

디자인 씽킹은 소집단 형태로 프로젝트 작업을 진행한다. 오늘날과 같이 정보의 홍수와 지식 분업이 고도로 발달한 환경에서는 스티브 잡스처럼 뛰어난 개인이 대중매체의 지속적인 주목을 받지만, 여전히 개인은 팀과 협력하여 가치를 극대화할 수 있다. 조건이 구비된 상황에서 팀의 긍정적 작용은 두드러진다. 팀이 갖추어야 할 조건은 다음 사항들을 포함한다.

① 다양한 팀원: 모든 사람은 서로 다른 기술과 능력을 가지고 다양한 지식과 사고의 관점에서 서로를 보완하며 1 + 1 > 2의 시너지를 형성한다.

$$1 + 1 > 2$$

② 개방적 소통: 팀원은 자유롭고 개방적으로 아이디어를 소통할 수 있다. 적대적인 대립이나 투쟁이 아닌 긍정적인 상호작용과 경쟁관계에 있다. 팀원들은 서로 배우고 함께 진보하는 것이 최종 목표다.

③ 복잡한 작업: 복잡하고 어려운 도전은 팀원을 하나로 뭉치게 해준다. 외부 압력과 혁신 성과에 대한 높은 기대는 팀원의 접착제가 된다. 또한 많은 연구 결과에 의하면, 개인과 비교해볼 때 집단은 간단한 임무를 완성할 때보다 복잡한 작업 임무를 더욱 효과적으로 수행하는 것으로 나타났다.

위와 같은 조건을 기반으로 여러 명으로 구성된 소규모 팀이 앞으로 전개하는 혁신의 주체가 된다. 디자인 씽킹 작업에 참여하는 사람이 비교적 많다면 여러 개의 소규모 팀으로 나눌 수 있으며, 각 팀의 최적 인원은 4~6명으로 구성된다. 각 팀은 각기 다른 문제나 각기 다른 사용자를 위해 디자인하거나 동일한 디자인 문제에 도전할 수도 있다. 동일한 문제에 도전할지라도 각 소규모 팀은 프로젝트가 진행됨에 따라 각자의 독창적인 접근법을 발견하기 때문에 동일한 해결방안이 도출되는 것을 걱정할 필요가 없다.

다양성을 보장하기 위해 소규모 팀의 구성원은 서로 다른 분야의 전문가여야 한다. 그래야 각 팀원이 자신의 전문 지식을 배경으로 문제에 대한 자신만의 독특한 이해를 다른 팀원과 공유할 수 있다. 동시에 모든 팀원은 다른 팀원이 다른 시각에서 문제를 이해하는 것을 배운다. 미국 스탠퍼드대학교, 독일 하소플라트너연구소, 중국 커뮤니케이션대학교의 디자인 씽킹 스쿨에서는 컴퓨터공학, 기계공학, 정보기술, 디자인, 경영관리, 생물학, 사회과학, 법학, 언어학, 의학 등 서로 다른 전공의 학생과 교수가 함께 공부하고 연구한다. 이런 모델을 '신디케이트 방법'이라 부른다. 이 방법은 교육 분야에서 매우 효과적인 동료 학습방법으로 입증되었다.

개인 영웅주의와 비교하여 팀의 상호 협력과 혁신방안의 공동 완성은 디자인 씽킹 스쿨에서 더욱 권장된다.

디자인 씽킹에서는 팀원이 모두 발언할 수 있도록 격려한다. 이렇게 하면 협업을 위한 혁신 분위기 조성에 도움이 될 뿐 아니라 팀원 간에 서로 다른 전공을 상호 학습하는 데 유리하다. 소규모 팀에서 종종 발언을 주도하는 팀원이 출현하는 것은 피할 수 없다. 이러한 팀원은 토론을 지배하는 경향이 있으며, 프로젝트를 최대한 자신이 예상한 방향으로 발전시키려고 노력할 것이다. 그러나 다른 측면에서 본다면, 이들은 비교적 많은 업무책임과 스트레스를 피하기 어렵고, 오류를 범할 위험성이 크다. 워크숍은 리더십을 갖춘 사람이 소통능력과 설득력을 단련할 좋은 기회다.

이해의 한 부분으로 디자인 씽킹팀의 초기 소통은 자기소개부터 시작한다. 일반적으로 각 혁신팀은 토론을 통해 팀의 이름을 짓고 집단으로서 팀의 긍지를 구축한다. 팀원들은 서로 다른 전공 출신이기 때문에 자신의 전공용어를 사용하거나 추상적인 언어수준에서는 서로 소통할 수 없다. 그러므로 공동으로 관심을 갖는 주제를 바탕으로 점차 공통언어를 설정한다. 디자인 씽킹의 이해는 외부 사용자를 이해하고, 외부에서 주어진 디자인 도전을 이해한다. 그러나 단지 외부에 대한 이해만을 지향하는 것이 아니라 내부에 대한 이해도 포함한다. 각 팀원에 대한 이해와 팀원 간의 상호 이해를 포함한다.

2) 대규모 집단의 이해

혁신의 궁극적인 원천은 각 개인이다. 개인은 자신을 되돌아보고 자신을 이해하는 동시에 상호작용하며 자신의 주변에서 쉽게 만나는 다른 사람들을 이해한다. 개인 간의 상호 이해는 폐쇄적인 소규모 팀에 국한된 것이 아니라 더 큰 대규모 집단으로 확장될 수 있으며, 대규모 집단의 이해는 더욱 복잡하고 수준 높은 협업을 추진하고 더욱 어려운 문제를 해결하기에 적합하다.

사람 중심의 디자인은 하나의 개방적인 체계다. 우리는 팀 내부의 긴밀한 협력을 장려할 뿐 아니라 팀 간의 상호학습과 선의의 경쟁, 협동과 시너지를 적극 지지한다. 각 팀이 동일한 문제에 대해 동일한 사용자집단을 위해 디자인할지라도 모두는 서로의 경쟁자가 아니다. 한 팀이 다른 팀의 장점을 배우고 받아들일 수 있겠지만, 옆의 팀을 100% 모방하고 복제하는 일은 절대 발생하지 않을 것이다. 왜냐하면 모든 팀원은 본래 자신의 혁신 능력을 향상시키기 위해 함께 모인 것이기 때문이다.

디자인 씽킹 워크숍에서 팀의 정기적인 브리핑은 팀들이 서로를 이해하는 데 중요한 활동이다. 전통적으로 유럽과 미국의 대학교에서 큰 비중을 차지하는 교육방식은 토론 수업이다. 최근 들어 토론 중심 수업과 학습방법이 중국의 대학교에도 생겨나고 발전하기 시작했다. 토론 수업은 학생들이 개별적으로 의견을 말하고 수업 후에도 개별적으로 복습하고 예습하며 과제를 하는 기존 방식과 다르다. 디자인 씽킹은 소규모 팀을 기반으로 하는 발표를 수차례 포함한다.

일정에서 사전에 계획된 발표시간이 다가오면 각 팀은 긴장되고 흥분된 분위기로 충만하다. 팀원은 서로 긴밀하게 협력하는 가운데 무대에서 자신 있게 발표한다. 이와 같이 협업은 현실의 비즈니스 활동을 모방하는 것으로, 한편으로는 혁신 과정 중 각 단계의 성과물을 더욱 많은 사람에게 펼쳐 보이고 공개적으로 검증하며, 디자인 도전에 대한 이해를 더욱 심층적인 이해로 촉진해나간다. 다른 한편으로는 팀원들은 발표활동을 반복하고 적응해나가면서 상호 이해를 심화해간다.

3) 디자인 도전의 이해

이해 단계의 핵심 작업은 디자인 도전을 명확히 하고 디자인 도전이 직면한 문제를 식별하는 것이다. 디자인 씽킹의 모든 항목은 해결해야 하는 특정 문제를 이해하면서 시작한다. 이런 문제는 프로젝트 위탁자가 제시하거나 디자인 씽킹팀이 스스로 제기한 문제다. 디자인 도전으로 정의된 문제는 행동지향적이다. 일반적으로 사용자를 중심으로 딜레마나 수요를 설명하고, 고통스러운 부분과 신나는 부분을 발견하여 해결방법과 과정에 중점을 둔다. 디자인 도전은 '무엇이' 또는 '언제', '어디서' 등에 대해 묻는 것이 아니며, 보통 '어떻게', '어떤'과 같은 질문으로 표현된다. 디자인 도전에서 질문하는 대표적인 문제는 다음과 같다.

- 어떻게 유통기한이 짧은 식품을 유통기한 전에 효과적으로 판매할 수 있을까?
- 어떻게 시민 스스로 지방정부의 전자업무에 참여하도록 장려할 것인가?
- 어떻게 디지털 세대의 수요를 충족하는 혁신을 할 것인가?
- 어떻게 도시와 농촌 거주 주민을 위해 고속 광대역 네트워크 진입 장애를 제거할 것인가?

물론 디자인 도전이 일단 정해지더라도 불변하는 것은 아니다. 초기의 이해와 관찰 단계를 거친 후에 종종 초기와는 완전히 다른 새로운 발견을 하게 된다. 조사가 진행됨에 따라 모든 팀원은 문제에 대한 이해와 인식이 더욱 깊어진다. 디자이너는 보통 초기와 다른 시각으로 디자인 도전을 검토하고, 다시 구상하고 사고를 바꾸어 자신만의 독창적인 문제해결을 위한 시각을 결정한다. 디자인 씽킹의 많은 사례를 통해 증명된 점은 여러 팀이 동일한 디자인 도전을 바탕으로 작업을 시작하더라도

각 팀은 프로젝트 진행 과정에서 문제에 대한 다양한 이해를 바탕으로 디자인 도전을 수정하고 재구성한다. 이에 따라 각 팀은 더욱 구체적이고 집중적이며 의미 있는 혁신 목표를 향해 나아가게 된다.

4) 환경의 이해

사람은 시시각각으로 변하는 특정한 환경에 놓여 있다. 사람은 끊임없이 환경을 이해하고 환경에 영향을 미치고 환경을 변화시키는 것 외에도 환경에 따라 다른 사람들에게 다른 정보를 전송하여 다양한 영향을 미친다. 사회학 분야에서 유명한 '깨진 유리창 이론'(Broken Windows Theory)은 환경이 사람에게 미치는 영향을 잘 보여준다.

연습: '깨진 유리창 이론'

이 아파트 단지는 원래 매우 조용하고 안전한 곳이었다. 어느 날 단지에 있는 건물 유리창이 깨졌다. 그러나 깨진 유리창은 수리되지 않았으며, 그 후 주변에 더 많은 유리창이 깨졌다. 수리되지 않은 하나의 깨진 유리창은 관리되고 있지 않다는 신호다. 그래서 곧 주변에 있는 유리창도 다 깨진다. 깨진 유리창들은 수리되지 않고 방치되어 있다. 이것은 도심의 황폐한 지역에서 종종 발생하는 일이다. 깨진 유리창은 지역사회의 태만을 의미하며, 무질서를 허용한다는 것을 의미한다. 수리되지 않은 깨진 유리창은 아파트 단지의 취약함과 안전의 결여를 의미하기 때문에 공공기물 파손행위가 쉽게 발생한다. 단지의 안전관리는 점차 약화되고, 하나의 사소한 무질서와 범죄가 더 큰 범죄로 이어져 아파트 단지는 주민에게 위험한 곳으로 인식된다.

사람들의 혁신적인 사고를 적극적으로 배양하는 디자인 씽킹의 혁신 체계는 작업실 환경에 대한 특별한 요구사항이 있다. 프로젝트팀은 집중된 작업을 위해 독립적인 공간을 확보해야 하고, 작업 공간에는 화이트보드가 여러 개 구비되어야 한다. 팀원은 언제든지 새로운 아이디어가 떠오르면 포스트잇 메모지에 기록하여 화이트보드에 붙여야 한다. 손을 뻗으면 바로 닿을 수 있게 모든 정보는 팀원을 중심으로 배치하고 모두가 긴밀한 소통의 분위기에 빠져들도록 한다.

디자인 씽킹 작업 공간에 배치된 전형적인 가구는 일반적인 사무실에서 주로 선택하는 표준 높이의 작업 테이블과 의자가 아니라 다리가 긴 테이블과 의자다. 높은 테이블을 활용하면 건강하게 서 있는 자세나 반쯤 앉은 자세로 디자인 씽킹 작업을 할 수 있다. 이와 같은 자세는 팀원의 사고에 활력을 불어넣을 뿐 아니라 디자인 씽킹의 이념이 사고와 행동을 모두 중시한다는 것을 잘 드러낸다. 디자이너는 구두로 하는 토론에만 머물러 있지 않으며 언제든지 창의적인 프로토타입 제작에 착수할 수 있도록 항상 준비되어 있다는 것을 의미한다.

디자인 씽킹팀은 작업 공간의 환경을 스스로 바꿀 수 있다. 조건이 허락하는 한 언제든지 가구를 옮겨서 팀원을 위해 더욱 편안한 환경을 조성할 수 있다. 화이트보드, 테이블, 의자, 벽, 창문, 출입문 등은 모두 다양한 방식으로 인테리어를 할 수 있다. 필요한 경우 팀의 자유시간에 야외에 나가서 작업할 수도 있다. 신선한 공기는 다양하고 참신한 아이디어가 나오도록 촉진할 것이다.

3. 이해 방법

1) "왜?"라고 질문하기

구체적인 디자인을 해야 하는 경우 즉시 작업을 서두르지 말고 먼저 앞을 향해 "왜(Why)?", 뒤를 향해 "어떻게(How)?"를 질문해야 한다. 또는 위를 향해 "왜?", 아래를 향해 "어떻게?"라고 질문한다. "왜?"라고 여러 번 질문하는 것은 작업의 시작 단계에서 특히 중요하다. 왜냐하면 이 질문이 디자이너의 문제해결을 위해 참신한 사고의 문을 열어줄 수 있기 때문이다.

　"왜?"라는 질문은 의미에 관한 것이다. "왜?"라는 질문은 질문을 하는 사람과 대답하는 사람을 더욱 심화된 사고로 인도한다. 또한 문제의 대응을 더욱 추상적인 가치의 차원으로 끌어올린다. "어떻게?"는 방법에 관한 것이다. '어떻게'에 대한 질문은 질문을 하는 사람과 대답하는 사람을 더욱 효과적으로 행동하도록 안내한다. 또한 문제해결 방법을 더욱 구체적인 실천 영역으로 이끌어준다.

연습: 다리 디자인

이것은 전형적인 디자인 씽킹에 관한 실험이다. '다리 디자인' 프로젝트를 의뢰받았을 때 우리는 보통 목재 다리를 디자인할 것인가 아니면 석재 다리를 디자인할 것인가 또는 강철와이어 현수교를 디자인할 것인가를 생각하고, 벽돌 아치형 다리인지, 구름다리인지, 부교인지 생각하게 된다. 또한 프로젝트 의뢰인에게 다리의 건설 위치, 길이, 재질, 강도 등에 대한 질문을 하게 된다.

그러나 디자인 씽킹의 시각에서 볼 때 먼저 해야 할 질문은 "왜?"이다. "왜 고객은 다리가 필요할까?"라고 질문해야 한다.

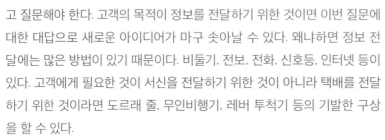

고객이 "강 건너편으로 가야 하기 때문입니다"라고 대답한다면 우리의 디자인 씽킹 범위는 더욱 광범위해질 것이다. 나룻배, 터널, 열기구, 헤엄쳐 건너기, 비행기 등은 모두 사용자의 요구를 만족시킬 수 있다. 계속해서 우리는 "왜 강 건너편으로 가야 합니까?"라고 질문해야 한다. 고객의 목적이 정보를 전달하기 위한 것이면 이번 질문에 대한 대답으로 새로운 아이디어가 마구 솟아날 수 있다. 왜냐하면 정보 전달에는 많은 방법이 있기 때문이다. 비둘기, 전보, 전화, 신호등, 인터넷 등이 있다. 고객에게 필요한 것이 서신을 전달하기 위한 것이 아니라 택배를 전달하기 위한 것이라면 도르래 줄, 무인비행기, 레버 투척기 등의 기발한 구상을 할 수 있다.

문제와 사용자 수요에 대한 지속적이고 깊이 있는 이해를 위한 끊임없는 질문은 우리에게 혁신의 가능성을 하나씩 열어준다. 디자인 씽킹의 관점에서 혁신에 전념하는 사람들은 단순한 제품이나 건축 디자인을 고집할 필요가 없다. 열린 사고로 구체적인 수요에 대한 해결방안을 모색해야 한다. 해결방안은 제품, 건축, 서비스, 절차, 기계제조, 비즈니스 모델, 조직 구조

등을 포함하며 이 방안들에만 국한되지는 않는다.

2) 자료 수집하기

디자인 씽킹팀은 실제 사용자와 직접 대면하기 전에 먼저 정보를 수집하여 문제를 최대한 충분히 연구함으로써 다음 단계의 사용자 인터뷰와 현장 관찰을 준비해야 한다.

    디자인 씽킹팀이 수행하거나 선택한 디자인 씽킹 도전은 종종 오랫동안 해결되지 않았거나 또는 일반적으로 특정 영역에서 무시되어온 문제다. 팀원이 자료를 집중적으로 수집하고 관련 지식을 학습하는 과정은 일정 수준의 문화적인 소양을 구비한 팀원이 빠르게 해당 분야의 준전문가가 될 수 있도록 한다. 현대사회에 완비되어 있는 인터넷정보에 기반을 둔 환경도 팀원의 분야 간 신속한 교차를 가능하게 한다.

    자료 수집 자체가 목표는 아니다. 비즈니스 분야이든 학술 분야이든 간에 5W1H는 자주 사용하는 참고 프레임이다. 여기에서 5개의 W와 1개의 H는 영어 의문사의 이니셜을 의미한다. 의문사로 시작되는 질문은 디자인 도전에서 얻어야 할 새로운 지식 분야의 여러 내용을 포함한다. 구체적으로 다음과 같은 내용을 포함한다.

- 누가(Who): 목표집단/사용자집단 관련 정보. 연령, 성별, 사용자 인원수, 수입, 종교, 종족, 취미, 학력 등을 포함한다.
- 무엇을(What): 작업 목표를 명확히 하고 예상되는 해결방안 형식이 무엇인지 정한다. 문제해결 경로는 하나의 혁신 제품이거나 서비스 개선일 수 있으며, 또는 소프트웨어 개발이나 작업 절차, 조직도, 기업문화 등을 개혁할 수 있다.
- 언제(When): 선행 연구 성과를 검토하고 기존 사례를 수집하여 사용자가 어떤 때에 유사한 해결방안을 필요로 하는지, 그리고 사용자가

어떠한 시간대에 디자인된 제품 혹은 서비스를 사용하는지를 명확히 한다. 사용자의 사용 빈도도 연구에서 필요한 요소다.

- 어디서(Where): 사용자가 어떤 구체적인 장소에서 우리의 해결방안을 필요로 하는지 정한다. 위의 세 문제와 이 문제는 사용자가 직면하는 문제 상황에 대한 범위를 정한다. 아마도 본래 문제 자체가 존재하지 않을 수도 있다.

- 왜(Why): 다른 것이 아닌 왜 이 해결방안을 필요로 하는지 연구한다. "왜?"라는 질문을 통해 문제를 사고하는 차원의 추상성을 높이고, 가치의 시각에서 혁신 범위를 확장시킨다.

- 어떻게(How): 구체적인 해결방안 실현에 어떤 절차가 필요한지, 몇 명의 인원이 필요하고 얼마의 자금이 필요한지, 문제가 해결되는 이상적인 상태가 어떤 것인지 등을 분석한다.

3) 양적 연구와 질적 연구하기

양적(quantitative) 연구방법은 오늘날과 같은 빅데이터 시대에 인기 있는 연구방법이다. 통계학자는 대규모 표본으로부터 많은 양의 정보를 수집하기 원한다. 모든 사용자를 변수집단으로 단순화하기 위해 수학적 모델을 적용하여 사용자의 행위를 측정하거나 모니터링·추정·예측한다. 또한 통계 기법의 검증과 분석을 통해 의미 있는 결론을 얻고자 한다. 이

같은 연구방법은 미국 학계에서 시작된 심각한 '숫자 숭배'에서 비롯되었고, 오늘날 전 세계의 사회과학 및 인문학 분야의 많은 연구자들이 자연과학 분야에서 성공한 실험방법을 모방하여 양적인 통계도구를 운용하고 지속적으로 데이터를 수집·기록하는 데 최선을 다하고 있다. 또한 환경이나 조건을 통제한다는 전제하에 현상 간의 인과관계를 찾는 데 노력하고 있다.

　　질적(qualitative) 연구방법은 실제 환경에서 사람과 문제에 대해 구체적으로 조사하기 위해 이해, 발견, 판단 등의 수단을 사용한다. 질적 연구자는 적은 수의 표본을 연구 대상으로 사용한다. 연구 대상을 하나의 독립적이고 풍부한 측면을 지니는 끊임없이 발전하고 변화하는 사람으로 간주한다. 현장조사, 심층인터뷰, 참여관찰이나 비참여관찰, 문헌분석, 사례조사 등의 방법을 사용하여 사회현상에 대해 깊이 있고 세심하게 장기간에 걸쳐 연구를 진행한다. 질적 연구방법에서 사용하는 연구절차, 모델, 표준은 유연하며 구조적인 제약이 없다. 문제에 대한 설명은 실제 피드백에 따라 언제든지 조정하고 수정할 수 있다.

　　디자인 씽킹은 사람 중심의 혁신 체계로, 질적 연구방법의 패러다임을 사용하여 작업하도록 한다. 우리는 구체적인 프로젝트에서 사용자를 정의하고, 개념 틀을 구축하고, 분석 자료를 수집하고, 사용자 관점에서 수요를 귀납하여 사용자에 대한 통찰을 탐색하고 발전시킨다.

　　왜 디자인 씽킹은 양적 연구방법을 지지하지 않는가? 사람 중심의 디자인 관점에서 보았을 때, 통계는 단지 기존 사물에 관련한 정적인 데이터일 뿐이며, 과거에 대한 분석에만 적합하고 미래지향적 혁신에는 적합하지 않다. 매우 분명한 것은 데이터가 아무리 많다 하더라도 통계 데이터 배후에서 설명되는 인간에 대한 이해는 혁신 아이디어와 미래 추세에 영감을 주는 원천이 되지는 못한다는 것이다. 디자인 씽킹은 시장을 인식하는 근본으로 돌아가서 비즈니스 분야의 혁신 디자이너가 기업과 고객의 수요를 진정으로 이해할 것을 장려한다. 실제로 무언가를 발견하려면 소비자와 함께 엘리베이터를 타거나 휴지통을 뒤져서 조사하거나 가까운 거리에서 소비자의 구매 과정을 관찰해야 한다. 통계데이터로 어떤 결론에 도달하기 전에 소비자의 시각에서 새로운 제품과 서비스의 혁신방안을 발견할 수 있다. 디자이너는 현장조사와 사용자 관점 진술문(POV) 또는 체험지도를 사용하여 사용자와 함께 비즈니스 통찰을 발굴하고 제시할 수 있다. 이런 귀중한 연구자료는 비즈니스 의사결정을 추진하는 데 강력한 힘이 된다. 심지어 모든 기업의 조직혁신을 일으키고 전체 산업의 가치 프레임을 뒤집는다.

4) 공감하기

디자인 씽킹 프로젝트의 시작 단계에서 중요한 임무는 바로 사용자에 대한 공감(empathy)을 구축하는 것이다. 사용자에 대한 심층적인 이해를 얻고, 사용자가 표현한 수요를 명확히 파악하며, 잠재적이고 숨어 있는 통찰을 발굴한다. 여기서 우리는 진정으로 의미 있는 디자인 도전을 발견할 수 있다.

공감은 '감정이입'이라고도 하며, 타인에 대한 깊은 이해와 타인과 같은 감정을 직접 체험하는 것을 가리킨다. 공감 구축은 타인의 감정과 정서를 느끼고, 타인의 태도에서 말과 행동의 유래를 이해하며, 그들의 수요와 기대를 인식하고 명확히 하는 것을 포함한다. 디자인 씽킹에서 공감은 특히 우리의 디자인 도전에서 정의된 사용자에 대한 이해를 가리킨다.

사례: 대도시에 거주하는 노인에 대한 이해

중국 커뮤니케이션대학교의 디자인 씽킹 수업에서 대학원생팀은 자발적으로 도시 노인을 위한 혁신 제품이나 서비스를 디자인하기로 결정했다. 학생들은 초기 토론 단계에서 대도시에 거주하는 노인의 대부분이 외롭고 의지

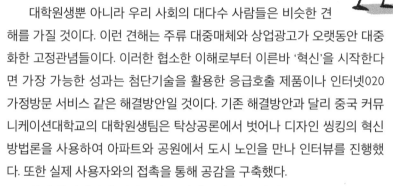

할 데 없는 상황에 처해 있다고 생각했으며, 직장에서 퇴직했기 때문에 심리적인 공백이 클 것이며, 생활이 단조롭고 무미건조하여 누군가의 지속적인 보살핌이 필요하며, 질병 등의 위험에 직면해 있다고 생각했다.

대학원생뿐 아니라 우리 사회의 대다수 사람들은 비슷한 견해를 가질 것이다. 이런 견해는 주류 대중매체와 상업광고가 오랫동안 대중화한 고정관념들이다. 이러한 협소한 이해로부터 이른바 '혁신'을 시작한다면 가장 가능한 성과는 첨단기술을 활용한 응급호출 제품이나 인터넷O2O 가정방문 서비스 같은 해결방안일 것이다. 기존 해결방안과 달리 중국 커뮤니케이션대학교의 대학원생팀은 탁상공론에서 벗어나 디자인 씽킹의 혁신 방법론을 사용하여 아파트와 공원에서 도시 노인을 만나 인터뷰를 진행했다. 또한 실제 사용자와의 접촉을 통해 공감을 구축했다.

실제 환경에서의 현장조사는 사람들의 기존 관념을 완전히 뒤엎었다. 학생들은 베이징 같은 대도시에 거주하는 전형적인 노인들이 타지역에서 이주하여 여생을 보낸다는 것을 발견했다. 또한 노인들이 베이징에 정착한 자녀들과 함께 살면서 가사를 돕고 손자손녀를 돌보고 있는 것을 발견했다. 실제로 노인들의 생활은 다채로웠다. 그 누구도 퇴직 전의 직장생활을 그리워하는 사람은 없었다. 그들은 시간을 더욱 자유롭게 관리하기 때문에 자신을 위해 여행과 문화활동을 계획할 뿐 아니라 이전에 가졌던 취미와 특기를 살려 예전에 시도할 기회가 없었던 꿈을 추구하고 있었다.

사람 중심의 혁신 방법론인 디자인 씽킹은 기술 주도의 혁신 논리에 반대할 뿐 아니라 단순하게 문제에 대해 협의의 답안을 찾는 것도 찬성하지 않는다. 디자인 씽킹의 한 가지 중요한 신념은 혁신이 인간 자체로 회귀해야 한다는 것을 받아들이고, 문제를 해결하는 것은 사용자를 이해하는 데서 출발한다.

디자인 씽킹은 실제 문제를 해결하기 위해 모든 것이 사람을 이해하는 데서 시작해야 한다는 점을 반복하여 강조한다. 디자이너는 특정 고객이나 사용자집단에 대한 공감을 구축함으로써 그 또는 그녀가 어떠한 사람인지, 어떠한 물건이 그 또는 그녀에게 진정으로 중요한 것인지 충분히 깨닫게 된다. 공감 구축의 구체적인 방법은 사용자 관찰, 사용자 접촉, 사용자 관점에서의 경험이 포함된다. 이런 방법은 디자인 씽킹 과정의 초기 몇 단계에서 작업의 초점이다.

4. 이해 사례

사례: 인도의 급수장

인도 하이데라바드 외곽지역의 시골에 사는 젊은 여성 샌디(Sandy)는 매일 집에서 900미터 떨어진 개방된 수원지로 가서 물을 길어온다. 그녀는 3갤런 용량의 플라스틱 물통을 사용한다. 왜냐하면 물동이를 머리에 이고 쉽게 운반할 수 있기 때문이다. 샌디와 그녀의 남편은 개방된 수원지의 물이 나안재단(Na'An Foundation)이 운영하는 단지 내 급수장의 물보다 안전하지 못하다는 이야기를 들었다. 그녀와 그녀의 가족은 종종 병에 걸리지만, 여전히 무료로 개방된 수원지에서 물을 길어와 마신다.

샌디가 나안재단이 운영하는 단지 급수장의 물을 구매하지 않는 데는 여러 가지 이유가 있다. 그 이유들은 그렇게 간단한 것이 아니다. 재단이 운영하는 단지 급수장은 샌디의 집에서 480미터 정도 떨어져 있어 쉽게 갈 수 있다. 누구나 단지 급수장이 있는 것을 알고 있고, 물 가격도 받아들일 수 있다(대략 5갤런당 10센트다). 사실 물을 사기 위해 소액의 돈을 지불하는 것은 체면을 세워준다. 습관이 근본 원인도 아니다. 샌디가 안전한 물을 사용하지 않는 것은 물 공급체계의 디자인에 일련의 결함이 있기 때문이다.

재단이 운영하는 단지 급수장은 5갤런의 용기만 사용하도록 규정하고 있다. 5갤런의 용기에 물을 가득 담으면 너무 무겁다. 샌디는 사각형의 무거운 용기를 머리에 이고 올 수 없고, 시내로 출근해야 하는 그녀의 남편이 도울 수도 없다. 또한 단지 급수장은 5갤런 용량의 월단위 카드를 구매하도록 요구한다. 샌디 가족은 매일 그렇게 많은 물이 필요하지 않으므로 불필요한 물을 구매하는 것은 낭비다. 만약 단지 급수장에서 물 판매 용량을 낮춘다면, 그녀는 기꺼이 구매할 것이다.

단지 급수장을 디자인한 원래 의도는 깨끗한 물을 편하게 운반할 수 있도록 공급하는 것이다. 단지에 거주하는 많은 사람들은 단지 급수장에서 편하게 물을 공급받는다. 그러나 재단 디자이너는 지역 주민의 다양한 수요를 고려하지 않았기 때문에 더 나은 단지 급수장을 디자인할 기회를 놓쳤다.

다양한 수요를 소홀히 한 디자인의 오류는 명백하다. 실제로 이런 오류는 매우 일반적이다. 본래 의도가 매우 좋았던 지역사회 프로젝트와 비즈니스 프로젝트들은 하나씩 실패했다. 왜냐하면 사용자의 수요에 관심을 갖지 않았고 사용자의 피드백을 바탕으로 고안된 프로토타입을 제작하지 않았기 때문이다. 현장에 있는 사람들의 생각에는 고정관념이 가득 차 있다. 해결방안이 있을지라도 고정관념으로 인한 잘못된 관행이 사회 서비스 분야에 여전히 존재한다.

디자인 씽킹이 복잡한 문제에 더욱 적합한 이유는 무엇인가? 우리는 샌디가 직면한 어려움에서 사회적 과제를 해결하기 위해 사용자와 그들의 문제에 대해 깊이 이해해야 한다는 것을 분명히 알 수 있다. 다른 방법에서는 사용자의 실제 수요에 기초한 혁신체계와 전면적인 해결방안

이 부족하다. 디자인 씽킹이야말로 혁신적인 해결방안을 제공하는 탁월
한 방법이다.

제4장 디자인 씽킹: 관찰 단계

"관찰 능력은 하루아침에 만들어지는 것이 아니다. 혁신가들은 끊임없이 세계를 관찰하고 동시에 많은 질문을 한다. 관찰은 그들의 천성이 되었고, 그 외 사람들의 관찰 능력은 아직 발달하지 못했다."

– 빅아이디어그룹(Big Idea Group) 설립자이자 대표,
마이크 콜린스(Mike Collins)

I. 관찰 개요

관찰은 왜 해야 할까? 디자인 씽킹 과정에서 관찰은 문제를 해결하기 위한 출발점이지만, 사용자와 사용자의 수요를 발견하고 디자인 도전의 핵심단계에 대한 이해를 심화하기 위해서다. 디자인 씽킹은 사람을 중심으로 하는 혁신이다. 사용자는 누구인가? 사용자의 연령, 성별, 취미는 무엇인가?

개인 사용자에 대한 이해가 깊고 구체적일수록 혁신방안은 더욱 맞춤형이 되고 효과적이다. 데이터 통계에 기반을 둔 사용자 분석은 개념적이고 유형화된 인식을 제공하지만, 디자인 씽킹은 개인에 대한 깊은 이해를 강조한다. 열린 마음으로 고정관념을 버리고, 문제를 조사하고, 행동을 관찰하고, 사용자를 더욱 충분히 이해하고, 사용자의 심층적인 감정과 내면의 마음을 드러낸다. 디자인 씽킹의 관찰은 기존 제품이나 서비스의 합리성을 검증하는 것이 아니라 사용자의 수요 가능성을 발견하는 것이다.

아이팟(iPod)이 발명되기 전에는 대부분의 사용자가 엠피쓰리(MP3) 플레이어에 왜 그렇게 많은 노래가 저장되어야 하는지 이해할 수 없었다. 시장조사의 피드백은 다음과 같았다. "사용자는 하루에 들을 음악만 가지고 다녀도 충분하다." 이 피드백에 기초했다면 아이팟 혁신은 없었을 것이다. 같은 이치로, "빠르고 안전하게 목적지에 도달하고 싶다"거나 "더 빠른 마차가 필요하다"거나 하는 피드백으로는 자동차 사용자의 수요를 보지 못했을 것이다. 최종적인 사용자 제품은 자동차뿐이다. 피터 글룩(Peter Gluck)은 디자이너의 임무는 실제 "수요에 따라 수요를 변화시켜야 한다"라고 지적했다. '더 빠른 마차'는 사용자의 기존 인식에 기반을 둔 '수요'이며, 혁신가는 이와 같은 사용자의 답변에서 실제 수요의 실마리를 찾을 수 있도록 관찰하고 분석하여 혁신으로 사용자의 진정한 수요

를 충족시켜야 한다.

　　훌륭한 디자이너는 도구에 익숙하고, 훌륭한 혁신가는 사람을 이해한다. 진정한 관찰은 순수한 눈으로 미지의 세계를 여는 것이다.

l) 구체적인 환경과 결합한 사용자 겨냥하기

디자인 씽킹의 혁신적인 관찰은 사용자의 환경 속에서 관찰하는 것이다. 사용자 환경을 관찰하면 아직 표현되지 않았거나 충족되지 않은 수요를 충분히 발굴할 수 있다. 혁신가들은 인류학자로부터 배워야 한다. 원시 부족사회에 들어가 인류의 행동(생활, 일, 사회 등)을 연구해야 한다. 아이데오(IDEO)사의 톰 켈리(Tom Kelly)는 "인류학자의 역할은 혁신의 주요 원천이다"라고 지적했다. 디자인 씽킹은 실제 환경에서 구체적인 사람들과 접촉하고, 경청하며 관찰하고, 개인적인 경험으로부터 얻어야 한다고 강조한다. 우선, 혁신가는 상상이 아닌 실제 환경에서 관찰해야 한다. '진공상태에서 상상하여 만든' 스토리 모델이 아닌 실제 환경이 처해 있는 시공간과 조건의 다변성에 집중하는 '실제 맥락에 따른 디자인'을 기반으로 한다. 특정 환경으로 들어가는 디자인 씽킹의 관찰방식은 '실제 맥락에 맞는 목표'를 더욱 명확하게 하며, 팀원들이 항상 실제 맥락에 접측을 유지하도록 일깨워준다.

사례: 이케아(IKEA) 난민쉼터

2014년 이케아의 자선 단체인 이케아재단(IKEA Foundation)은 유엔난민기구(UNHCR)를 위한 임시 난민쉼터를 디자인했다. 아랍 지역에 거주하는 40개 가족을 대상으로 디자인을 테스트하고 개선 사항을 반영 중이다.

디자인된 쉼터의 이름은 '더 나은 쉼터(Better Shelter)'다. 쉼터는 평평한 디자인으로 되어 있으며, '쉼터' 전체는 금속파이프와 강철 프레임, 몸판은 경량 플라스틱판으로 만들어졌다. 또한 탈착식 태양광 패널이 지붕에 배치되어 난민에게 편리하게 전기를 공급할 수 있다.

이 난민쉼터는 빠르게 설치될 수 있으며, 일반적으로 설치하는 데 4시간밖에 걸리지 않고, 다른 도구에 의존할 필요가 없다. 설치가 완료되면 약 17.5평방미터의 면적을 차지하며, 5명을 수용할 수 있다. 이케아 난민쉼터는 전통적인 텐트와 비교할 때 난민에게 편의를 제공할 뿐만 아니라 개인의 프라이버시 존중을 위한 공간을 제공한다. 이 디자인은 2014년 스웨덴 디자인상(Swedish Design Award)을 수상했으며, 심사위원들은 "감수성이 뛰어나며 지능적 반응의 디자인"이라고 평가했다.

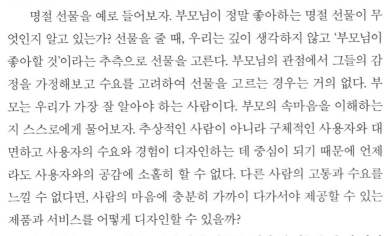

2) 상대방의 관점에 서서 입장 바꿔 사고하기

"내가 원하지 않는 것을 다른 사람에게 하지 말라"라는 중국의 속담에는 공감의 전통이 있다. 디자인 씽킹은 속담 속의 지혜를 한층 발전시킨다. "내가 원하는 모든 것을 다른 사람들에게 하지 마십시오." 혁신가들은 사용자의 실제 생각을 등한시하고 종종 자신을 위주로 추측한다. 상대방의 관점에 서서 문제를 생각하고 다른 사람들의 눈과 마음을 통해 세상을 이해하는 것이 통찰을 얻는 길이다.

명절 선물을 예로 들어보자. 부모님이 정말 좋아하는 명절 선물이 무엇인지 알고 있는가? 선물을 줄 때, 우리는 깊이 생각하지 않고 '부모님이 좋아할 것'이라는 추측으로 선물을 고른다. 부모님의 관점에서 그들의 감정을 가정해보고 수요를 고려하여 선물을 고르는 경우는 거의 없다. 부모는 우리가 가장 잘 알아야 하는 사람이다. 부모의 속마음을 이해하는지 스스로에게 물어보자. 추상적인 사람이 아니라 구체적인 사용자와 대면하고 사용자의 수요와 경험이 디자인하는 데 중심이 되기 때문에 언제라도 사용자와의 공감에 소홀히 할 수 없다. 다른 사람의 고통과 수요를 느낄 수 없다면, 사람의 마음에 충분히 가까이 다가서야 제공할 수 있는 제품과 서비스를 어떻게 디자인할 수 있을까?

우리 팀은 중국 쓰촨(四川)에 가서 연구를 했다. 우리는 농촌에 남겨진 아이들이 도시 아이들과 마찬가지로 컴퓨터와 영양가 있는 아침 식사가 필요하다고 생각했다. 그러나 아이들을 인터뷰하고 관찰한 결과, 아이들에게 가장 시급한 것은 양질의 물품이 아니라 정서적 수요라는 것을 알게 되었다. 아이들은 1년 내내 부모를 볼 수 없기 때문에 정서적인 공백상태로 남겨져 있었고, 양질의 생활용품 부족보다 정서적 공백이 더욱 위험했다.

사례: 오랄비 어린이 칫솔

아이데오(IDEO)사가 오랄비(Oral-B) 어린이 칫솔을 새롭게 디자인했을 때, 아이데오사 직원은 어린이 관점에서 어린이, 부모, 교사 등 주변 사람들을 관찰했다. 이미 시장에 나와 있는 어린이 칫솔은 크기가 작다는 점을 제외하고는 기본적으로 성인 칫솔의 복제품이라는 것을 알았다. 그런데 어린이가 칫솔을 사용하는 방법은 성인과 완전히 다르다. 성인은 손가락으로 칫솔을 잡고, 어린이는 주먹으로 칫솔을 잡는다. 입안에서 움직이는 이상한 물건인 칫솔을 잡는 것은 아이들에게 도전적인 상황이다. 아이데오사는 손잡이가 두툼하고 넓고 유연하면서 부드러운 새로운 유형의 오랄비 칫솔을 디자인했고, 아이들은 재미있고 사용하기 쉽다고 느꼈다. 그 결과, 이 혁신은 오랄비가 신제품을 출시한 지 8개월 만에 칫솔 판매량 1위 제품으로 등극하는 데 도움을 주었다.

3) 당연한 것을 깨부수고 혁신의 기회 찾기

"미래를 예측하는 가장 좋은 방법은 미래를 만드는 것이다." 혁신의 원천이 당장의 합리성에만 멈춰 있는 경우 기회는 존재하지 않는다. 10년 전만 해도 전자책 시장은 주목을 받지 못했지만 현재 전자책 시장은 맹렬한 기세로 확장하고 있다. 10년 전 월마트(Wal-Mart)와 까르푸(Carrefour)는 절대적 지위를 차지했지만, 이제는 다양한 쇼핑앱의 세상이 되었다. 20년 전에는 마이크로소프트(Microsoft)와 아이비엠(IBM)이 혁신의 기회를 가져갔고, 그 이후는 페이스북(Facebook), 구글(Google), 위챗(WeChat)으로 전환되었으며, 향후 20년 동안에는 또다른 무수한 기회가 생길 것이다. 혁신의 기회는 준비된 안목이 있는 곳에 머물 것이다. 관찰은 예상치 못한 것을 찾는 것이며, 당연한 것을 깨부수는 것이고, 부단히 질문하는 것이다.

1994년 알리바바(Alibaba) 회장 마윈(马云)이 미국에서 인터넷에 접

속했을 때, 당시 인터넷에 중국 제품에 관한 정보가 없다는 것을 알았다. 왜 인터넷에 중국 제품에 대한 정보가 없을까? 그래서 알리바바가 창업되었다. 알리바바는 중소기업들이 전자상거래 서비스를 제공할 때 판매자와 소비자 사이에 신뢰가 부족하다는 사실을 발견하고 알리페이를 만들었다. 마윈과 알리바바가 중요한 과학적 발견을 한 것은 아니지만, 중국에 새로운 비즈니스 모델과 비즈니스 기적을 만들었다. 이 모든 것은 당연하다고 여기는 것을 깨부수기에서 비롯된 것이다.

　　디자인 씽킹은 혁신가가 주의를 기울이고 호기심을 가지며 관찰, 경험 및 인터뷰에서 "왜?"를 끊임없이 질문해야 한다고 강조한다. 많은 첨단 기술회사들은 종종 고령층 사용자를 제외한다. 단지 고령층이 "첨단 제품 사용법을 이해하지 못한다"거나 "유행하는 첨단 제품을 기꺼이 구매하지 않는다"라는 이유 때문이다. 이것은 고령층에 대한 당연하다고 여겨지는 시각을 보여준다. 그렇다면 혁신가는 이러한 합리적 시각을 깨부술 수 있을까?

연습: 고령층에 대한 혁신을 함께 생각해보자

유엔(United Nations) 통계에 의하면, 전 세계적으로 60세가 넘는 사람은 약 7억 명이며, 2025년에 2배가 되고 2050년에는 20억 명에 이를 것으로 예상된다. 이 숫자는 전 세계 인구 비율의 20%를 초과한다. 중국은 고령화 사회에 진입하고 있지만, 현재 첨단기술 제품은 젊은층에 초점을 맞추고 고령층의 수요는 소홀히 한다. 고령층은 점차

'주변화'되고 있다. "고령층은 인터넷을 사용하지 않을 것이다." 이것은 당연하게 여겨지는 가정이지만, 사실은 거대한 시장 기회를 의미한다. 우리 함께 이 문제를 생각해보자.

2. 관찰 준비

어떻게 하면 효과적으로 관찰할 수 있을까? 관찰 계획이 충분히 준비될수록 목표는 정교해지고 실제 작업효과는 향상된다. 관찰 단계는 단지 '현장을 거니는' 것이 아니라 인내심이 필요하다. 겨냥하는 사용자집단의 특성을 파악하고 효과적인 조사방안을 결정하여 임무를 완성한다. 혁신가는 사용자를 직접 대면해야 한다. 모든 사람은 독특한 특성을 지닌 개인이다. 따라서 혁신가는 준비 초기부터 사용자를 이해하기 위한 기대와 열정으로 가득 찬 적극적인 상태여야 한다.

1) 사용자집단 분석

혁신 주제는 종종 사용자의 언어에 숨겨져 있어 적극적으로 발견해야 한다. 혁신의 주제가 "대학교 구내식당에서의 식사 경험을 어떻게 향상시킬 수 있을까?"라면, 구내식당에서 식사하는 사용자는 누구일까? 교수, 교직원, 학생일 수 있고 단기 교환학생이나 방문자일 수도 있다. 학생이라면 여학생이거나 남학생으로 구분하거나 학부생이거나 대학원생으로 구분할 수 있을 것이다. 사용자는 혼자 식사하거나 3~5명의 집단이거나 두 명이 짝을 이룰 수도 있다. 어떤 사용자에게 중점을 두고 관찰해야 할까? 연구 대상은 누구일까? 디자인 씽킹팀은 사용자 특성에 따라 다음과 같은 유형으로 나누었다.

(1) 핵심 사용자집단과 일반 사용자집단

'핵심 사용자'는 가장 많은 수의 사용자집단을 의미하며, '포커스 사용자집단'이라고도 부른다. 핵심 사용자를 진술하기 위해 이에 대응하는 묘사를 찾아낸다. 예를 들어, 제품 사용자를 하나 이상의 유형으로 나누고, 핵심 사용자집단의 전형적인 특징을 찾아낸다. 대학교 구내식당의 핵심 사용자는 신입생부터 3학년까지 학부생일 수 있다. 정오 12시경에 수업을 마치므로 이 시간에 식당이 붐비게 된다. 줄을 서서 음식을 기다리고, 식판을 들고 자리를 찾아야 하며, 식판이 뜨거워서 사용자에게 불편을 줄 수도 있다. 핵심 사용자를 정할 때 핵심 사용자가 될 가능성이 있는 집단을 누락시킬 수도 있다. 문과 위주의 대학에서는 공과대 학생 수가 문과대 학생 수보다 적다. 교수집단도 학생집단과 비교하면 소수다. 그러나 공과대 학생이나 교수들도 특정 수요가 있다. 핵심 사용자집단을 정하고 나서 공과대 학생이나 교수집단 같은 일반 사용자집단의 수요도 관찰을 계획할 때 고려해야 한다.

예를 들어 '자동차보험'에 관심을 갖는 사람을 핵심 사용자라고 가정해보자. 연령은 20세에서 49세 사이다. 남성과 사무직 근로자가 대다수를 차지한다. 이 유형의 사람들은 뉴스, 스포츠, 자동차, IT, 온라인쇼핑과 산업 전반에 관심이 높다. 자동차보험의 핵심 사용자는 청년이나 중년의 남성이다. 여성 운전자 수가 증가하고 예전과 달리 자립적으로 구매하고 있지만, 여성 운전자 수요는 핵심 사용자집단에서 충분히 고려되지 못했다. 자동차보험 마케팅을 혁신할 때 젊은 여성 사용자집단을 관찰하면 예상하지 못한 혁신적인 영감을 얻을 수 있을 것이다.

(2) 극단적 사용자(extreme users)

극단적 사용자는 제품특성의 차이에 따라 다르게 정의될 수 있다. 첫째, 극단적 사용자는 빈번하게 제품을 사용하는 사람들의 집단이다. 예를 들어, 구내식당의 경우 같은 식당에서 하루에 세 번 식사하는 사용자를 극단적 사용자라고 할 수 있다. 소셜앱의 경우 극단적 사용자는 매일 앱에 로그인하여 상호작용하며 사진을 공유하는 사람들이다. 둘째, 극단적 사용자는 수요가 시급한 사람이다. 예를 들어, 어떤 학생들은 특정 시간에 식사를 하거나 짧은 시간 안에 식사를 끝내야 하기 때문에 구내식당을 이용한다.

극단적 사용자는 때때로 제품을 과도하게 사용하고, 심지어 제품의 과부하를 초래한다. 예를 들어, 식당을 스터디모임 같은 다른 용도로 사용한다. 또는 조깅용으로 만들어진 조깅 스니커즈를 착용하고 등산을 한다. 그들은 제품의 일부 기능을 최대로 사용한다. 극단적 사용자는 제품 사용에 관한 최대의 정보를 제공하기 때문에 혁신적인 제안의 특수한 맥락을 이해하는 데 도움을 준다. 그들의 수요는 매우 시급하기 때문에 극단적 사용자는 일반 사용자의 수요를 확대한다. 그들은 제품 사용 중에 문제가 생기거나 제품이 부족하게 되면 일시적으로 보조할 방법을 찾는다. 이러한 행동은 혁신가가 훨씬 쉽게 포착할 수 있다. 극단적 사용자의 특수한 수요는 평범한 것이 아니다. 혁신팀은 극단적 사용자의 특수한 수요를 이해한 후에 핵심 사용자집단으로 확장하고, 숨겨진 수요를 충족한다.

(3) 이해관계자집단

이해관계자집단은 혁신 주제와 관련이 있는 사람들로, 사용자집단은 아

니다. 문제해결과 밀접한 관련이 있는 사람들을 '이해관계자집단'이라고
한다. 예를 들어, 대학교 구내식당의 경우라면 식당 관리자, 요리사, 웨이
터, 청소 직원, 식품 공급업체, 대학교 총장 등이 이해관계자집단이다. 온
라인 음악 소프트웨어의 경우라면, 이해관계자집단은 음악가, 음반회사,
음원 제공업체, 음악 비평가 및 네트워크 제공업체를 포함하며, 모두 온
라인 음악과 불가분의 관계가 있다. 익숙하지 않은 혁신 분야에 직면한
경우에는 관련 전문가인 '내부자'는 종종 혁신가가 집중적으로 인터뷰하
는 이해관계자집단이 된다. 이해관계자의 정보와 팁은 혁신가들을 더욱
효율적으로 만들고 덜 우회하게 한다.

사례: 타타나노 전기자동차

타타나노(Tata Nano)는 2009년 3월 인도의 타타자동차(Tata Motors)에서
출시한 세계에서 가장 저렴한 소형차로, 약 2,200달러에 판매된다. 타타자
동차의 회장인 라탄 타타(Ratan Tata)는 비 오는 날 오토바이에 앉아 오토
바이를 가격이 저렴한 자동차로 바꾸는 아이디어를 떠올렸다. 타타나노의
핵심 사용자는 저소득층 가구다. 특히 비 오는 날에 자주 여행하는 가족단
위 사용자를 고려하여 이들을 극단적 사용자로 설계했다. 타타나노 자동차
에는 에어컨, 파워 스티어링, 범퍼, 에어백, 라디오, 자동 창문이 없다. 앞유
리 와이퍼와 사이드 미러가 있을 뿐 합리적으로 구성된 소형 차량이다. 이
소형 차량은 인도의 사용자 상황에 매우 적합하기 때문에 극단적 사용자
의 요구를 충족할 수 있다. 타타나노팀은 인도 농민들이 일
요일에 농산물시장을 방문하여 농산물을 대량으로 구매하
는 것을 관찰했다. 농민들이 자동차를 사기 위해서는 대출
이 필요하고 운전면허증도 필요하다. 그래서 타타나노사는
'관련' 문제를 고려하고 혁신적인 서비스 패키지를 출시하여
대출뿐만 아니라 현장 운전면허 교습도 제공했다. 사용자는

서비스 패키지를 통해 2~4시간 내에 자동차를 픽업하고, 대출과 보험을 처리하고, 농산물시장에서 운전교습을 받을 수 있다. 이처럼 핵심 사용자집단의 수요를 대부분 충족시켰다.

2) 관찰 방안 수립하기

프로젝트는 시간, 예산 등의 제한 사항이 있기 때문에 관찰 방안은 절대 완벽할 수 없다. 필요한 목표와 정보 등의 최소 요구사항을 고려하여 관찰 방안을 수립해야 한다. 관찰 방안은 실행 가능 여부에 초점을 맞추어 짜며, 관찰 방향과 결과에 직접적인 영향을 미친다.

(1) 대상과 장소 정하기

일반적으로 혁신적인 제안이 겨냥하는 사용자 범위는 넓어야 하며, 수요는 구체적이어야 한다. 관찰 계획은 실행 가능성에 따라 나열한다. 목표하는 특정 도전과 수요를 고려할 수 있는 사용 장소에 진입하도록 계획한다. 예를 들어 어린이를 위한 디자인 도전이라면, 혁신팀은 유치원에 연락해야 하고, 관찰자 신분이 아닌 어린이 활동 영역에 적합한 신분으로 들어가야 한다. 인터뷰 단계에서는 인터뷰 대상을 잘 선별해야 한다. 일반적으로 인터뷰 대상은 두 범주로 나눈다. 하나는 낯선 사람을 인터뷰하는 것이고, 다른 하나는 지인이나 내부 사람을 인터뷰하는 것이다. 낯선 사람을 인터뷰하는 것은 훨씬 어렵지만, 혁신팀은 적어도 3~4명의 낯선 사람을 인터뷰해야 한다.

장소 선택도 매우 중요하다. 도로변에 있는 사람들은 일반적으로 서둘러 걷기 때문에 멈추어 서서 혁신팀과 심층적인 대화를 할 마음 상태가 아니다. 낯선 사람을 인터뷰할 때는 길거리보다는 카페나 서점 등이 분위기가 좋고 인터뷰하기도 쉽다. 혁신팀은 위챗(WeChat)이나 화상통화 등의 디지털 수단을 사용할 수도 있다.

　　(2) 팀원의 업무 배분, 관찰 장비 준비, 시간대 정하기

팀원의 업무 배분은 2~3명으로 구성된 소그룹으로 나누어 하는 것이 좋다. 인터뷰를 할 때 질문을 담당하는 사람, 인터뷰를 기록하는 사람, 사진과 비디오를 찍는 사람 등으로 업무를 배분한다. 인터뷰를 맡은 소규모 팀은 팀원이 사용자와 직접 연락하고 소통할 수 있도록 유연한 분업을 채택하는 것이 좋다.

　　관찰 장비에는 종이와 펜을 준비하는 것 외에도 카메라, 음성 녹음기 및 동영상 비디오 녹화 장비가 필요하다.

　　관찰하는 시간대는 관찰 내용과 밀접한 관련이 있다. 예를 들어, 교통상황을 관찰하는 경우 관찰 결과는 시간대마다 상당히 다르다. 사무실을 관찰하는 경우에도 아침, 점심 및 저녁에 사무실에서 발생하는 상황이나 분위기가 매우 다르다. 따라서 관찰 시간대를 명확하게 정해야 한다.

3) 사전조사와 질문지 준비

팀원은 사용자 및 장소에 대한 초기 이해를 위해 현재 사용자와 사용 환경에 대한 정보를 수집해야 한다. 사전조사는 온라인과 오프라인 인터뷰를 사용할 수 있으며 카카오톡(Kakao Talk), 위챗(WeChat), 웨이보(Weibo), 포럼포스트바(Forum Post Bar) 등의 주요 앱을 활용하여 온라인 사용자의 제품 사용 상황에 대한 질문을 한다. 조사를 통해 관련 제품의 사용자 경험을 이해할 수 있다. 팀은 사전조사 후 겨냥하는 사용자의 사용 패턴, 사용 환경 및 선호 사항 등에 대한 사전 이해를 얻는다. 무

응답으로 남겨질 질문은 피할 수 있다. 질문지 준비는 다음과 같은 단계로 나눈다.

① 질문 문항 구상: 모든 팀원이 질문 구상에 참여하고 질문 문항이 떠오르면 즉시 포스트잇 메모지에 작성하여 화이트보드에 붙인다.

② 질문문항 분석과 토론: 화이트보드에 붙여진 질문문항들을 분석하여 인터뷰의 초점, 질문 방향 및 질문의 우선순위를 정한다. 투표로 가장 중요한 질문문항을 선택한다.

③ 질문문항 개선: 개선 과정에서 다음과 같은 측면에 주의를 기울여야 한다.

(a) 편향적인 질문은 다시 작성한다.

(b) 모호한 질문은 명확하게 다듬는다.

(c) 질문이 응답자의 감정으로 이어지는 방법을 고려한다.

(d) 중복 질문을 결합한다.

(e) 질문을 단순화하고 최대한 간략하게 만든다.

연습: 관찰이 사용자의 행동에 영향을 줄까?

'관찰자 효과'는 관찰자의 관찰이 관찰된 사람의 감정과 행동에 직접 영향을 미치고 심지어 변화시키기도 한다는 것을 의미한다. 언더우드와 쇼그네시(Underwood & Shaughnessy, 1975)는 정지신호가 있는 교차로에서 운전자들이 차를 세우는지 실험했고, 이를 관찰한 학생의 이야기를 들려준다. 학생은 필기구를 들고 교차로 모퉁이에 서서 관찰했는데, 얼마 지나지 않아 모든 차가 정지신호에 정지한다는 데 주목했다. 나중에 그는 자신의 존재가 운전자의 행동에 영향을 줄 수 있음을 깨달았다. 학생이 교차로에서 보이지 않는 곳에 서 있은 후에는 운전자의 행동이 바뀌었고, 교차로에서 정지하

지 않았다. 그제서야 가설을 테스트하기 위한 데이터를 수집할 수 있었다. 부모가 자녀를 관찰할 때도 마찬가지다. 자녀가 부모의 감독하에 있을 때는 자녀의 행동이 바뀌는 경향이 있기 때문에 자녀의 실제 행동과 동일하지 않다는 것을 알게 된다. 따라서 부모는 종종 자녀의 실제 행동과 감정을 이해하지 못한다. 어떻게 부모가 자녀를 이해할 수 있도록 관찰 계획을 세울 수 있을까? 다 함께 생각해보자.

3. 관찰 방법

혁신적인 행동은 종이에 그려진 한 줄의 선과 같다. '사용자' 눈금자를 찾지 못하면 직선으로 그려지지 않으며, 그릴수록 더 두꺼워진다. 사용자와 대면하여 사용자의 말을 듣고, 사용자의 행동을 관찰할 필요가 있으며, 사용자의 마음에 들어가 상대방 입장에 서서 '사용자'가 되는 방법을 찾아야 한다. 공자는 "배우기만 하고 마음에 생각하는 바가 없으면 사물의 이치를 깨닫지 못하고, 생각하기만 하고 배우지 않으면 의혹이 풀리지 않는다"라고 했다. 디자인 씽킹의 관찰은 사용자 정보 수집에만 초점을 두는 것이 아니라 보고, 듣고, 질문하며, 행동의 상호작용을 강조한다.

1) 현장관찰

이른바 '관찰'은 '의식적 보기'를 의미한다. 우리는 매일 눈을 뜨고 무언가를 보지만, 목적을 갖고 보는 것은 아니다. 일상에서는 종종 주의를 기울

이지 않고 본다. 우리는 매일 지하철을 타지만, 플랫폼이나 승객의 태도나 기다리는 자세 등을 의식적으로 관찰한다고는 볼 수 없다. 디자인 씽킹의 관찰은 열차 간격 시간과 대기시간을 계산할 뿐만 아니라 승객의 상태와 감정에 의식적으로 주의를 기울인다. 또한 승객이 열차 대기시간을 어떻게 보내는지 관찰한다. 음악을 듣는가? 동영상을 보는가? 채팅을 하는가? 지루함에 어떻게 대처하는가? 사용자가 활동하는 장면과 사용하는 습관을 충분히 관찰한다는 전제하에 사용자의 수요를 정확하게 파악할 수 있다.

(1) 사용자의 환경에 들어가 직접 정보 얻기

욕실용품을 디자인할 때 팀원은 사용자의 욕실에 직접 들어가보는 것이 가장 좋다. "세안은 어떻게 합니까?" 등의 사용자 인터뷰를 하는 것보다 직접 욕실에 들어가 사용자가 욕실용품과 실제로 어떻게 상호작용하는지 관찰해야 한다. 사용자 환경에 들어가면 사용자에게 질문할 기회가 생길 뿐만 아니라 욕실용품에 대한 사용자 관점의 형성 과정을 이해할 수 있다. 사용자의 결정은 몇 단계를 거치는가? 사용자는 무엇을 보는가? 다른 제품과의 비교를 통해 어떻게 결정을 내리는가? 이러한 통찰은 의심할 여지없이 '직관적인' 디자인을 하는 데 도움이 된다. 팀원은 '더 멀리' 갈 필요가 없다. 핵심 문제를 파악하고 끊임없이 깊이 이해하면 된다. 사용자의 행동은 대부분 감성과 비이성에서 나온다. 일반적인 사용자 인터뷰는 '감성 논리'와 상반된다. 인터뷰에서 사용자는 자신의 행동과 생각을 이성적으로 합리화하며, 팀원은 종종 합리적인 것 같지만 영감으로 이어지지 못하는 피상적인 피드백을 받는다. 따라서 팀원은 강의실에 있는 대신 사용자가 있는 환경 속으로 가야 한다.

(2) 사용자의 사용 상태 관찰

사용자가 경쟁 제품이나 유사 제품을 사용하는지 관찰한다. 예를 들어, 새로운 내비게이션 소프트웨어를 디자인한다면 사용자가 현재 사용하는 내비게이션 소프트웨어의 사용상황을 관찰한다. 소프트웨어를 조작하는 전체 과정, 즉 전원 켜기, 검색하기, 경로 선택하기, 오류 발생 상황 등에 중점을 두고 관찰한다. 비일상적인 상황에서의 작업도 관찰한다. 예를 들어, 사용자는 날씨가 매우 추울 때 휴대폰을 어떻게 사용하는가? 관찰 과정 동안 사용자의 해결방법을 주의 깊게 본다. 예를 들어, 사용자는 전화 예약을 받지 않는 인기 있는 식당에서 자리를 차지하기 위해 어떻게 하는가? 식당에 일찍 도착하는가? 누군가에게 대신 줄을 서달라고 하는가? 할인 쿠폰을 찾는가? 줄을 서 있을 때 무엇을 하며 시간을 보내는가?

(3) 비슷한 행동을 관찰하고 영감 얻기

평범한 사람들의 부주의한 행동에서 예기치 않은 영감을 얻을 수 있다. 뉴스 구독 소프트웨어(RSS, Really Simple Syndication)를 디자인할 때, 도서관에 들어가 도서관 이용자의 독서 스타일을 관찰하고 세부 정보를 파악할 수 있다. 예를 들어, 사용자는 서고 선반에 즐겨 읽는 책을 펴고 연필을 사용하여 빠르게 읽어 내려가며 여러 유형의 저널을 더 편리하게 읽기 위해 한 곳에 정렬해놓는다.

사람들은 매일 '별 생각 없이' 많은 행동을 한다. 연필을 사용하여 머리핀을 만들고, 긴 머리카락을 손가락에 감고 읽는 동안 선을 그린다. 사용자의 습관적인 행동도 소홀히 할 수 없는 부분이다. 이러한 행동도 유용하며 혁신적인 단서를 제공한다. 사용자의 행동은 항상 옳고 그른 것으로 나눌 수 없으며 행동은 모두 의미가 있다. 우리 모두 늘 보고 있지만, 의식하지 않아 보지 못했던 것을 발견한다. 중요한 것은 특정 행동에 충분히 집중하고 사용자의 행동을 문제를 해결하기 위한 동력으로 전환하는 것이다.

사례: 50일 동안 50개의 도전과제

영국의 젊은 디자이너 피터 스마트(Peter Smart)는 50일 동안 2,517마일의 유럽여행을 하는 동안 일상생활에서 50개의 도전을 찾아서 해결했다. 그는 24시간을 하나의 주기로 하여 관찰, 사고, 해결방안을 제안하고 그에 따라 프로토타입을 제작하는 '50일 50개 도전' 웹사이트(50problems50days.com)를 제작했다. 아이데오(IDEO)사의 디에고 로드리게스(Diego Rodriguez)는 다음과 같이 말했다. "행동에 지식이 있습니다. 행동하는 것이 아는 것의 해결책입니다." 그러나 '행동과 지식의 합일'을 달성하는 것은 쉽지 않다. 피터 스마트는 이탈리아 토리노(Torino)에서는 노숙자와 함께 구걸하고, 벨기에 앤트워프(Antwerp)에서는 '기존의 자신을 버리고', 이집트 수에즈(Suez)에서는 모든 체력과 돈을 잃었다. 그는 자기 자신에 대한 디자인 도전을 하며 독특한 인생 경험을 창조했다. '디자인 씽킹'(Design Thinking) 관찰법은 그에게 영감을 주었다. 사용자를 더욱 깊이 있게 이해하고 혁신을 달성하기 위해서는 나가서 손을 더럽혀야 한다.

연습: 익숙한 환경에서 특이한 것 발견하기

여러분 방의 세부 상황을 기억해보자. 몇 가지를 기억할 수 있는가? 수업 중에 새로운 발견을 했는가? 계절이 바뀔 때마다 대자연은 매일 변화로 가득차 있다. 우리의 생활은 매일 관성상태에 있어서 변화를 지각하지 못하고 모든 것을 당연하게 받아들인다. 이제부터는 여러분의 눈앞에 있는 모든 것을 실제로 관찰하고, 신생아처럼 자신의 지각능력을 훈련하고, 현재의 주변 환경을 재발견하고, 모양, 선, 색, 빛, 소리, 맛, 질감 등에 주의를 기울여보자. 우리가 간과했던 풍부하고 다채로운 세상을 지각하자.

시도: 새로운 산책 경로 선택

대학교 캠퍼스에서 평소 주의 깊게 보지 못한 것을 발견하고, 눈을 가린 채거리의 풍부한 소리를 듣고, 다양한 재료의 물건을 만져본다.

2) 체험

디자인 씽킹은 '공감'을 강조하지만, 상대방의 입장에 서서 체험하는 것은 대충 하게 된다. 따라서 더욱 효과적인 방법적 전략은 사용자의 생활환경이나 업무환경에 들어가 사용자 역할을 해보고 사용자의 희로애락을 경험하는 것이다. 이런 방식으로 도출된 혁신 방안이 훨씬 현실적이다.

(1) 사용자의 역할 체험하기

사용자가 되는 '역할 체험'은 신체 훈련이 필요하다. 혁신가는 사용자의 역할을 해봄으로써 말로 전할 수 없는 혁신 상황을 깊이 느낄 수 있다. 우리는 시각장애인을 위한 혁신 제품을 디자인하기 위해 베이징의 홍단단 시각장애인센터와 협업했다. 학생들은 관찰 세션 동안 눈가리개를 쓰고 '시각장애인 되기'를 시도했다. 반 시간 만에 학생들은 보이지 않는 두려움에 직면했고, 감히 앞을 향해 나아가지도 계단을 오르지도 못했으며, 방향감각을 완전히 잃었다. 방으로 돌아온 후, 홍단단의 자원봉사자들은 팀원들을 위해 영화를 보여주었다. 팀원들은 시각장애인같이 소리만 듣고 화면을 볼 수 없었으며, '보이지 않는' 체험을 통해 시력을 잃는다는 것이 무엇을 의미하는지를 실제로 인식했고 시각장애인의 심리적 특성을 더욱 잘 이해할 수 있었다.

사례: 환자 역할 하기

한 대형 의료원이 환자들의 입원체험을 개선하기 위해 아이데오(IDEO)사의 혁신팀을 초대했다. 한 팀원은 환자로 가장하고 병원에 입원하여 환자의 감정을 경험했다. 카메라로 촬영하여 환자가 경험하는 지루한 일과를 기록했다. 혁신팀은 한 가지 분명하면서도 완전히 간과된 사실을 발견했다. 환자는 보통 침대에 누워 오랫동안 천장을 바라보고 있

는데, 이것은 최악의 체험이었다. 혁신팀은 병원 환경을 개선하는 것이 의료 시스템을 대폭 변화시키는 것이 아니라 작은 변화라는 것을 이해하게 되었다. 예를 들어, 천장을 아름답게 만들고, 병실 벽에 화이트보드를 걸어놓아 방문객이 환자에게 하고 싶은 말을 쓰게 하고, 병원의 중앙홀 바닥과 같은 색으로 병실 바닥색을 바꾸고 공동 공간과 개인 공간을 분리하는 등 환자의 기분을 변화시키는 작은 변화를 주었다.

(2) 분석을 잊고 느끼도록 노력하기

디자인 과정상의 제약으로 인해 '공감' 단계는 매우 이론적이다. 디자이너는 사실적인 '분석'에 지나치게 의존하여 '사용자집단'에 대한 생각을 추상화한다. 그러나 복잡한 '인류학' 연구방법이 반드시 효과를 내는 것은 아니다. 빅데이터로 영감과 지혜를 배양하는 것도 어려워 보인다. 디자

인 씽킹은 혁신가들이 매일 일상에서 관찰하는 관성을 깨고 목적을 가
지고 모든 감각을 열도록 한다. 보고, 말하고, 듣고, 만지고, 냄새를 맡아
야 한다.

사례: 촉각에 대한 혁신적인 사고

'촉각'(haptics)이란 터치를 통해 감지되고 조작되는 기술을 말한다. 인간으
로서 우리는 주변 환경과 상호작용하기 위해 오감에 의존한다. 컴퓨터에는
시각과 청각만 있다. 연구에 따르면 컴퓨터에 '터치'라는 세 번째 감각을 더
하는 것은 현명한 움직임이다. 사실, 촉각적 지각은 시각적 지각보다 20배
이상 빠르다! 촉각 기술은 추위, 열, 통증 및 접촉을 구별할 수 있는 피부의
자연적인 능력을 통합하며, 이러한 인식을 둘 이상 결합하면 거친 느낌, 습
한 느낌 및 진동의 감각을 만들 수 있다. 우리 대부분은 휴대전화의 진동이
나 게임기로 가상 테니스를 치는 느낌에 익숙하지만, 이러한 기술은 촉각
기술의 강력한 기능 중 일부일 뿐이다.

(3) 사용 경험이 풍부한 사용자의 관점에서 혁신하기

사용 경험이 풍부한 사용자는 제품에 대한 혁신적인 아이디어를 갖고 있
을 가능성이 가장 높다. 따라서 혁신팀의 팀원이 베테랑 사용자라면 한
층 직접적으로 혁신적인 발견이 이루어진다. 많은 사람들이 청소할 때 힘
들지 않고 바닥을 닦는 아이디어를 구상했다. 걸레질을 할 때 발만 사
용하고 허리를 구부리지 않도록 하는 것이다. 어느 가정주부가 바닥을
닦으며 떠올린 아이디어다. 왜 슬리퍼에 걸레를 함께 고정하지 않을까?
경험이 풍부한 주부의 아이디어로 바닥을 닦을 수 있는 슬리퍼가 탄생했
으며, 이 아이디어는 미화 100만 달러의 가치였다. 특정 상황에서 베테랑
사용자의 경험은 강력한 혁신으로 이어진다.

연습: 공감 훈련

공감은 우리의 감각이나 지각에 갑작스러운 충격을 주거나 우리를 타인의 감정 속으로 빠뜨리는 것이 아니다. 이성을 포용하고 존중하는 태도로 탐색하는 과정에서 세상의 표상 중에서 진정한 상을 탐색하며 끊임없이 변화하는 외부 환경에서 균형과 통찰의 감지능력을 유지하도록 도와준다. '공감'은 우리에게 유연성을 유지하고 편견을 피하고 열린 마음과 생각으로 인간관계를 다루는 방법을 가르쳐준다. – 데이비드 호우(David Howe)《공감(Empathy)》

모든 사용자는 고유하다. 사람들은 공통점이 있지만 경험, 성격 및 입장도 다르고 판단, 선호, 체험도 다르다. 다른 사람들을 진정으로 이해하고자 시도하자. 서로의 과거를 이해하는 것부터 시작한다. 이해하는 상대방을 느끼며 중립 태도를 유지한다. 타인의 감정에서부터 그의 판단을 이해한다. 사용자 역할을 대입하여 사고하고, 온몸으로 체험한다. 배우가 역할연기를 하는 것처럼 유사한 상황에서 상대방의 행동을 모방하자.

시도: 편집인의 각도에서 패션잡지를 보자.
광고주의 눈으로 TV 광고를 시청하자. 여러 역할에 대입해보고 공통되거나 차이나는 정보를 얻고 이를 반영하여 총평을 해보자(예: 어린이, 노인, 상점 보조원, 위생 요원 등).

3) 인터뷰

관찰법과 체험법을 제외하고 가장 널리 사용되는 연구방법은 사용자와 직접 교류하고 대화를 통해 사용자의 수요를 발굴하는 인터뷰다. 인터뷰는 쉬워 보이지만 숙련되기 위해서는 오랜 훈련이 필요하다. 낯선 사람을 대면할 때 어떻게 신뢰를 쌓을까? 어떻게 대화를 시작할까? 진실한 감정을 말로 어떻게 표현할까? 혁신적인 통찰을 얻기 위한 비언어적 정보는 어떻게 얻을까? 대화 주제를 바꿀 때는 어떻게 할까? 이와 같은 것은 모두 장기간의 훈련이 필요하다. 인터뷰는 사용자의 상황에서 시작하여 먼저 사용자의 기본 정보를 이해하고 심층적인 대화를 하기 위한 밑거름으로 삼는다. 혁신 주제에 들어가면 개방형 질문에서 시작하여 사용자가 자신을 충분히 표현하게 한 다음 점차 문제의 핵심에 집중하여 배후 원인을 이해한다. 간단히 말해, "테이블의 가장자리에서 중심부로, 얕은 곳에서 깊은 곳으로" 이동한다. 인터뷰의 기본 단계는 다음과 같다.

(I) 인터뷰 개시

자신과 프로젝트에 대해 소개하고, 인터뷰의 목적을 명확하게 전달한다. 인터뷰를 맡은 팀원은 웃는 얼굴과 신체 제스처를 사용하여 편안한 분위기를 조성한다. 다양한 현장에서 이루어지는 인터뷰의 목적은 각기 다르지만, 목적을 명확하게 밝히고 인터뷰를 시작하여 피면접자가 염려하지 않도록 한다. "더 좋은 디자인을 위해 인터뷰하려는 것이지 제품을 판매하려는 것이 아닙니다. 우리는 학생이며 이 문제를 연구하고 있습니다"라고 시작하자. 사람들은 도움을 청하면 좋아할 것이다. 이것이 이른바 '벤저민 프랭클린 효과'다. 사람들에게 작은 도움을 요청하면 대부분의 사람은 기꺼이 도와준다. 자신감과 겸손을 유지하고, 목소리 톤, 억양, 표정에 주의를 기울여 인터뷰를 시작한다.

(2) 얼음 깨기

'얼음 깨기'는 면접자와 피면접자 사이의 거리감을 없애는 것을 의미한다. 신뢰관계를 구축하기 위해 대화를 시작할 주제를 찾는다. 일반적으로 인터뷰 대상자는 낯선 사람이므로 정식 인터뷰를 하기 전에 얼음 깨기 작업을 한다. 얼음 깨기는 피면접자에게 안전하다고 느끼게 해주고, 의사소통을 순조롭게 해주며, 유용하고 가치 있는 정보를 훨씬 많이 얻게 해준다. 얼음 깨기 방법은 고향이나 학교 등의 공통점을 찾거나 간단한 질문으로 인터뷰 분위기를 조성하는 것 등 여러 가지가 있다. 사용자의 생활에 관한 질문이 대화를 시작하는 가장 좋은 방법이다. 사용자의 입장에서서 너무 전문적인 단어는 피하고 생활에 대해 질문해보자. 대화를 더욱 개방적이고 상호적으로 만들기 위해 면접자도 자신에 대한 흥미로운 점을 언급해야 한다. 피면접자와 면접자의 공통점을 이야기하거나 면접자 개인의 독특한 성격 등을 알려준다. 예를 들어, "하이난에서 방금 돌아오셨나요? 멋집니다! 저도 지난봄에 하이난으로 배낭여행을 갔습니다. 어디어디를 방문하셨나요?"

(3) 개방형 질문하기

최대한 많은 정보를 얻으려면 개방형 질문이 필요하다. 폐쇄형 질문은 피드백만 받게 되기 때문이다. 개방형 질문은 다양한 가능성을 담고 있다.

- 폐쇄형 질문: 이 앱이 재미있다고 생각합니까?
- 개방형 질문: 이 소프트웨어의 어떤 부분이 매력적이라고 생각합니까?

개방형 질문을 하고, 사용자가 이야기를 하도록 장려한다. 가장 좋은 이야기는 행동의 전체 과정을 묘사하게 하는 것이다.

너무 모호하거나 폭넓은 문제는 질문하지 않는다. 사용자는 도대체 문제가 무엇인지, 어떻게 대답해야 할지 알지 못한다. 예를 들어 "타오바오(淘宝网: 중국의 인터넷 기업인 알리바바그룹이 운영하는 오픈 마켓)에 대해 어떻게 생각하십니까?"라고 질문하면 "나쁘지 않다"라는 모호한 답변만 들을 수 있다.

(4) 깊이 질문하기

한 번에 하나의 질문을 하고 가능한 한 깊이 파낸다. 정보의 양이 아닌 질을 중시한다. 질문하는 법을 배우고 연관된 방식으로 질문한다. 여러 가지 방식으로 질문하는 방법을 배워야 한다. 사용자가 한 번에 모든 문제를 명확하게 설명하는 일은 거의 없다. 면접자는 하나씩 단계별로 질문해야 한다. 그래야 명확하게 이해할 수 있다. 예를 들어, 사용자가 어떤 문제가 있다고 언급한 경우 "얼마나 오래", "어떤 장면에서", "문제가 구체적으로 무엇인지", "초래된 결과는 무엇인지" 등을 질문할 수 있다. 일부 민감한 사적인 주제의 경우 사용자는 질문에 대해 솔직한 사정을 드러내지 않은 채 대답할 수 있다. 예를 들어, "어떤 종류의 잡지를 읽고 싶습니까?"라고 질문하면 많은 사람이 연예오락잡지를 읽는 것을 선호해도 좋은 이미지를 유지하려고 하기 때문에 〈서던피플위클리〉(Southern People Weekly) 같은 잡지를 선택한다. 이런 상황에서는 다른 각도에서 간접적으로 질문한다.

　(5) 비언어적 정보와 소통에 주목하기

소통하는 정보의 7%만이 언어로 전달된다. 38%는 음성이나 억양으로 전달되고, 55%는 신체언어(표현행동 등)로 전달된다. 따라서 인터뷰할 때는 비언어적 정보에 주목해야 한다. 예를 들어, 인터뷰 대상자가 답변하는 것을 매우 어려워했다면, 눈살을 찌푸리고 있었을 것이다. 계속 시계를 보고 있었다면, 인터뷰 시간이 너무 길었기 때문일 것이다. 앨런 피즈와 바바라 피즈(Allan Pease · Barbara Pease)의 《당신은 이미 읽혔다: 상대의 속마음을 간파하는 기술(The Definitive Book of Body Language)》이라는 책은 사람들이 거짓말할 때 가장 많이 볼 수 있는 제스처를 소개한다. 손으로 입을 가리거나, 코를 만지거나, 눈을 비비거나, 귀를 긁거나, 옷깃을 잡아당기거나, 목을 긁적거리거나, 손가락을 입술 사이에 넣는다. 때때로, 사용자는 대화를 오래 하기를 원치 않는다. 그때 사용자의 신체 언어를 관찰하면 대부분 가슴에 팔짱을 끼고 있는 것을 볼 수 있다. 이 제스처는 전형적인 닫힌 상태를 의미한다. 길거리에서 낯선 사람을 인터뷰하는 경우, 팔짱을 낀 사람과 양팔을 몸 옆으로 자연스럽게 내려놓은 사람이 있다면, 여러분은 누구를 인터뷰하겠는가?

(6) 경청하기

면접자는 인터뷰할 때 사용자가 가능한 한 많이 자신의 아이디어를 진실하게 표현하도록 안내한다. 중간에 이야기에 끼어들거나 이야기 속도가 느려지지 않도록 해야 한다. 사용자의 이야기의 질을 향상시키고 더 많은 관점을 제안할 수 있도록 경청한다. 사용자는 피면접자의 역할을 할 기회가 있을 때, 그리고 면접자의 질문에 대해 생각할 때에야 비로소 의미 있는 아이디어를 제시한다. 적극적으로 경청하는 태도를 보이면, 인터뷰 중에도 피드백을 받을 수 있다. 인터뷰 중에 "네"(머리를 끄덕이며), "이렇게요?", "아이디어가 흥미롭네요" 등의 경청하는 반응을 보이면서도 이어지는 인터뷰 내용은 계속해서 기록되어야 한다.

연습: "대학교 구내식당의 식사 경험 개선하기"에 대한 인터뷰 질문 문항

다음 질문 중 좋은 질문은 무엇입니까? 왜 그렇습니까?

"구내식당에서 마지막으로 식사한 것은 언제입니까?"

"구내식당에서 식사하는 전체 과정을 묘사할 수 있습니까?"

"구내식당의 환경이 시끄럽습니까?"

"왜 구내식당에서 식사하기로 결정하셨습니까?"

"구내식당 서비스에서 가장 중요한 부분은 무엇입니까?"

"생활비가 충분하다면, 여전히 구내식당에서 식사를 하시겠습니까?"

"구내식당의 어떤 서비스에 불만이 있습니까? 왜 그렇습니까?"

"친구가 구내식당을 좋아합니까?"

"다른 식당에서 식사할 때는 어떤 곳에서 하시나요?"

"구내식당에서 어떤 인상을 받았습니까?"

"행복하게 식사했던 경험을 공유해줄 수 있습니까?"

연습: 의사소통 능력 향상시키기

"연구에 따르면 우리가 누군가를 처음 만나 상대방에게 좋은 인상을 주기까지 약 90초의 시간이 걸린다. 90초 안에 모든 것이 결정되며, 성공적인 인맥을 구축할 수 있다. 사실, 보통 90초도 채 걸리지 않는다!"

     – 니콜라스 부스맨(Nicholas Boothman)의 《90초 만에 호감 얻기》

여러분은 의사소통 기술을 연습해야 한다. 혁신 과정에서 사용할 수 있을 뿐만 아니라 여러분의 가정과 직장생활에 긍정적인 영향을 줄 것이다. 빠르게 호감을 얻을 수 있는 방법을 요약하면 다음과 같다. 자신감을 키운다. 긍정적인 태도가 모든 것을 결정하고, 인맥을 구축한다. 상대방과의 대화에서 공통점을 찾는다. 쉴 새 없이 말하지 않는다. 중요한 것은 경청이다. 눈을 맞춘다. 웃는 얼굴을 유지한다. 상대방을 칭찬한다. 조화로운 분위기를 만든다.

시도: 공공장소에서 낯선 사람을 심층 인터뷰하거나 부모님과 심도 있게 의사소통을 한다.

제5장 디자인 씽킹: 종합 단계

"문제를 정확하게 질문하는 것이 정확한 해결방안을 찾는 유일한 경로다."

– 팀 브라운(Tim Brown)

I. 종합 개요

1) 종합이란 무엇인가

종합이란 사용자에 대해 수집한 정보에 추상성을 더하여 가치 있고 혁신적인 디자인 도전을 찾아 탐구하는 것이다. 종합의 목표는 초점을 맞추어야 할 디자인 도전이 무엇인지 명확히 정하고 명확해진 초점에 집중하는 것이다. 종합은 사용자를 관찰하는 과정에서 수집된 대량의 정보를 정리하여 연구범위의 경계와 범위를 좁히는 데 도움을 준다. 종합 단계에서는 일련의 도구와 방법을 사용하여 사용자 수요에 대한 분석으로부터 통찰을 얻어 이전 단계보다 발전한 새로운 혁신 방향을 수립한다.

디자인 씽킹에서 디자인의 주체는 우리이기 때문에 도전범위의 경계를 긋고 재정의하는 책임도 우리에게 있다. 물론 프로젝트를 시작할 때 디자인 도전과 사용자를 설정하는 것은 외부로부터 주어진다. 종합 단계에서는 이전 단계인 이해 단계와 관찰 단계의 작업에 기반을 두어 사용자에 대한 이해를 더욱 깊이 하고, 디자인 도전을 새롭게 재구성할 기회를 갖게 된다. 사용자와 긴밀하게 접촉하는 과정에서 사용자가 중요하게 여기는 가치에 공감하며, 짧은 시간 안에 해당 주제의 전문가가 된다.

종합 단계의 핵심은 수집한 복잡한 정보에서 '의미를 발굴하는 것'이다. 구체적으로 표현한다면, 하나의 문단으로 작업내용을 명확하게 서술하는 것이다. 즉 디자인 씽킹에서 말하는 '사용자 관점 진술문'(POV, Point of View)을 작성한다. 사용자 관점 진술문에 포함되어야 할 내용은 세 가지다. ① 사용자 ② 사용자 수요 ③ 통찰이다. 사용자에 대한 정보로부터 얻어낸 관건이 될 만한 모든 통찰도 포함해야 한다. 통찰의 발굴은 종합 단계에서 핵심이다. 왜냐하면 통찰은 그렇게 쉽게 찾아낼 수 있는 것이 아니기 때문이다. 통찰은 정보를 종합하는 과정에서 여러 사물 간의 관계에서 찾아야 하고, 관계 속에서 핵심 패턴을 발견할 때 찾을 수 있다.

사례: 스탠퍼드대학교 디자인 씽킹 스쿨−사용자 관점 진술문(POV)

스탠퍼드대학교 디자인 씽킹 스쿨 학생들에게 주어진 도전은 네팔의 시골 마을에서 태어난 신생아(특히 조산한 미숙아)가 사용할 인큐베이터를 디자인하는 것이다. 학생들은 네팔지역의 병원과 신생아 산모를 조사하여 아래와 같이 '사용자 관점 진술문'(POV)을 작성했다.

- 사용자: 네팔의 산골에 거주하고 있어 도움을 받지 못하는 신생아 산모
- 수요: 신생아에게 인큐베이터를 제공하여 생존기회를 보장한다.
- 통찰: 산골지역은 병원이 멀리 떨어져 있다.

    신생아를 시간 내에 병원에 데려가기 어렵다.

    따라서 현대적 인큐베이터 사용 접근성이 낮다.

2) 종합이 혁신에서 갖는 의미

디자인 도전과 사용자에 대한 심층적인 이해를 위해서는 종합 단계의 작업이 필수다. 이전 단계인 관찰 단계에서는 가능한 한 많은 양의 직접적인 재료를 수집하고, 특히 감정과 정서적 재료를 수집한 다음 합리적이

고 이성적인 사고를 통해 가치를 추출한다. 이 과정에서 도구를 사용하면 불필요하고 피상적인 인식을 제거하고 집중적으로 문제를 설명하여 반직관적인 이해를 가능하게 한다.

종합 단계의 '사용자 관점 진술문'을 통해 이후 단계에서 더욱 좋은 혁신을 실현할 수 있다. 프로젝트를 시작할 때 설정했던 디자인 씽킹의 도전은 융통성이 없거나 변경이 불가능한 것이 아니며, 디자인 씽킹의 전체 과정과 모든 단계에서 수정하고 개선할 수 있다. 우리는 디자인 도전에 대한 진술을 재구성하는 과정에서 일반적으로 도전의 범위를 좁혀 더욱 명확하게 설명할 수 있으며, 다음 단계인 창의 단계에서 더 많은 아이디어를 얻고 양질의 해결방안으로 나아갈 수 있다.

두뇌의 사고력을 활용하는 종합 단계는 디자이너의 통찰을 발굴하는 데 필수적이다. 사용자를 인터뷰하며 기록한 텍스트, 이미지, 녹음 및 영상자료는 일관적이지 않고, 종종 내용의 일부는 모순되기도 한다. 관련 업계의 기업들이 동일한 과제를 반복적으로 조사하기도 한다. 디자인 씽킹팀은 어떻게 여기에 신선한 피를 주입하여 관련 업계를 뛰어넘는 더욱 좋은 혁신을 제안할 수 있을까? 오직 디자인 씽킹의 다양한 종합 도구를 충분히 활용할 때, 업무의 복잡성을 해결하고, 인식을 가로막는 뿌연 안개를 뚫고 사용자 수요의 베일을 벗길 수 있으며, 이로써 효과적으로 통찰을 발굴하여 혁신을 주도할 수 있다.

3) 종합은 어떻게 진행하는가

우선, 다른 팀원과 정보를 공유한다. 팀원마다 조사 과정에서 인터뷰한 사용자가 각기 다르기 때문이다. 관찰내용을 비롯하여 조사하여 수집한 정보를 공유하는 것이 종합 단계 협업의 기초가 된다. 포스트잇 메모와 화이트보드를 사용하여 작업 공간에서 모든 것이 명확하고 간결하고 생생하게 기록되고 표시되도록 한다.

둘째, 정보를 분류하고 사용자의 수요를 나열한다. 정보 분류를 마치고 나면 화이트보드에 수십 개에서 수백 개의 포스트잇 메모가 붙어 있는 경우가 많은데, 정보를 다른 기준으로도 분류해본다. 정보를 분류하는 동안 사용자의 수요를 찾아내야 하며, 사용자 수요는 사용자가 주도적으로 제안할 수도 있고, 관찰이나 조사 과정에서 디자이너에 의해 발견될 수도 있다.

셋째, 복잡하고 많은 정보들에서 통찰을 추출하며 팀원들과 인터뷰 내용에 관해 이야기를 나눈다. 예를 들어, 어떤 것은 흥미롭고 놀라웠지만, 어떤 것은 지루하고 재미없던 것들에 대해 이야기해본다. 왜 어떤 것은 이렇게 흥미롭고 놀라울까? 또는 왜 어떤 것은 지루하고 재미없다는 느낌이 들까? 이렇게 유사하거나 상반된 느낌에 대해 이야기하다 보면 종종 더욱 깊은 발견으로 이어진다. 통찰은 자동으로 도출되는 것이 아니기 때문에 우리의 인식능력을 사용하여 더 깊이 파고들어야 한다. 이는 초보 디자이너가 어려움을 느끼는 부분이다.

넷째, 디자인 도전을 재구성한다. 후반 단계에서 혁신의 고리는 명확한 행동목표를 세우는 것이다. 프로젝트가 시작될 때 설정한 도전과 비교하여 한걸음 나아간 도전에 집중해야 한다. 재구성한 도전에 대한 진술은 사용자의 관점에서 표현된 디자인 도전이거나 또는 디자이너의 관점에서 표현된 '디자인 도전'일 수도 있다. 디자인 씽킹에서 이 두 가지는 일치하지만, 표현의 시작점이 다를 뿐이다.

사례: 이상적인 지갑 디자인 도전의 재구성

디자인 씽킹의 입문 프로젝트로 학생들이 가장 먼저 착수한 프로젝트는 '이상적인 지갑 디자인'이다. 여기에서 학생들은 디자인 도전을 여러 번 재구성하여 사용자를 이해하고 집중하는 방법을 배운다.

첫 번째 세션은 일반적인 디자인 작업을 시작할 때와 마찬가지로 '이상적인 지갑 디자인하기'다. 누구나 자신의 경험과 상상력을 바탕으로 완벽한 지갑 초안을 그릴 수 있으며, 이것은 문제에서 해결방안에 이르기까지 일반적이고 전통적인 디자인 방식이다. 디자인 씽킹은 전통적 방식을 초월하여 자신의 관점에서 벗어나기를 권장한다. 코칭팀은 첫 번째 세션을 마친 후 학생들에게 사람으로부터 시작하고 사람을 중심으로 하는 디자인 씽킹의 혁신적인 접근방식을 알려준다. 첫 번째 세션에서 '이상적인 지갑 디자인'이라는 디자인 도전은 이제 실제 사람인 '그/그녀를 위한 이상적인 지갑을 디자인하기'로 재구성된다.

작업이 진행됨에 따라 지갑을 주제로 사용자와 인터뷰를 진행하며, 팀원의 지갑에 무엇이 있는지 살펴본다. 그/그녀가 지갑을 사용하는 방식과 그와 관련된 연결고리를 관찰한다. 사용자와의 지갑과 관련된 스토리를 통해 사용자의 정서와 감정을 체험하면서 사용자의 수요를 파악하고 뒤에 숨겨진 통찰을 추출한다. 지갑 프로젝트의 워크북에 적을 때, 사용자인 팀원의 언어로 문장을 작성하면 '사용자 관점 진술문'뿐만 아니라 더욱 초점이 맞춰진 디자인 도전을 재구성하여 표현하게 된다.

2. 종합 준비

1) 상자 열기

디자인 씽킹에서 말하는 '상자 열기'(unpack)란 팀원 간에 정보를 공유하고 기록하는 것이다. 정보를 기록하는 좋은 습관중 하나가 바로 포스트잇 메모와 화이트보드 활용이다. 포스트잇 메모지 1장마다 한 가지 정보를 기록하고, 펜으로 메모내용을 명확하게 표시하며, 확실하게 시선을 끌 수 있도록 화이트보드에 붙여 팀원들이 볼 수 있도록 한다. 포스트잇 메모의 순서나 위치를 바꾸어 조합을 새롭게 배열할 수 있게 한다.이 작업을 시작하기 전에 색색의 포스트잇 메모로 구분하여각기 다른 정보를 기록한다면, 이후 분류작업에서 절반의 노력으로 2배의 효과를 얻을 수 있다.

　　가능한 한 정보를 시각화하는 것은 디자인 씽킹의 중요한 원칙이다. 영화나 텔레비전에 나오는 탐정처럼 사진을 오리거나 인쇄(컬러인쇄를 권장함)하여 커다란 화이트보드에 붙이는 것이 좋다. 포스트잇 메모를 사용하는 가장 좋은 방법은 짧은 텍스트에 간단한 도형을 결합하는 것이다.예를 들어, 만약 1장의 메모지에 여러 줄로 문장을 쓴다면, 팀원들이 가까이 가야만 내용을 확인할 수 있다. 그러나 눈에 띄는 도형을 사용한다면, 많은 정보 가운데서도 빠르고 즉각적으로 내용을 인식할 수 있다.

2) 스토리텔링하기: 감성에서 이성으로

대량의 정보를 단순히 나열하기만 하면 듣는 사람도 졸리고 말하는 사람도 지루해진다. 특히 나열된 정보들이 어떻게 관련되는지 알 수 없으면더욱 지루하다고 느끼게 된다. 사람들은 스토리를 듣기 좋아하며, 스토리는 정보 간 연결고리를 구성한다. 나열된 정보를 유기적으로 조직하여 사용자의 정서와 감정을 효과적으로 반영하며, 관중을 감동시키거나 공감을 불러일으킨다.

가장 일반적인 스토리텔링 방법은 시간 순으로 설명하는 것이다. 일련의 연속적이며 인과적 사건을 연결하는 과정에서 중요한 연결고리마다 사용자의 선호도를 평가하고, 관찰과 설문조사를 하는 과정에서도 사용자가 상품을 사용하고 서비스를 받을 때 어떤 지점에 어떤 피드백이 있었는지 기록한다. 긍정적인 피드백은 '흥분'으로, 부정적인 피드백은 '고통'으로 기록한다. 스토리텔링의 감성 분위기를 가라앉히면 이성적 사고로서 패턴과 긴장을 발견할 수 있다.

패턴은 여러 차례 출현과 반복으로 나타나는 것이며, 사물에서 반영되는 일치성을 나타낸다. 사용자 인터뷰에서 A, B, C가 모두 비슷한 말을 하고, 비슷한 생활습관이 있거나 특정 유형의 TV 프로그램을 본다는 점에 주목한다. 예를 들어 노인을 대상으로 인터뷰를 진행하는 과정에서 노인들이 모두 위챗(WeChat)이라는 모바일 소셜앱을 사용하기 시작했지만, 핸드폰으로 물건값을 지불하는 것에 대해서는 노인들 모두가 매우 조심스러워한다는 것을 알게 되었다. 여기서 일반적으로 노인들은 금융과 관련된 안전문제에 대해 걱정하는 것을 알 수 있다. 이러한 공통점은 패턴으로 기록될 수 있다.

긴장은 잠재적인 모순, 대립, 충돌 또는 불일치성을 나타낸다. 간혹 현장조사에서 눈에 띄는 현상을 발견하고 정보를 분류하기 위해 작업공간으로 돌아오는 과정에서 간과할 뻔한 문제를 발견하는 경우가 많다. 가장 일반적인 사례는 관찰한 내용이 인터뷰하러 가기 전에 예상했던 것과 크게 다르거나 사용자를 직접 만나서 기록한 정보가 대중매체로부터 얻은 일반적인 지식과는 크게 다른 경우, 왜 그런 긴장이 생기는지 질문해야 한다.

사례: 창업자의 기업가정신 I

이것은 독일 포츠담에 있는 하소플라트너연구소(HPI)의 디자인 씽킹 스쿨에서 일주일 동안 진행한 디자인 씽킹 혁신 워크숍 사례다. 워크숍의 코칭팀은 대부분 스탠퍼드대학교 디자인씽킹연구소의 코치들로 구성되었다. 워크숍이 시작되고 8개의 혁신팀은 모두 동일한 도전을 받았다. "독일에서 창업자의 기업가정신을 어떻게 증진시킬 수 있을까?"였다.

관찰 단계에서 각 팀은 포츠담과 인접한 베를린으로 출발하여 유럽의 유명한 창업 인큐베이터인 베타하우스(BetaHaus)를 방문했고, 소규모 기업들이 밀집한 지역의 창업자들도 만나서 인터뷰했다. 팀원들은 함께 녹음, 촬영, 질문 등의 작업을 수행했다. 하루 반나절 동안 6~7명의 기업가를 방문하여 인터뷰를 진행했고, 그다음 반나절 동안 종합 단계를 진행했다.

정보를 종합하는 과정에서 독일 베를린의 창업자들이 누리는 환경 조건은 우수했다. 적어도 우리가 인터뷰한 젊은 기업가들이나 창업을 준비하는 사람들은 모두 우수한 교육을 받았으며, 석사학위 및 박사학위를 받고 나서 대기업에서 근무하며 좋은 대우를 받는다는 것을 발견했다. 또한 비교적 수준 높은 문화적 소양이 있었기에 영어로 인터뷰를 진행하는 과정에서 아무런 문제가 없었다. 사전조사 차원에서 창업자들에게 창업자금 조달이나 인력 부족과 시장 개척 등 여러 방면에서 발생할 수 있는 문제에 관해 물었을 때 창업자들의 대답은 우리의 예상을 완전히 빗나갔다. 창업자들은 우리가 예상했던 문제에 관한 고민이 없었으며, 많은 젊은 창업자들은 글로벌기업에서 높은 임금을 받고 일하는 동시에 자신의 창업시장을 개척한다

고 대답했다. 인터뷰 앞부분에서는 창업자들의 공통점을 명확하게 나타내는 패턴을 알 수 있었고, 뒷부분에서는 긴장을 담은 정보에 잠재하는 모순을 알 수 있었다.

3) 정보 분류

인터뷰를 마치고 나면, 인터뷰 내용을 포괄적이고 전면적으로 기록하는 것이 작업장으로 돌아와서 해야 할 첫 번째 작업이다. 초보자가 종종 저지르는 실수 중 하나는 객관적인 사실과 주관적인 인상을 혼동하는 것이다. 현장조사에서 디자이너의 개인적인 경험과 선호는 인터뷰하는 과정에서 보고 들은 내용을 왜곡할 수 있으므로 디자인 씽킹에서는 사용자 중심의 글쓰기를 강조한다. 잡지나 서적을 읽다 보면 저자가 다른 사람의 말을 인용할 때 따옴표를 사용하는 것을 볼 수 있다. 인터뷰 기록도 동일하게 신중한 태도를 취해야 한다.

이 단계를 '종합'이라고 부르지만, 그럼에도 그중의 많은 부분에서는 분석형 사고를 한다. 복잡한 사물의 맥락과 상황을 명확하게 하기 위해서는 원래 수집한 대량의 정보를 단순화해야 한다. 단순화하는 가장 기본적인 방법은 정보를 두 가지로 분류하는 이분법을 사용하는 것이다.

이분법은 상호 배타성이라는 기준을 사용하여 모든 자료가 모호함이나 중복됨 없이 어느 한쪽으로 명확하게 분류되도록 하는 것이다. 예를 들어, 사용자가 제공한 피드백을 분류할 때 긍정적인 피드백과 부정적인 피드백으로 나누고, 원인을 분류할 때는 외부 요인과 내부 요인으로 나누며, 해결방안은 값비싼 해결방안과 저렴한 해결방안으로 분류하고, 문제는 과거에 발생한 문제와 현재 당면한 문제로 분류한다. 이분법은 가장 간단한 분류방법이다. 정보를 구성하는 요소에 대한 초기 인식은 특정 카테고리로 분류하는 것이다.

특정 범주에 귀속시키는 판단은 사람의 1차원적인 선형적 사고를 응용한다. 원점을 중심으로 오른쪽의 범위를 하나의 범주로, 왼쪽의 범위를 다른 하나의 범주로 구분한다. 물론, 1차원적인 분류 사고는 제로 유무인 0과 1을 인식하는 사고가 기초가 되며, 이와 같은 유무에 대한 이해와 구분이 바로 인간과 동물을 구별짓는 지능의 기점이다. 오늘날 정보사회에서 사용하는 인터넷과 스마트폰은 바로 제로 유무의 구분에서 작동된 것이다.

또한 디자인 씽킹은 강력한 정보 분류 도구인 공감지도(empathy map)를 제공한다. 공감지도는 사람 중심 개념이 어떻게 구현되는지를 충분히 반영한다. 대량의 산재된 정보를 축소할 때는 네 가지 범주로 나눌 수 있다. 네 가지 범주는 ① 말하기(say), ② 행동하기(do), ③ 느끼기(feel), ④ 생각하기(think)다. 사용자가 무슨 말을 했는지(say), 무엇을 했는지(do), 무엇을 느꼈는지(feel), 그리고 무엇을 생각했는지(think)다. 현장조사를 할 때 사용자를 관찰하고 사용자와 대화하는 것뿐 아니라 사용자를 모방하고, 사용자의 역할을 행동하며, 원하는 것을 생각하며, 직접 몸으로 느끼며, 제품과 서비스가 어떠한가를 체험한다.

사례: 신비한 상자

'신비한 상자' 실습에서는 두 가지 임무를 완성해야 한다. 우선 각 디자인 씽킹팀은 신비한 상자 하나를 받게 된다. 신비한 상자에는 20가지 이상의 물건이 들어 있다. 팀원들의 첫 번째 임무는 상자에 들어 있는 물건들을 확인한 후 분류하는 것이다. 제한된 시간 내에 가능한 한 많은 분류방법을 찾아내야 한다. 3회 이상 분류한 다음, 각 팀은 자신의 팀이 각각의 분류에서 사용한 기준들에 대해 이야기를 나눈다.

두 번째 임무는 여전히 상자 물건을 중심으로 진행된다. 이 물건들을 사용하는 사람을 상상하여 그/그녀에게 이름을 지어주고, 그/그녀의 나이·수입·직업·취미, 그/그녀가 평상시에 접촉하는 사람, 그/그녀의 단기목

표와 장기적인 꿈 등을 추측해본다. 팀원과 협력하여 물건과 물건을 사용하는 그/그녀를 결합하여 사용자 여행지도(user journey map)를 그려낸다. 물건 뒤에 숨어 있는 그/그녀의 특징을 전시하고, 그/그녀에 대한 스토리를 만들어 그/그녀의 하나의 완결된 활동을 묘사한다. 예를 들어, 그/그녀의 하루, 한 번의 여행, 잊지 못할 하나의 사연, 한 번의 서비스 체험, 한 가지 상품의 사용 과정 등을 들 수 있다.

각 팀은 정해진 시간 동안 스토리텔링을 만들어 다른 팀과 공유한다. 자신의 팀에서 발견한 사용자가 어떤 사람인지 소개하고, 물건과 결합된 그/그녀의 스토리를 이야기하며, 그/그녀가 경험하는 한 차례 활동에서 느끼는 정서 및 감정 변화를 묘사한다. 각 디자인 씽킹팀에 주어진 물건은 기본적으로 거의 동일하지만, 각 팀에서 발견한 사용자는 천차만별의 특징을 보이며, 스토리도 가지각색이다.

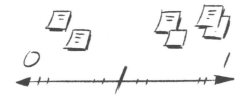

신비한 상자 실습은 두 가지 임무를 수행하는 과정에서 두 가지 사고와 사고의 전환을 경험한다. 두 가지 사고란 영어 알파벳 대문자 T의 수직선과 수평선으로 상징되는 수직적 사고와 수평적 사고를 일컫는다. 수직선으로 상징되는 수직적 사고는 전통적인 교육방식에서 강조하는 분석적 사고(analytical thinking)를 나타낸다. 반면 수평선으로 상징되는 수평적 사고는 개인의 다양한 능력과 비전의 확장을 의미하는 가로연결형 사고를 나타내고, 이것이 팀원들의 서로 다른 학과, 전공, 지식, 전문능력을 연결하는 디자인 씽킹의 사고다.

3. 종합 방법

1) 사용자는 누구인가: 사용자 정의하기

초보자들은 늘상 누가 진정한 사용자인지 알지 못해 당황한다. 디자인 씽킹은 사용자를 중심으로 하는 창의적인 방법이다. 따라서 처음부터 사용자를 정하고 업무를 완성해야 한다. 하지만 실전에서는 종종 그렇게 하지 못한다. 인터뷰를 진행한 후 '사용자가 도대체 누구지?'라는 문제로 고민하는 디자이너들을 종종 보기 때문이다. 프로젝트를 위탁한 기업인일까? 아니면 기업의 상품 구매자나 서비스 대상자일까? 일반적으로 이 문제의 답은 후자다.

학생, 기업가, 의사나 주부 등으로 사용자를 지칭하는 것만으로는 충분하지 않다. 종합 과정에서 사용자의 특성을 한정시키는 어휘를 추가해야 한다. 왜냐하면 우리는 모든 사람의 문제를 해결하도록 디자인할 수 없기 때문이다. 사용자의 특성에 대한 어휘는 우리가 수집한 인터뷰 정보에서, 또는 의식적으로 한 귀납과 추상에서 특정 형용사를 직접 선택할 수 있다. 분명한 사용자 정의는 후속 작업의 범위를 좁히고 혁신 목표에 집중하도록 돕는다. 사용자에 대한 정의는 업계의 기존 제품 및 서비스에서 무시되거나 고려되지 않은 집단에 중점을 두는 것이다. 또한 사용자의 공감을 기반으로 고유한 관점을 찾을 수 있다. 예를 들어, 대도시에서 거주하는 노인을 사용자로 정의하고 서비스를 디자인하고자 한다면, 사용자의 범위를 모든 노인이 아니라 직접 방문하여 얻은 사용자 정보에 기반을 두어 "외진 소도시에서 대도시로 이주한 자녀들과 함께 생활하는 60대 퇴직 여성"으로 정의할 수 있다.

종합 단계에서 윤곽을 그려낸 사용자의 전형적인 특징은 방문하여 인터뷰를 진행했을 때 가장 대표성이 있는 1명의 사용자를 기반으로 할 수도 있고, 그 특징들은 다른 사용자의 특성과 융합한 것일 수도 있다. 어

　　떤 상황에서는 하나의 전형적인 사용자가 아니라 셋이나 넷 또는 더 많은 전형적인 사용자를 정의할 수도 있다. 각기 다른 사용자는 문제의 대응방향을 각기 다르게 구분하기에, 프로젝트의 개방성을 유지하고 사용자의 전형적인 특징을 결정하는 것은 마지막의 혁신 단계까지 미뤄둘 수도 있다.

　　디자인 씽킹은 질적 연구방법을 옹호한다. 전적으로 대규모 양적 통계에 의존하는 것으로 전체 인구집단을 이해할 수 있다고 주장하지 않는다. 그 대신 현장에 가서 직접 구체화된 사람들과 만날 것을 강조한다. 상대적으로 사회과학은 최근 몇 년 동안 빅데이터 열풍을 몰고 왔으며, '정량적 연구방법'을 절정의 위치로 끌어올렸다. 이러한 수량화 열풍은 북미에서 시작되어 전 세계 각지로 전염병처럼 번지고 있다.

　　1960년대에 닐 포스트먼(Neil Postman)은 단순한 양적 방법으로 인간을 정의내리는 것은 심각한 결함이 있다고 지적했다. 당시 미국은 아이큐(IQ) 수치로 인간의 지능을 측정하는 것이 한창 유행이었다. 최대한 정량화를 통해 개인과 인간집단에 관한 모든 것을 확인하는 방법이 합리적인 것으로 받아들여졌다. 그러나 살아있고, 다양하고, 끊임없이 변화하는 사람을 수치로 간단히 평가한다는 것은 인식의 소외를 일으킬 수 있다. 오늘날의 빅데이터에는 사람을 묘사하는 수많은 정보의 수치가 존재한다. 물론 1960년대의 단일한 아이큐 수치를 훨씬 능가하는 다양한 유형과 종류로 수치화하고는 있지만, 여전히 특정 순간의 몇 가지 측면의 개인 속성에 대한 추상적인 개괄을 보여줄 뿐이다.

　　극단적으로 양적 수량화에 집착하면 연구방향이 '환원주의'에 빠지게 된다. 현재 과학기술의 모든 도구를 사용하여 전기감응 신호장치로 인간의 모든 측면의 통계수치를 수집한다고 한들 무슨 소용이 있을까? 통계수치를 더 많이 수집한 사람이 더 정확할까? 전면적인 통계수치가 자동으로 진리에 도달할 수 있을까? 마치 살아있는 사람을 동일한 중량과 종류의 원자로 분해하고 원자더미들로 나눈다면 이것을 사람이라고 할 수 있을까?

2) 사용자 수요 식별하기

수요는 사용자의 목표와 기대를 반영한다. 목표나 기대는 일반적으로 인터뷰 현장에서 사용자가 표현한 것들이다. 기록된 인터뷰 자료 중 동사의 빈도와 동사구의 형식으로 표현된 것을 찾는다. 동사는 종종 사용자의 구체적이거나 추상적 동기를 반영하기 때문이다. 예를 들어, 어떤 지갑 사용자는 가능한 한 물건을 '적게 소지'하고 싶어 하고, 다른 사용자는 물건을 '수시로 꺼내거나' '바로 꺼낼 수 있기'를 희망하고, 또 다른 사용자는 사교나 교제에 열중하여 친구들과의 소통을 '원활하게 유지'함과 동시에 식단을 '건강하게 유지'하는 데도 지갑을 사용하고자 한다.

　　주어진 디자인 도전의 사용자 수요에 대한 요구사항은 제한되어야 한다. 초보자는 자신의 선호에서 출발하여 거기에 사용자의 수요를 추가하는 경향이 있다. 극단적인 경우에는 사용자가 요구한 사항 전체를 포함하기도 하는데, 이것은 디자인 씽킹 프로젝트에서 자주 저지르는 실수다. 종합 단계에서 나열된 모든 사용자 요구사항에는 해당하는 관찰 증거가 있어야 하며, 그러한 사용자의 고유한 요구사항이 강조되도록 누구에게나 요구되는 수요는 배제할 필요가 있다. 종합 단계는 아이디어의 확산에서 수렴에 이르는 과정이다. 팀원 간 토론을 통해 소수의 몇 가지 수요에 초점을 맞춰야 하며, 때로는 하나의 수요에만 초점을 맞출 수도 있다.

　　사용자 입장에서 체험하는 제품이나 서비스에 존재하는 문제는 상황과 결합되어 구체적인 수요가 발생한다는 점에 주목할 필요가 있다. 특정한 공간과 시간이 아니면 수요가 존재하지 않는 경우도 종종 있다. 예를 들어, 사무직 근로자의 경우 평일 점심에 편리하게 점심을 먹을 수 있

는 식당이나 배달해주는 식당에 대한 수요가 있지만 주말이나 휴일에는 이 같은 수요가 매우 드물다. 디자인 씽킹은 몇 가지 도구를 제공하여 사용자가 활동하는 타임 라인을 설정하고 제품 또는 서비스와의 접점을 파악하며 사용자가 경험하는 '흥분점'과 '고통점'을 알 수 있게 한다.

사례: 창업자의 기업가정신 2

창업자의 기업가정신 사례 1에서 기업가정신을 증진하는 방법을 혁신하기 위해 현장을 방문하여 창업자들을 인터뷰했다. 현장 방문을 통해 수집한 자료를 바탕으로 독일 창업가들의 수요를 종합했는데, 뜻밖의 결과가 나왔다. 베를린의 창업자들에게는 어떠한 강렬한 수요도 없다는 것이다! 흥미로운 점은 기업가가 아닌 젊은이들이 일자리 창출에 커다란 갈증을 느낀다는 것이다. 독일의 창업자들은 민간투자의 창업 인큐베이터 사무실이나 임대 사무실을 사용한다. 베를린시 정부의 보조금으로 임대료가 비교적 싸고 인큐베이터 사무실에 잘 갖춰진 공공 인프라를 편리하게 공유할 수 있고, 일련의 창업지원 서비스도 편리하고 효율적으로 받을 수 있다. 더군다나 젊은 창업자들은 비교적 냉정하고 이성적이며 실질적이어서 도달하기에 너무 먼 방대한 목표와 과장된 발전기간을 설정하지 않는다. 이들은 삶과 일의 균형을 통해 인생을 즐기는 것을 중요하게 여긴다.

　　이것은 우리가 알고 있는 중국 창업자들의 수요와는 완전히 다르다. 베이징의 사례를 보면 베이징 지역에 분포되어 있는 창업 인큐베이터 사무실은 오픈과 동시에 창업자들이 너무 많아 포화상태에 이르렀다. 창업자들에게 가장 필요한 사무실 공간을 찾기가 어렵기 때문에 베이징의 창업가들은 스타트업 카페나 인큐베이터 공간에 대한 수요가 매우 크다. 초기 창업자들은 투자유치에 대한 수요도 크지만, 그 외에도 재능 있는 인재를 갈구하고 있다. 특히 프로그래머와 아트 디자이너의 부족으로 허덕이고 있다.

3) 통찰 발굴하기

인터뷰 과정에서 가장 인상 깊었던 것은 무엇인가? 관찰 중에 어떤 부분이 가장 눈길을 끌었는가? 어떤 현상이 예상했던 것과 가장 큰 차이를 보였는가? 여러 사용자에게서 발견한 공통된 패턴은 무엇인가? 만약 내가 사용자라면 어떤 부분이 마음에 들고 어떤 부분이 받아들이기 어려운가? 왜 그런 것 같은가? 각각의 과정에서 발견한 것은 무엇을 의미하는가?

이러한 문제에 대해 생각할 때 사용자, 장면, 상황 사이에 심층적인 관계를 설정해야 하며, 사용자의 특정 행동과 감정으로 숨겨진 동기를 찾을 수 있다. 우리는 종합 단계 이전의 연구와 사용자에 대한 공감을 결합하여 디자인하는 특정 집단의 사람에 대해 깊이 이해하고, 연역적 추론 같은 논리적 수단을 통해 사용자에 대해 얻은 통찰을 화이트보드에 게시할 수 있다.

사례: 창업자의 기업가정신 3

벽의 한 면을 차지할 만큼 많이 수집된 정보에 푹 빠져 사고하다 보면 대량의 정보에 숨어 있는 모순과 긴장의 단서들이 서서히 드러난다. 인터뷰를 진행하기 전에 예상한 창업자들의 전형적인 수요—투자자금, 창업 공간, 인력, 설비, 창업시장 등—가 왜 독일의 창업자한테서는 나타나지 않을까?

코치는 팀원들에게 화이트보드에 게시한 포스트잇 메모('낮은 위험')를 보라는 피드백을 주었다. '낮은 위험'이라고 게시한 문구는 인터뷰할 때 사용자가 원래 사용한 문구를 인용한 것이다. 베를린의 창업자들은 정부의 보조금을 받거나 글로벌 기업에서 높은 임금을 받기 때문에 미국이나 중국의 창업자들처럼 실패에 대한 거대한 압력을 받지 않는다. 코치는 낮은 위험, 낮은 스트레스는 당연히 적은 수입과 낮은 가치를 의미한다는 예리한 지적을 했다. 그렇다면, 베를린 창업자에게 창업은 무엇을 의미하는가?

4) 사용자 관점 진술문(POV) 작성하기

종합 단계의 목표는 이미 수집한 모든 정보를 이용하여 디자인 도전을 재구성하는 것이다. 새로운 진술은 사용자 관점 진술문(POV)을 기반으로 ① 사용자, ② 수요, ③ 통찰의 세 가지 구성요소로 이루어지며, 다음 단계의 디자인 혁신 작업에 대한 행동지침을 제공한다.

    사용자 관점 진술문이 디자인 도전에 적절한지 여부는 문제를 창의적으로 해결하는 데 부합하는가에 달려 있다. 좋은 사용자 관점 진술문은 전체 틀을 구축하고 목표에 집중하게 함으로써 혁신팀을 격려하고, 다양한 아이디어의 장단점을 평가하는 기준을 제공한다. 또한 모든 사람의 모든 문제를 다루는 막연한 해결책을 피하도록 도와준다.

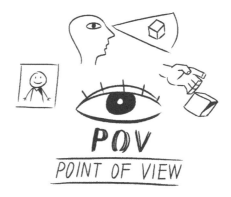

분명하게 사용자 관점에 초점을 맞추면 창의의 범위가 자연스럽게 제한될 수 있으며, 브레인스토밍을 통해 나온 아이디어가 해당 과제에서 벗어나는지 쉽게 확인할 수 있다. 이렇게 사고를 집중하는 과정에서 여러 도전이 발생할 수 있다. 디자인 도전은 "어떻게 할 수 있을까?(How might we…?)"로 시작하여 문제의 다양한 측면에 초점을 맞추고 다음 단계인 창의 작업에서 개방성을 유지하도록 한다. 디자이너들은 디자인 도전을 특정 작업방향으로 고정하지 않고 계속해서 연기하는 경향이 있다.

사례: 창업자의 기업가정신 4

독일의 창업가 정신에 대한 디자인 도전으로 다시 돌아가 보자. 독일은 유럽의 전형적인 복지국가로, 독일 정부는 부지런히 모든 국민에게 요람에서부터 무덤까지의 복지를 제공한다. 독일연방과 베를린이 속해 있는 브란덴부르크주의 지방정부는 소기업 창업자를 직접적으로 지원할 뿐 아니라 정책과 법령을 이용하여 기업이 소기업 창업을 지원하고, 창업자에게 고용기회를 제공하도록 유도한다. 미국이나 중국과 같이 창업이 빈번한 지역에서는 창업자의 기업가정신이 매우 흔하지만, 독일 국민은 어릴 때부터 국가가 제공하는 안전보장에 훨씬 익숙해져 있다. 따라서 독일 창업자들의 입에서 "낮은 위험" 또는 "위험이 없다"는 말이 나오는 것은 매우 당연하다.

• 사용자: 정부 지원을 받거나 고임금을 받는 문화자본을 소유한 창업자

- 수요: 새로운 기업을 창업할 때 낮은 위험에 직면한다.
- 통찰: 낮은 위험은 적은 수익과 적은 성장기회를 의미하며, 자신과 타인에게 낮은 가치를 산출한다.

이것은 중요한 사용자 관점 진술문(POV)으로, 이 발견을 중심으로 여러 가지 디자인 도전을 재구성할 수 있다. 기업가의 위험을 최대로 낮추거나 반대방향으로 위험을 증가시키는 여러 가지 디자인 도전을 재구성할 수 있다. 우리는 창업자들이 위험을 최대한 낮추거나 또는 반대로 위험을 상승시키는 도전을 구분했다. 우리는 반복적인 비교를 거쳐 마침내 도박형 창업 인큐베이터로 혁신의 방향을 정하고, 높은 수익과 높은 스트레스라는 두 가지 외부 조치로 창업자의 내적 동기를 자극했다. 이것이 기업가정신의 기본요소다.

4. 종합 도구

1) 사고 도구 개관

디자인 씽킹은 일련의 숙련된 사고틀을 제공하여 우리의 혁신을 지원한다. 이와 같은 사고 도구의 일부는 디자인 씽킹의 사고체계에 고유한 부분이고, 일부는 다른 연구개발 성과의 우수한 성과를 계승하거나 개선한 것들이다. 대표적으로는 다음과 같은 몇 가지 도구가 포함된다.

- 벤다이어그램(Venn diagram): 몇 가지 핵심요소의 역할과 의미, 이들 요소 간의 관계를 강조하는 데 사용된다. 흔히 보는 벤다이어그램은 서로 겹쳐 있는 3개의 원형집합들로 구성되는데, 원형집합은 더 많거나 적을 수 있

으며, 가장 적게는 2개의 원형집단이 사용된다. 도형의 형태도 원형이 아닐 수 있으며 닫힌 형태의 임의의 도형일 수 있다.

- 사용자 관점 진술문(POV): 혁신의 핵심요소를 반영하는 진술로, 사용자 관점 진술문에는 사용자, 수요, 통찰의 세 부분이 포함된다. 일반적으로 종합 단계에서 사용자의 범위를 정하고, 수요를 분석하여 통찰을 발굴하며, 이를 통해 디자인 도전을 재구성하여 한걸음 발전된 혁신방향을 확립한다.

- 디자인 씽킹 프로세스(DT process): 학습을 위한 단계에서 디자인 씽킹의 혁신 프로세스를 5~6가지의 순차적인 단계로 분해하여 비교적 쉽게 이해하도록 했다. 실제로 응용할 때 각 단계의 관계는 반드시 선형일 필요가 없으며 비선형이거나 반복순환형이다. 5단계로 분해한다면 공감, 정의, 사용자 중심, 창의, 프로토타입 및 테스트가 포함되고, 6단계로 분해한다면 이해, 관찰, 종합, 창의, 프로토타입 및 테스트가 포함된다.

- 공감지도(empathy map): 디자이너는 관찰과 종합 단계에서 공감지도를 사용해야 하며, 공감지도를 사용하면 사용자를 더욱 심도 있게 이해하는 데 도움을 준다. 사용자 인터뷰 중에 수집한 정보는 4개 범주로 분류하며, 4개의 범주에는 사용자의 말, 행동, 느낌, 생각이 포함된다.

- 스토리보드(storyboard): 사용자를 대상으로 영화 및 TV 제작에서 널리 사용되는 스토리보드를 사용하여 일련의 여러 만화 초안을 그려 각 화면마다 배경을 달리하여 짧게 텍스트 문자로 표기할 수 있다.

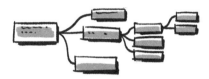

- 개념지도(concept map): 개념지도는 비교적 광범위하게 사용되며, 핵심 사용자와 이해관계자 간의 관계를 명확하게 하는 데 사용되고, 조직의 구조를 표시하는 데 사용되기도 한다. 도형 간의 영역이 겹치는 벤다이어그램과 달리 개념지도는 독립적으로 표현되고, 개념 간의 상관관계를 반영하기 위해 연결부호고리를 사용한다. 많은 개념들의 관계가 구심점이 없는 임의적인 네트워크로 그려질 수도 있지만, 개념지도는 인간 사고의 개념이 계층적 네트워크의 관계로 나타나므로 네트워크 간의 위계를 나타내는 데 더 많이 사용된다. 매킨지 컨설팅사에서 제안한 피라미드 원칙은 개념지도의 원리와 일치한다.

이 외에도 흔히 사용하는 종합 단계의 혁신 도구에는 구체적 사용자의 가상인물인 페르소나(persona), 4사분면 분석도(2×2 matrix), 사용자 체험지도(user journey map) 등이 있다.

2) 전형적인 가상인물(persona)

사람을 중심으로 하는 혁신체계인 디자인 씽킹의 핵심은 구체적 사용자의 가상인물인 페르소나를 디자이너에게 권장하여 사용하게 하는 것이다. 디자인 도전을 막 접한 초기 단계에서 페르소나를 바로 사용할 수도 있으나, 페르소나를 가장 집중적으로 사용하는 것은 사용자 관찰과 방문 인터뷰 이후의 종합 단계다.

디자인 혁신팀은 사용자 중에서 대표성 있는 사람을 선택하여 집중적으로 분석한다. 당연히 이 사용자는 여러 사람의 공통된 특징을 융합한 전형적인 사용자 모습을 한 가상인물이다. 가상인물의 초안을 그리고, 이름을 짓고, 그 아래에 나이, 수입, 문화수준, 거주환경, 전공, 취미 등의 특성을 적는다. 그중 각 항목에 대한 특징 묘사가 현실성이 있어야 하고, 이러한 현실성의 근거는 관찰이나 방문의 결과로 나온 것이거나 아니면 문헌조사에서 나온 것일 수도 있다.

사용자의 페르소나를 그림으로 그리는 것 외에도 현장에서 찍은 대표성 있는 사용자의 사진(또는 편집하여 오린 사진)을 시각화의 수단으로 삼을 수 있다. 기업이 위탁한 프로젝트를 맡았을 때 사용자집단에 따라 구분하여 대표성이 다른 사용자집단을 나타내는 여러 유형으로 페르소나를 구성하기도 한다.

초보자들이 비교적 사용하기 쉬운 페르소나는 공감지도와 결합하는 것으로, 사용자가 준 정보를 질서 있게 분류할 수 있도록 해준다. 작업이 심화됨에 따라 사용자에 대한 묘사는 구체적인 묘사에서 일반적인 묘사로 전환된다. 페르소나의 가장 간결한 형식인 사용자 관점 진술문(POV)에 이를 때까지 이성적인 사고로 감성적인 인식을 추상화한다.

3) 4사분면 분석도(2×2 matrix)

4사분면 분석도는 정보 분석과 종합을 위한 직관적인 도구다. 사고의 확산과 수렴의 단계에서 4사분면 분석도에 많은 원소를 잘 분할된 한 평면에 놓고 비교하여 연구한다. 이 도구는 다음 단계인 아이디어의 혁신을 평가할 때도 사용된다.

　　2개의 교차직선으로 그려낸 4사분면 분석도는 보기에는 간단하지만 이분법보다 더 복잡한 사고 도구다. 일반적으로 정보를 분류한 후에 사용해야 한다. 이분법이 사람의 1차원적이고 선형적인 사고를 활용하는 것이라면, 4사분면 분석은 사고를 확장하여 2차원의 공간을 충분히 활용하는 것이다. 분석도의 모양은 2차원의 평면이 서로 직선으로 교차되는 2개의 1차원 축으로, 4개의 면으로 분할되어 정의되는 것을 명확히 볼 수 있다.

　　직관적인 표현인 이분법을 추상적으로 본다면, 양쪽으로 연장된 1차원의 축을 따라 어떤 특성이 반대방향으로 변화되는 정도를 나타낸다. 예를 들어, 비용의 경우 원가에 따라 '비싸다' 또는 '싸다'의 두 가지 대립 유형으로 나눌 수 있고 1차원 좌표축을 따라 왼쪽이나 오른쪽의 의미는 '더 비싸다' 또는 '더 싸다'를 표시한다. 시간을 예로 든다면, 현재를 원점으로 하여 양 측면은 '더 빠른 과거' 또는 '더 먼 미래'를 의미한다. 정보 확산 단계에서는 자신이 선택한 분석 각도에 따라 여러 개의 1차원 분류 축을 그려볼 수 있다.

　　1차원의 여러 가지 분류 축 중에서도 중요한 특성이라고 생각되는 두 가지 축을 선택하여 조합하면 2차원 형식의 4사분면 분석도를 만들 수 있다. 예를 들면, 사용자에게 이상적인 통근방법을 디자인할 때, 하나의 축은 사용자의 현재 교통수단을 조사하여 속도에 따라 효율을 분류

하여 '빠르다'와 '느리다'의 특성으로 비교하고, 다른 하나의 축은 사용자
의 체험에 따라 분류하여 '편하다'와 '불편하다'로 비교할 수 있다. 속도와
사용자 체험의 두 축을 조합하면, 직각으로 교차하는 4사분면 분석도가
만들어진다. 사용자 조사를 통해 현재 사용하는 교통수단과 희망하는
교통수단의 구체적인 통근방법을 이해하여 4사분면 중 한 면에 배치할
수 있다. 걷기와 자전거 타기는 속도 측면에서 비교적 느리기 때문에 통
근방법으로 그다지 적합하지 않고, 지하철, 택시, 자가용은 속도가 빠르
고 편안한 통근 유형이 될 수 있다. 이와 같이 4사분면 분석도는 각 유형
의 값을 평가하는 데 매우 효과적인 도구다.

4) 사용자 여행지도(user journey map)

사용자 체험지도는 '사용자 여행지도'라고도 부른다. 사용자 여행지도는
사용자의 전형적인 행동경로를 명확히 하고, 이로써 사용자를 잘 이해하
고 사용자와 디자인한 제품이나 서비스 간의 관계를 밝혀내어 혁신의 기
회를 찾는 데 사용된다.

사용자 체험지도는 조사로 수집된 단편적인 정보에 대한 체계적인
접근방식이며, 혁신팀의 팀원 간 의사소통을 향상시키는 수단이다. 사용
자 체험 과정의 세부적인 사항에 관심을 두고 시간 축을 따라 사용자와
깊은 공감을 구축하여 사용자 수요를 식별하고 혁신하는 데 중요한 통찰
을 발굴할 수 있다.

화이트보드나 벽의 한 면 전체를 차지하는 사용자 체험지도는 사용
자의 하루를 재현하거나 사용자의 구매 경험 또는 서비스 경험의 전반적
인 과정을 묘사하는 데 사용될 수 있다. 관점을 달리한다면, 상품의 생산,
운송, 판매 및 사용 등의 경우도 사용자 여행지도에 기록될 수 있고, 하나
의 서비스가 어떻게 구현되는지의 과정도 마찬가지로 사용자 여행지도
를 통해 기록될 수 있다.

흔히 보는 사용자 여행지도는 먼저 전형적인 사용자에 대한 묘사와 최소한 하나의 타임라인이 있다. 타임라인에서 접점을 사용하여 사용자의 세부적인 행동을 정의하는데, 접점은 종종 사용자와 상품이나 서비스의 직접적이거나 간접적인 관련을 의미한다. 사용자의 모든 활동은 특정 장면에 배치하여 자세히 조사하고, 연관성을 찾거나 비교할 때 반드시 반복적으로 나타나는 패턴과 돌출되는 예외에 주의를 기울인다.

1차원의 타임라인 외에도 둘이나 셋 또는 그 이상의 훨씬 많은 분석 차원을 포함할 수 있다. 예를 들어 사용자 체험을 측정하는 감정(정서)곡선을 사용할 수 있다. 사용자와 상호작용하는 각 접점(고통점 및 흥분점)을 통해 사용자가 갖는 의문이나 질문을 기록하고, 사용자의 우려와 기대를 체득하며, 사용자가 보여준 반응과 느낌을 표시하여 어떻게 혁신적인 수단을 사용하여 디자인을 개선하고 사용자 만족도를 높일지 생각할 수 있게 한다.

제6장 디자인 씽킹: 창의 단계

창의는 디자인 씽킹 과정 중에서 사람을 감동시키는 단계다. 사고의 모든 방향을 열고 '두뇌를 위한 피트니스룸'에 들어가 두뇌를 완전히 활성화시키자.

I. 창의 개요

창의 단계는 사용자를 위한 통찰을 발전시키는 과정이다. 창의 단계에서는 관찰 단계에서 얻은 영감을 결합하고, 종합 단계에서 얻은 핵심 진술을 중심으로 창의 절차를 통해 짧은 시간 안에 서로에게 영감을 주어 다양한 해결방안을 내놓을 수 있다. 브레인스토밍(brainstorming)의 기본 방법은 1938년 미국의 오스본(Alex F. Osborn) 박사가 개척한 창의 과정에서 비롯된 것이다. 이 방법은 창의적인 사고를 수단으로 활용하여 혁신 팀으로 하여금 가장 큰 상상력을 발휘하도록 한다. 창의는 사고의 모든 방향을 열어 사람의 마음을 감동시키는 영감을 얻어야 한다. 혁신의 규칙, 방법, 환경은 충분히 많고 좋은 아이디어를 탄생시킬 수 있다. 하나의 영감은 또 다른 영감을 불러일으킨다. 개방적인 마음과 태도로 모든 아이디어를 대하고, 최종적으로 그중 가장 흥미 있고 가장 쉽게 성공할 수 있고 가장 획기적인 아이디어를 선택한다. 창의는 디자인 씽킹 중 사람을 감동시키는 단계다. 사고의 모든 방향을 열고 '뇌 피트니스룸'에 들어가 두뇌를 완전히 활성화시키자!

1) 주제에 가깝게, 목표는 명확하게 하기

창의 이전 단계에서 독창적인 주제를 확정하고 수정하는 것이 중요하다. 창의 주제는 디자인 씽킹의 종합 단계에서 나온다. 창의 주제는 목표로 하는 사용자와 사용자의 수요를 중심으로 통찰을 고정시키고, 분명하게 질문한다. 범위가 너무 넓어서도 안 되며, 하나의 문장으로 명확하게 질문할 수 있어야 한다.

〈질문의 두 가지 예시〉

- 질문 1: 어떻게 하면 공항에서 아이를 데리고 다녀야 하는 아기 엄마들을 편하게 할 수 있을까?
- 질문 2: 아이를 안고 공항에서 급하게 여행 가방을 끌고 가는 아기 엄마가 있다. 그녀는 수속을 하고 여행 짐을 끌어야 하며 동시에 아이를 돌봐야 하는데, 어떻게 그녀의 어려움을 해결할 수 있을까?

두 번째 질문은 문제 자체를 포함할 뿐 아니라 문제를 구성하는 여러 현실적인 요소를 상세히 서술하고 있다. 상황에 맞는 구체적인 질문은 창의성을 고취하는 데 도움이 된다.

2) 아이디어를 최대한 추구하고 판단 지연하기

노벨 화학상 수상자 라이너스 폴링(Linus Pauling)은 "좋은 아이디어를 얻는 최고의 방법은 많은 아이디어를 얻는 것이다"라고 말했다. 우선 아이디어의 수를 최대한 구하고 나서 아이디어의 질을 생각한다. 대량으로 흘러나온 아이디어는 문제해결의 시작이다. 아이디어의 수량이 많을수록, 아이디어 사이의 차이가 클수록 유효한 창의적인 해결방안이 출현할 가능성이 크다. 판단을 지연하고 결정을 잠시 늦출 것을 제안한다. 자신과 다른 사람의 아이디어를 순간적으로 평가하지 않고, 모든 아이디어의 차이를 수용한다. 다소 비현실적이고 독특한 아이디어일지라도 제안할 가치가 있으며, 나의 아이디어는 타인의 아이디어와 달라야 한다.

연습 1: 시각적 상상력을 발휘하여 5분 동안 동그라미 안을 모두 채운다.

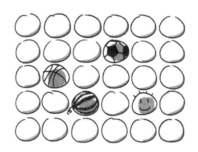

연습 2: 상상력을 발휘하여 '벽돌 한 덩이의 혁신적인 용도'를 생각한다.

- 용도 확장: 계단, 책이나 종이가 날아가지 않게 눌러주는 문진(文鎭), 무기, 받침대, 피트니스 도구 등
- 추가 조건: 음식을 만드는 데 사용되는 벽돌(찧기, 누르기, 도마, 캠핑용 부뚜막)
- 재질 변경: 건빵, 얼음덩어리, 재활용 벽돌
- 크기 변경: 책상, 의자, 블록

3) 팀워크로 영감 주고받기

디자인 씽킹은 팀원이 함께 모여 브레인스토밍을 하도록 장려한다. 팀워크의 장점은 서로 영감을 주고받는 데 있다. 창의 단계는 전문가의 가이드라인을 피하며, '권위자'의 의견에 무게가 실리는 것을 경계한다.

　자신의 판단을 잠시 멈추고, 다른 팀원의 단점을 지적하지 않는다. 서로에 대해 평가하기 시작하면, 수줍어하는 팀원을 침묵하게 만들고 더 이상 말하지 않게 한다. 이성적인 논리도 창의적인 아이디어 확산을 방해한다. 심한 경우, 평가는 상호 비판과 통제할 수 없는 논쟁에 빠지게 한다. 대부분의 가치 있는 참신한 아이디어는 통상적으로 브레인스토밍의 중반기나 후반기에 출현한다. 브레인스토밍이 어느 정도 진행된 후에야 팀원들은 '체면'에 신경 쓰지 않기 때문이다. 하나의 좋은 아이디어는 다른 팀원의 상상력에 불을 지필 수 있다. 모든 팀원은 서로 뒤처지지 않으려 한다. 자유로운 소통 분위기는 '커다란 창의'의 기초다.

연습: 창의 연결

창의 연결 연습을 통해 팀워크를 통한 창의의 이점을 몸소 체험할 수 있다. 창의 연결은 새로운 아이디어를 타인의 아이디어 위에 세우고 창의를 계속해서 발전시켜나가는 것이다.

제1라운드: 팀원이 아이디어를 제안하면, 다음 팀원은 그 아이디어를 부정하고 새로운 아이디어를 제안한다. 이런 방식으로 계속 새로운 아이디어를 제안한다.

창의 주제: 어떻게 팀원의 생일을 축하해줄 것인가?

팀원 1: 노래방에 가자!

팀원 2: 아니야. 공원에 가서 야외 식사를 하는 것이 더욱 좋겠어.

팀원 3: 아니야. 선생님과 함께 모여 노는 것이 더욱 좋겠어.

제2라운드: 팀원이 아이디어를 제안하면, 다음 팀원은 아이디어를 긍정하고 그 위에 새로운 정보를 추가하여 아이디어를 더욱 풍부하게 한다.

창의 주제: 어떻게 팀원의 생일을 축하해줄 것인가?

팀원 1: 노래방에 가자!

팀원 2: 좋아. 케이크를 사고, 특별 제작한 음료수를 준비하자!

팀원 3: 좋아. 우리 각 사람의 셀카 사진을 케이크에 꽂자.

4) 상자 밖에서 대담하게 아이디어 내기

이른바 '브레인스토밍'(brainstorming)은 '두뇌의 폭풍 상태'를 의미한다. 그러므로 '브레인스토밍'은 기존 관념의 속박에서 벗어나 일반적인 논리 프레임 밖으로 나와 자유롭게 새로운 지식을 탐색하는 것을 의미한다. '상자 밖으로 나오기'(out of box) 위해서는 새로운 지평선에서 바라보아야 한다. 아무런 제약이나 구속 없이 창조적인 에너지를 발산하는 것이 브레인스토밍의 골자다. 아이들에 비해 성인의 상상력은 이성에 의해 통제되고 억제된다. 창의 측면에서 혁신가는 아이들에게 배워야 한다. '상자 밖으로 나와서' '외부의 세계'를 보는 것은 새로운 가능성을 과감하게 포용하는 것이다. 아이들은 '침대 매트리스'를 '텀블링 장난감'으로 본다. 아이들은 심지어 기차역을 마법이 발생하는 곳으로 여긴다. 아이들은 어떤 것에 대해 무엇이 좋은지 좋지 않은지, 또는 옳은지 옳지 않은지를 사전에 판단하지 못한다. 아이들에게는 체험이 판단보다 크게 작용한다. 획기적인 창의는 모두 비정상적인 것이다. 가장 형편없다고 생각한 아이디어를 선택한 것이 최적의 창의적인 선택이 될 수도 있다. 예를 들어, 울마크사(Wool Mark)는 뉴욕패션위크 동안 브랜드를 홍보해야 하는 상황이다. 혁신팀은 매우 황당한 창의를 생각했다. 즉, 진짜 양을 뉴욕패션위크로 몰고 오는 것이다. 아름다운 브랜드 홍보모델이 뉴욕거리를 활보하면서 마치 개를 데리고 산책하듯이 '양을 데리고 산책'했다. 이 아이디어는 매우 큰 성공을 거두었다.

연습: 창의적이고 획기적인 일곱 가지 창의 무기(SCAMPER)

스캠퍼(SCAMPER)는 일곱 가지 창의 무기를 결합하여 창의를 위한 다양한 아이디어와 가능성을 제공한다.

- 대체(Substitute): 기존 기능 혹은 재료를 대체할 새로운 기능이나 재질이 있는가?
- 결합(Combine): 기존 기능과 결합할 수 있는 기능은 무엇인가?
- 조정(Adapt): 기존 기능, 재료 혹은 외관이 미세하게 조정될 공간이 있는가?
- 수정(Magnify/Modify): 기존 기능, 재료 혹은 외관이 미세하게 축소되거나 확대될 공간이 있는가?
- 다른 용도(Put to other uses): 기존 기능을 제외하고, 다른 용도로 사용할 수 있는가?
- 제거(Eliminate): 어떤 기능을 제거할 수 있는가? 어떤 재료를 줄일 수 있는가?
- 재배열(Re-arrange): 순서를 뒤집거나 재구성할 수 있는가?

〈스캠퍼〉 창의 주제: 혁신적으로 휴대전화를
디자인하는 방법

① 대체(S): 핸드폰 케이스로 다른 재료를 사용
   한다. 손목시계 생산 공정을 적용하여 핸드
   폰을 생산한다.

② 결합(C): 핸드폰과 면도기를 결합한다. 핸드
   폰과 자동차 키를 결합한다. 핸드폰과 은행
   카드나 신분증을 결합한다. 핸드폰과 텔레
   비전 콘텐츠 비용 지불방안을 결합한다.

③ 조정(A): 에어쿠션 설계, 핸드폰의 미끄럼
   방지, 스위스 군용칼 모방, 액세서리 추가,
   불규칙적인 핸드폰 형태, 원형 핸드폰, 고무
   찰흙 핸드폰

④ 수정(M): 독특한 색채 추가, 향기가 나는 핸
   드폰, 핸드폰 음악 음량 확대, 50인치 핸드
   폰 화면, 배터리 조합 추가

⑤ 다른 용도(P): 핸드폰에 액세서리 부착(예:
  작은 칼, 손톱깎이, 거울), 핸드폰으로 리모
  컨 만들기, 핸드폰으로 은행카드 만들기, 핸
  드폰으로 점치는 도구 만들기

⑥ 제거(E): 외부 케이스를 제거한 핸드폰, 투
  명한 핸드폰, 초박형 핸드폰, 미니어처 핸드
  폰, 화면 없는 핸드폰, 이어폰 없는 핸드폰

⑦ 재배열(R): 양면 화면, 핸드폰 측면에 카메
  라 설치, 버튼은 위에 화면은 아래에 있게
  하기, 사용자를 위해 핸드폰 제조업체가 비
  용을 전액 지불하기

5) 기존 요소와 새로운 요소 조합하기

만일 대학교 캠퍼스에 핀 장미를 두바이의 부르즈 칼리파나 히말라야에
가져다놓는다면 그 효과는 매우 달라질 것이다. 낡은 요소에 새로운 요
소를 조합하면 남다른 창의가 탄생한다. '아이스크림 월병'은 아이스크림
과 월병의 조합에서 나온 것이다. 생수병에 인쇄된 신문지는 신문지와 음
료의 조합에서 나온 것이다. 창의의 발생은 구속을 받지 않는 자유로운

상상과 떼려야 뗄 수 없다. 그러나 어떤 하나의 아이디어는 기존의 조합을 파괴하고, 새로운 조합을 구축한다. 절묘한 창의는 대부분 2개 혹은 더욱 많은 기존 제품을 조합하여 만들어진다. 우리는 다음과 같은 기발한 조합을 시도해볼 수 있다. 먹을 수 있는 설명서, 조리할 수 있는 컴퓨터 부품, 날씨를 예측할 수 있는 완구 등 2개의 서로 관련이 없는 물건을 하나로 묶는 것은 황당한 것 같지만, 언급된 아이디어들은 이미 실현되었다.

연습: 창의 훈련

① 무작위로 끌어다 맞추기

스티브 잡스는 "창의는 바로 새로운 연결을 찾는 것"이라고 했다. 우리는 일상적으로 훈련을 진행할 수 있다. 강제로 서로 관련 없는 어휘를 하나로 연결해본다. 예를 들어, 신문지를 펼쳐서 무작위로 한 단어를 찾는다. 혹은 웹사이트를 방문하여 무작위로 몇 번째 항이나 몇 번째 열에서 한 단어를 찾는다. 그리고 무작위로 찾은 단어들을 하나로 조합하여 하나의 문구로 편집한다. 심지어 하나의 스토리를 만든다. 아이디어를 생각할 때, 무작위로 어휘나 이미지를 검색하면 영감을 얻을 수 있다. 각종 광고판에 나타난 문자나 이미지를 사용하여 하나의 새로운 창의를 시도해보자.

② 다른 사람의 모자를 쓰고 사고하기

글로벌 광고회사인 티비더블유에이(TBWA)는 좋은 방법을 생각해냈다. 상자 안에 삼성(Samsung), 애플(Apple), 버진(Virgin) 같은 혁신을 주도하는 기업의 모자를 담고, 직원들은 각 혁신기업의 모자를 쓰고 경영자 역할을 맡아 영감을 얻는다. 디디비(Doyle Dane Bernbach: DDB)사는 '기습광고'(Blitzkrieg Advertising)라 불리는 창의게임을 한다. 한 직원이 제품명을 말하면, 다른 직원은 즉시 머리에서 번뜩 떠오르는 광고문구 첫마디를 말하는 것이다. 전 세계 500대 혁신기업 중에 임의로 한 기업을 선택하여 그 기업의 자원과 입지를 활용하여 현재의 문제를 처리한다고 가정해본다. 혹은 기업의 요구에 따라 그 기업을 위한 혁신적인 해결방안을 생각해본다.

③ 언제 어디서나 창의하기

광고회사는 욕실이 창의에 좋은 공간이라는 것을 발견한다. 왜냐하면 마음을 편안히 가질 수 있기 때문이다. 커피전문점, 놀이동산, 음악회에서 자신을 비우는 뜻밖의 발견을 할 수도 있다. 레오 버넷(Leo Burnett) 광고회사의 미국지역 사장이자 광고제작 감독은 "영화를 볼 때 흥미 있는 줄거리를 발견하거나 혹은 거리에서 재미있는 일과 마주하게 되는데, 저는 이것들을 바로바로 기록합니다. 작가가 재미있는 대화를 듣고 기록하는 것과 같습니다. 많은 위대한 광고 아이디어는 칵테일파티의 냅킨에 기록된 것입니다. 사실 칵테일파티의 냅킨도 광고 업종의 필수적인 도구 중 하나라고 말하고 싶습니다"라고 했다. 그는 언제 어디서든 남과 달라야 한다고 충고한다.

"모든 사람이 큰소리를 칠 때 당신은 작고 낮은 소리로 속삭이세요. 모든 사람이 뛰어갈 때 당신은 여유롭게 천천히 걸어가세요. 오늘날 사람들이 대세라고 생각하는 것과 반대의 일을 하세요. 저는 유행에 민감하지 않으며, 단지 어떻게 그 안에 빠지지 않고 피할 수 있을지에 마음을 씁니다. 유행은 사람들이 만드는 것입니다. 유행을 창조하고 싶다면, 유행이 만들어지자

마자 대중과 다른 일을 하기를 희망할 것입니다."

2. 창의 준비

일상생활에서의 창의는 아무것도 준비할 필요가 없다. 언제 어디서든 새
로운 아이디어를 생각할 수 있다. 그런데 디자인 씽킹의 경우, 창의 명제
의 분석, 재료, 환경에 대한 준비는 필수다. 물론 결코 만족하지 않는 창
의적인 마음을 유지하기 위해 자신을 완전히 동원해야 한다.

1) 명확한 창의 주제

창의 단계는 종합 단계에서 제기한 통찰과 결합하고, 창의 주제를 수
정·분류하여 한 번에 하나의 주제를 토론하고 특정 사용자에게 초점을
맞춘다. 예를 들어, 창의 주제가 "시각장애인 사용자를 위해 실용적인 제
품을 디자인하여 그들의 생활의 질을 높이기"라면, 이른바 '실용적인 제
품'은 의식주의 다양한 측면과 모두 관련된다. '시각장애인 외출'에만 초
점을 맞춘다고 하더라도 버스를 탈 것인지, 지하철을 탈 것인지, 혹은 도
보로 갈 것인지 등으로 나눌 수 있다. 버스를 탄다고 해도 버스를 기다리
는 것, 버스를 타는 것, 버스를 타고 가는 것으로 나눌 수 있다. 이와 같이
서로 다른 장면에서 시각장애인 사용자가 직면하는 문제는 각기 다르다.
문제가 서로 관련은 있지만, 문제를 분할하여 창의를 진행하면 훨씬 초점
을 맞춘 아이디어를 얻을 수 있다.

　　예를 들면, "어떻게 오전 수업에 지각하는 문제를 해결할 것인가?"
의 경우도 많은 가능성을 분할하여 아이디어를 얻을 수 있다. 다음과 같
이 서로 다른 원인에 대해 각기 다른 창의가 생길 수 있다.

- 사용자: 침대에서 일어나고 싶지 않은 마음 때문이다.
- 도구: 알람시계의 소리와 기능 때문이다.
- 습관: 느리게 움직이는 습관 때문이다.
- 지리: 집과 캠퍼스 사이의 먼 거리 때문이다.
- 날씨: 열악한 날씨 때문이다.

2) 창의 재료

창의 재료는 다음과 같은 몇 가지를 포함한다.

(1) 창의 도구

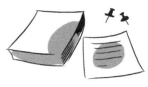

- 펜: 여러 가지 색상의 펜은 상상력을 자극할 수 있고, 아이디어의 내용을 구분할 수도 있다.
- 포스트잇: 여러 가지 색상의 포스트잇은 아이디어를 묘사하고 적는 데 사용할 수 있다. 하나의 포스트잇에 하나의 아이디어를 부착하면 분류와 정리가 편리하다. 색상은 기억을 심화한다.
- 화이트보드: 창의 주제, 페르소나 등을 붙이는 데 사용된다. 좋은 아이디어를 작성하여 팀 구성원이 공유할 수 있도록 화이트보드에 게시한다.
- 타이머 도구: 통상적으로 전담 팀원을 둔다. 타이머 도구를 사용하여 브레인스토밍 시간을 제한한다. 엄격하게 시간 제한을 하는 것은 종종 참가자들에게 압박을 가하게 되지만, 신속한 두뇌 회전을 하도록 촉진한다.

(2) 창의를 계발하는 시청각 자료

팀원이 쉽게 시작할 수 있도록 창의 주제와 관련한 사진, 영상, 음악 등의 시청각 자료를 준비할 수 있다. 예를 들어, "시각장애인을 위해 실용적인 생활용품을 디자인하는" 창의 단계에서는 해외 디자인 사례를 준비하여 창의를 계발하고 사고하는 데 사용할 수 있다. 이 밖에도 미국의 시각장애인 토미 에디슨(Tommy Edison)이 녹화한 시리즈 영상을 준비할 수도 있다. 이 영상의 내용은 시각장애인의 도로 건너기, 시각장애인의 식사하기, 시각장애인의 목소리 등 풍부한 내용을 포함한다. 이와 같은 시청각 자료는 시각장애인 사용자에 대한 학생들의 이해를 심화시킨다.

3) 창의 환경

각기 다른 공간배치는 각기 다른 정보를 제공한다. 회색의 칸막이로 나뉘진 사무실은 마치 개미굴과 같이 모두 열심히 효율적으로 일할 것을 암시한다. 전통적인 교실의 공간 배치는 등급과 질서를 나타내며, 교사를 존중하고 권위에 도전하지 말아야 함을 암시한다. 반면에 열린 공간은 개방적인 소통 분위기를 연출하며, 팀원이 자아를 열고 일상의 관례를 깨도록 유도한다.

* 유연하고 변화 가능한 공간 계획
* 충분한 광선과 조명

- 색감을 살린 디자인
- 격식에 구애받지 않는 가구, 장식물과 식물
- 완구와 각종 창의 계발 도구
- 분위기를 연출하는 음악

보수적인 공간 설계는 관성적인 사고를 암시한다. 시각적으로 "이것이 바로 이렇다"라는 것을 암시하고, "무엇이 어떻게 가능한가?"라고 묻지 않도록 유도한다. 혁신기업은 다양한 창의 공간을 위한 환경을 조성하고, 독창적인 기업 정신을 구현하는 동시에 모든 직원에게 혁신적인 신호를 보낸다. 위계를 깨고 불가능에 도전하며 새로운 가능성을 탐색한다. 구글의 창의를 위한 새로운 공간 설계는 그 대표적인 예다. 구글의 사무실 공간 설계는 기존 시각을 초월했고, 새로운 공간을 통해 새로운 문화를 창조하는 수준에까지 이르렀다. 구글은 수년간 축적된 모방할 수 없는 혁신 분위기를 조성하고 있다.

사례: 구글사의 창의 환경

미용실, 골프장, 놀이공원, 수영장 등을 회사 건물로 이전한다고? 구글 미국 본사의 격식에 구애받지 않는 작업 환경은 눈과 귀를 번쩍 뜨이게 한다. 세계 최대의 검색엔진 기업인 구글은 시도 때도 없이 세계인을 향해 그 독특하고 참신한 창의 콘셉트를 전개하고 있다. 〈포브스〉 매거진의 "근무하고 싶은 100대 회사"(100 Best Companies to Work for) 중 구글이 1위를 차지했다. 구글 본사에 근무하는 직원 6천 명은 근무시간과 복장의 구애를 받지 않는다. 구글 직원은 아이들과 개를 데리고 근무할 수 있다. 직원들은 일하지 않을 때, 스칼레트릭스(Scalextric) 원격제어 경주차, 트위스터(twister) 게임을 즐긴다. 혹은 레이저 검으로 결투를 할 수도 있고, 이발을 할 수도 있다. 구글 본사의 분위기는 정말 자유롭다. 어디에나 소파를 볼 수 있으며, 직

원들은 언제든지 누워서 쉴 수 있다. 화장실 안에는 샤워 시설이 구비되어 있고, 헬스클럽과 수영장이 있다. 음 악실에는 피아노도 있다. 심지어 당구 대나 산책로에서도 자주 회의를 연다. 구글은 내부규정이 하나 있다. 각 직 원의 100피트(약 30m) 범위 안에는 반드시 음식물이 있어야 한다는 것이 다. "여기에는 당구대, 커피숍, 휴게실이 어디든지 있어요. 마치 많은 돈을 써서 지은 학생 기숙사와 같습니다. 컴퓨터로 파일을 작성하는 것은 사람을 매우 피곤하게 합니다. 그런데 여기는 마치 놀이동산과 휴양지를 하나로 통 합한 것과 같습니다"라고 한 직원은 말한다. 구글의 CEO 에릭 슈미트(Eric Schmidt)는 "어디나 용암 램프와 스케이트보드가 있습니다. 사람들은 우리 를 바보라고 생각합니다. 그런데 그 사람들은 사실 우리가 얼마나 뛰어난지 발견하게 될 것입니다!"라고 말한다. 고위임원 사무실에는 레고가 가득 차 있다. 그들은 스스로 특이한 아이디어를 내는 것을 좋아한다.

3. 창의 방법

아이데오(IDEO)사에는 "과정은 방향을 제공하고, 사람은 힘을 제공한 다"(Process provides the direction, and people provide the force)라는 문 장이 적혀 있다. 이 문장에서 창의 과정과 혁신팀의 팀원이 서로를 보완 하며 완성한다는 것을 알 수 있다. 디자인 씽킹의 창의 단계는 매우 간단 하다. 혁신팀의 팀원은 서로 다른 색의 포스트잇을 사용하여 아이디어를 적거나 그려서 화이트보드에 게시하여 다른 팀원과 공유한다. 아래에 소 개하는 창의 과정의 구체적인 방법은 창의성을 자극하고, 팀원들의 긴장 상태를 유지하며, 아이디어의 연속적인 흐름을 촉진한다.

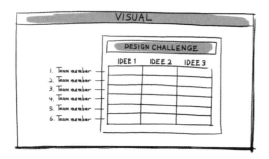

1) 아이디어 전달법: '6-5-3' 창의 전달법

각 팀원은 A3 화이트보드 1장을 준비하고, 화이트보드의 상단에 도전하는 창의 주제를 쓴다. '6-5-3' 창의 전달법이란 6명의 참여자가 5분 동안 창의 주제에 대해 3개의 새로운 아이디어를 내도록 하는 것이다. 3개의 아이디어를 화이트보드에 적은 후 시계방향으로 다음 팀원에게 화이트보드를 전달한다. 타이머의 시간은 5분으로 설정된다. 이런 식으로 계속 화이트보드를 전달한다. 5분마다 기존의 창의는 새로운 아이디어가 탄생할 수 있도록 돕는다. 이러한 방법으로 각각의 화이트보드에는 18개의 아이디어가 적히고, 6장의 화이트보드를 모두 합하면 108개의 아이디어가 탄생한다. 6-5-3 창의 전달법을 사용하면 팀원들의 신속한 창의를 유도하고, 다른 팀원의 아이디어에 기초하여 새로운 아이디어를 탄생시킬 수 있다.

2) 디즈니 창의법

디즈니 창의전략(Disney Creativity Strategy)은 월트 디즈니(Walt Disney)와 그의 동료들이 작업 과정 중에 개발한 사고 도구다. 디즈니는 창의의 천재로 유명하다. 그는 전 세계에 명성을 떨쳤으며, 오랫동안 시들지 않은 애니메이션 캐릭터를 창조했고, 세계적인 엔터테인먼트 기업을 창립했다. 디즈니 창의법은 팀원이 '꿈꾸는 사람'(visionary), '현실주의자'(realist), '비평가'(critic)의 역할을 맡아 문제를 해결하도록 하는 방법이다.

- 첫 번째 단계: 꿈꾸는 사람(visionary)은 제한된 시간 내에 다량의 창의 아이디어를 내놓는다. 자유롭고 제한이 없기에 모든 것이 가능하다. 꿈꾸는 사람은 가장 이상적인 창의와 획기적인 아이디어를 찾으며, 시각을 사용하여 구상하고 미래의 화면을 상상한다.

- 두 번째 단계: 현실주의자(realist)는 실용주의 시각에서 아이디어를 제안하고, 어떠한 자원을 이용할지, 그리고 어떠한 아이디어가 돈, 시간, 힘을 절약할 수 있는지 고려한다. 현실주의자는 목표와 효율을 기준으로 삼고, 실행하는 사람, 시간, 공간, 조건 등의 요소를 고려하여 '실행 가능성'을 첫째 지표로 삼는다. 현실주의자는 아이디어 실행의 성공 가능성을 아이디어를 선택하는 기준으로 삼는다.

- 세 번째 단계: 비평가(critic)는 아이디어의 우열과 장단점을 평가한다. 비평가는 아직 실현되지 않은 아이디어를 제안하고, 기존 아이디어의 개선을 제안한다. 비평가는 어떠한 상황에서 어떠한 아이디를 실행할 수 없는지, 어떠한 상황이 아이디어의 실패를 초래하는지, 실행자와 결정자 중 누가 이의를 제기하는지, 어떠한 요소가 창의를 실행할 수 없도록 하는지를 분석하고 판단한다. 꿈꾸는 사람과 현실주의자는 서로 다른 측면에서 새로운 창의에 기여한다면, 비평가는 창의에 대한 비판과 선택을 한다.

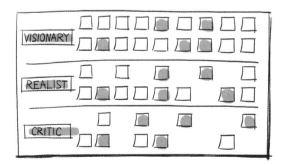

3) 가설조건 창의법

가설조건 창의법이란 조건이나 상황을 추가하여 창의를 촉진시키는 것을 말한다. 팀원이 창의에 어려움을 느끼고 흥미로운 아이디어를 생각해 내지 못할 때, 새로운 조건과 상황을 추가하면 새로운 지평을 열고, 팀원의 혁신적인 사고를 다시 활성화할 수 있다. 또한 기존의 아이디어를 새로운 상황에 놓는 것도 새로운 활력을 불어넣을 수 있다.

(1) 조건 추가
- 아이디어 방안이 훨씬 작거나 훨씬 클 수 있는가?
- 아이디어 방안이 훨씬 사치스러울 수 있는가? 훨씬 비싸질 수 있는가?
- 아이디어 방안이 무료일 수 있는가?
- 아이디어 방안이 훨씬 흥미로울 수 있는가?
- 아이디어 방안이 전기를 사용하지 않을 수 있는가?

(2) 상황 설정
- 기술적인 요소가 가능해지면 어떠한 아이디어 방안이 가능한가?
- 2050년에는 어떠한 아이디어 방안이 가능한가?
- 구글이 창의를 맡는다면 어떠한 아이디어 방안이 가능한가?
- 만일 노인 혹은 아동을 위한 상황이라면, 현재의 아이디어 방안은 어떻게 되는가?
- 불속이나 물속에서 이 아이디어 방안을 실현할 수 있는가?
- 만일 사용자가 시각장애인이나 청각장애인이면 어떠한 아이디어 방안이 가능한가? 만일 사용자가 동물이면 어떠한 아이디어 방안이 가능한가?

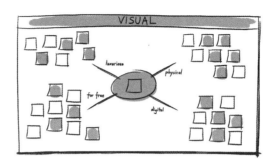

하나 이상의 새로운 조건을 추가하거나 새로운 상황을 설정할 때마다 제한된 시간 내에 더욱 많은 흥미로운 아이디어를 발전시킬 수 있다.

4) 모방 창의법

모방 창의법은 창의 주제를 '유사한 상황으로 전환'하는 것이다. 모방 창의법은 일찍이 생체공학 연구 분야에서 응용되었다. 예를 들어, 동물의 보호색에서 영감을 받아 위장복에 대한 아이디어를 개발했다. 나방의 눈 구조를 모방하여 반사광 코팅을 개발했고, 도마뱀 발바닥의 미세섬모를 모방하여 신형 접착제를 개발했다.

사례: 어떻게 심장이식의 성공률을 높일 수 있는가?

질문: 심장이식수술의 상황적 요소는 무엇인가?

대답: 의료팀은 수술실에서 한정된 시간 내에 큰 스트레스를 받으며 수술을 한다.

질문: 수술실과 유사한 상황이 존재하는가?(수술실은 팀 작업을 하고, 정밀도를 요구하며, 스트레스를 받는 상황이다.)

대답: FI 레이싱카 수리센터의 상황도 유사하다.

질문: FI 레이싱카 수리센터의 상황적 요소는 무엇인가?

대답: 타이어 교체와 주유가 30분 이내에 완성되어야 한다.

질문: 어떻게 FI 레이싱카 수리센터의 해결방안을 심장수술이식의 창의 아

이디어로 모방할 수 있는가?

대답: 높은 스트레스 상황에서는 절차와 분업이 매우 명확할 필요가 있다.

모방 유형에는 다음과 같은 구체적인 방법이 있다.

- 사람모방: 문제를 의인화하여 사람으로 가정한다.

  (예시) 당신이 '건전지'라고 해보자. 어떤 느낌이고, 어떻게 사용하고 개량할 수 있는가?

- 직접모방: 낯선 범주의 문제를 우리가 익숙한 지식 범주에 연결하여 깨달음을 구한다.

  (예시) 행복한 혁신팀의 문제를 행복한 가정의 문제에 비유한다.

- 상징모방: 시각화를 이용하여 문제의 핵심을 한정 짓고, 문제의 요소를 유사한 시각적 도형으로 전환한다.

  (예시) 브랜드의 시각화를 위해 동물(표범, 코끼리, 호랑이 등)의 상징을 모방한다.

- 환상모방: 문제를 초현실적인 상황과 비교하여 모방한다.

  (예시) 공상과학영화나 소설에 등장하는 외계 문명을 모방한다.

5) 반전 창의법

반전 창의법은 창의 명제 중의 핵심단어를 상응하는 반대말로 전환하는 것이다. '역제안'을 창의하면 더욱 많은 긍정적인 영감을 얻게 한다.

(예시)

- 무엇을 해야 더욱 좋게 할 수 있을까? / 무엇을 해야 더욱 나빠지게 할 수 있을까?

- 어떠한 절차가 더욱 고효율적일까? / 어떠한 절차가 더욱 저효율적일까?

- 어떻게 하면 사용자를 편안하게 할까? / 어떻게 하면 사용자를

불편하게 할 수 있을까?

6) 자유 창의법

창의는 순간적으로 번쩍 하고 떠오르며, 즉각적이고, 우발적이다. 그러므로 아이디어는 의식하지 않을 때 자동으로 떠오를 수 있다. 편안하고 여유로운 환경에서 영감을 자극하는 활동을 하는 것이 자유 창의법이다. 음악 듣기, 공연 관람이나 시 읽기 같은 활동은 영감을 자극한다. 창의 명제를 충분히 의식하여 사고한 후에 잠시 동안 창의 명제를 잊어버리자. 그리고 잠재의식에 건네주어 작업하도록 한다. 음악을 들으며 욕조에 들어가 있을 때, 새로운 아이디어가 자동으로 샘솟아나면 기록하자.

연습 I: 여유 있게 창의한다

중국 송나라의 사마광(司马光)이 항아리를 깼다. 항아리는 금속으로 만들어진 것이다. 어떻게 하면 좋을까? 조급하게 서둘러 답안을 내지 않는다. 의식하지 않는 동안 흥미로운 답안이 솟아날 수도 있을 것이다.

연습 2: 언제 어디서든지 창의성 있는 사람이 된다

① 도전: 도전은 어디에나 있다. 텔레비전 광고, 만일 나라면 어떻게 하겠는가? 호텔 사업, 만일 나라면 어떻게 하겠는가?

② 의문: 일상생활에서 자주 접하는 물건에 주목한다. 그것의 기능과 효과에 의문을 제기한다. 어떻게 그것을 개선하고 더욱 최적화하여 대체할지 질문한다.

③ 자극: 자극을 찾고, 기존 개념에서 비켜서고, 안전에서 탈피한다. 보통 사람과는 다른 각도의 사고방식을 기른다(예: 과장, 역전, 동경, 왜곡).

④ 무목적: 아이스크림 월병을 판촉한다면 사방을 자유롭게 돌아본다. 자
유롭게 물품 하나를 선택한다. 무작위로 선택한 하나의 단어로부터 영
감을 얻는다. 제비뽑기 상자를 준비하고, 평소 생각한 어휘들을 넣어
둔다.

⑤ 상황이나 예상을 벗어나서 개념을 수정한다.

**사례: 공항에서 아이를 안고 무거운 여행 캐리어를 끄는 아기 엄마가 탑승수
속을 수월하게 하기 위한 아이디어를 창의한다. 어떻게 그녀의 어려움을 해결
할 수 있을까?**

방법 1. 장점 확대
아이의 활기찬 에너지를 이용하여 다른 승객을 즐겁게 한다.

방법 2. 불리한 요소 제거
아이를 다른 승객으로부터 분리한다.

방법 3. 역사고
탑승 대기시간을 여행에서 최고로 즐거운 시간이 되도록 한다.

방법 4. 전제조건에 의문 제기
탑승 대기시간을 없앤다.

방법 5. 뜻밖의 가용 자원 찾기
한가로운 승객의 도움을 받아 일을 분담한다.

방법 6. 모방

사용자의 수요나 환경 특징에 따라 유사한 모방 환경을 구상한다.

예: 공항이 온천이라면? 공항이 운동장이라면?

방법 7. POV와 상반

공항을 아이가 가장 가고 싶어 하는 장소가 되게 한다.

방법 8. 관점 전환

장난치고 시끄럽게 떠드는 아이를 조용하게 한다.

연습: 아이데오(IDEO)사의 창의 원칙

아이데오사는 세계적으로 저명한 디자인회사로, 사용자 중심 디자인(UCD, User Centered Design) 개념을 선도하는 기업이다. 아이데오사의 회의실 화이트보드에는 다음과 같은 일곱 가지 항목으로 구성된 원칙이 붙어 있으며, 일곱 가지 원칙을 통해 아이데오사는 양질의 신속한 브레인스토밍을 한다.

① 판단을 잠시 멈춘다(Defer Judgment). 조급하게 다른 사람의 관점에 대해 옳고 그름의 시비를 판단하지 않는다. 판단하면 아이디어를 낸 사람의 열정을 공격하게 되고, 팀 사고의 연상과 확장을 방해할 수 있다. 판단을 연기하는 것은 아이디어를 낸 사람을 존중하는 것이다.

② 다듬어지지 않은 아이디어를 격려한다(Encourage Wild Ideas).
사람은 누구나 자신이 말을 잘못할까 봐 두려워한다. 다른 사람이 발언할
때 머릿속으로 '나는 어떻게 말해야 옳지?', '어떻게 말해야 내 수준을 드러
낼 수 있지?'라고 생각한다. 이러한 두려움은 거칠고 다듬어지지 않은 아이
디어를 격려하는 환경이 형성되지 않았기 때문이다. 다듬어지지 않은 아이
디어를 자유롭게 이야기할 때 진정으로 디자인을 사고하도록 격려하는 것
이다.

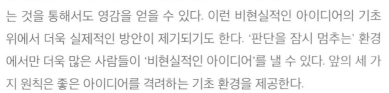

③ 모방을 환영한다(Build on Ideas of Others).
타인의 아이디어를 바탕으로 사람들은 때로 비현실적
인 아이디어를 제기할 수 있다. 당신은 전문가라서 실현
될 수 없다는 것을 알지만, 그 자리에 있는 많은 사람들
은 전문가가 아니다. 아마도 비현실적인 아이디어를 듣
는 것을 통해서도 영감을 얻을 수 있다. 이런 비현실적인 아이디어의 기초
위에서 더욱 실제적인 방안이 제기되기도 한다. '판단을 잠시 멈추는' 환경
에서만 더욱 많은 사람들이 '비현실적인 아이디어'를 낼 수 있다. 앞의 세 가
지 원칙은 좋은 아이디어를 격려하는 기초 환경을 제공한다.

④ 주제에 집중한다(Stay Focused on Topic).
매번 토론마다 하나의 명확한 주제를 정해야 한다. 그
렇지 않으면 초점없는 이야기들로 채워져 결국 아무 성
과도 거둘 수 없다.

⑤ 한 번에 한 사람만 말한다(One Conversation at a Time).
한 번에 한 사람만 말하고, 한꺼번에 여러 명이 말하면 안 된다. 왜냐하면 모
든 말을 기록할 방법이 없기 때문이다.

⑥ 글과 함께 그림으로 시각화한다(Be Visual).

아이디어를 그림으로 시각화할 것을 장려한다. 그림을 그리는 재능이 뛰어나지 않아도 상관없다. 매우 많은 아이디어를 수집하여 벽에 붙여놓을 경우, 며칠 지나서야 몇백 개의 아이디어를 다시 돌아가서 보게 될 것이다. 만일 글자만 있는 경우, 어떤 때는 이것이 무엇인지 생각나지 않을 수 있다. 그림으로 시각화하면 기억을 되살리는 것을 도울 수 있다.

⑦ 질보다 양이다(Go for Quantity).

1시간이라는 제한된 시간 내에 최대한 아이디어를 내는 경우, 말하는 속도에 주의를 기울여야 한다! 아이데오사는 일반적으로 1시간 동안 100개의 아이디어를 수집할 수 있다. 만일 고객과 아이데오 직원이 함께 브레인스토밍을 한다면, 기업문화와 고객의 습관이 다르기 때문에 아이디어 숫자는 상대적으로 적을 수 있다.

4. 창의 분류와 재창의

아이디어를 화이트보드나 흰 종이에 붙인 이후의 작업은 아이디어를 검토하고 선별하는 것이다. 첫째, 특정 기준에 따라 아이디어를 분류하고, 둘째, 팀원끼리 좋은 아이디어를 선택하기 위해 투표한다. 마지막으로 잠재력 있는 방향을 선택하고 재창의를 통해 아이디어의 세부사항을 탐색하고 추가한다.

1) 창의 분류와 선별

다음과 같은 기준에 따라 창의 분류를 진행할 수 있다.

* 가장 기쁨을 주는 것(most likely to delight)
* 가장 쉽게 성공하는 것(most likely to succeed)
* 가장 획기적인 것(most breakthrough)

그 외에 달리 고려할 수 있는 요소는 다음과 같다.

* 사회문화적 환경을 고려할 때 어떤 아이디어가 가장 인기 있는가?
* 전문가와 산업 환경을 고려할 때 더 나은 아이디어는 무엇인가?

아이디어 투표 방법: 서로 다른 색상의 포스트잇을 사용하여 각 사람이 3장을 투표할 수 있다. 투표수를 계산하고, 각 유형에 득표가 가장 많은 창의적인 아이디어를 추출한다.

2) 아이디어 묘사

텍스트를 사용하여 선별된 아이디어를 간략하게 서술하고 시각적으로도 묘사한다. 간단한 그리기 방식으로 표현하면 아이디어를 더욱 직관적이게 한다. 간결하고 세련되게 서술하면 다른 팀원이 신속하게 이해할 수 있다. 사용자의 관점에서 아이디어를 자세히 살펴본다. 이 아이디어는 사용자에게 무엇을 의미하는가? 이와 같이 사용자 관점으로 아이디어를 성찰해본다. 결국 창의는 사용자 중심이기 때문이다.

3) 창의 재창의

하나의 가치 있는 창의 방향을 둘러싸고 재창의를 진행한다. 이 단계의 목적은 세부사항 속으로 들어가도록 하기 위함이다.

(예시) 혁신을 위해 교육 공간을 창의적인 분위기로 조성하는 방법

은 무엇인가?

혁신팀은 지면 설계에 대해 아이디어를 발전시켰다. 지면에 서로 다른 색상을 추가하면 실행 가능하고 흥미롭게 보인다. 지면 디자인 아이디어에 대한 재창의를 진행하고, 더욱 구체적이고 풍부한 지면 설계에 대한 아이디어를 얻는다.

(예시) 어떻게 좋은 아이디어와 형편없는 아이디어를 구분하는가?

좋은 창의와 형편없는 창의를 구분하는 것은 쉬운 일이 아니다. 당신은 아마도 창의를 구분 짓기 위해 최종적으로 자신의 기준을 열거할 것이다. 첫째, 디자인 도전과 밀접한 관련이 있는가? 둘째, 새로운 아이디어가 있는가? 관련 분야에 유사한 아이디어가 있는가? 셋째, 지속적일 수 있는가? 넷째, 진부하지 않으며 재미있는가? 관심을 끌 수 있는가? 다섯째, 사고하도록 유도하는가? 사용자가 무엇을 느끼는가? 여섯째, 내가 좋아하는가? 나를 신나게 하는가? 아니면 나를 긴장시키는가?

사례: 디즈니사의 브레인스토밍

디즈니의 완구개발팀은 전 세계의 디즈니 부서들이 해마다 20~30회의 브레인스토밍을 하도록 한다. 한 번 브레인스토밍을 하면 2~3일에 걸쳐 계속된다. 2001년 크리스 헤덜리(Chris Heatherly)와 렌 마조코(Len Mazzocco)가 디즈니사의 완구개발 창의팀 책임자로 영입되면서 디즈니사는 브레인스토밍 모델을 활용하기 시작했고, 브레인스토밍 덕분에 디즈니사의 완구제품은 300억 달러의 수익을 가져다주었다. 완구팀은 해마다 두 자릿수의 성장세를 보였다. 위계적인 직급 구조나 예상 결과에 대한 엄격한 통제는 대기업이 대규모 혁신을 이루는 데 걸림돌이지만, 디즈니 완구개발팀의 창의 모델은 이를 개선하여 많은 대기업의 롤모델이 되었다.

〈디즈니 완구개발팀의 창의모델〉

- 참가자: 다른 기업들이 브레인스토밍 참가자를 제품 디자이너로 한정한 것과 달리, 디즈니 완구개발팀의 브레인스토밍 모델은 서로 다른 부서의 다양한 직급의 직원을 포함했다. 여기에는 제품 디자이너, 엔지니어, 애니메이션 게임 디자이너, 심지어 판매원과 테마파크의 임직원도 포함된다. 이밖에 동종업계 직원, 주로 디즈니사의 완구제품을 생산하는 제조업체의 직원이 포함된다. 이렇게 선발한 인원 가운데 무작위로 팀을 구성한다.

- 놀이부터 시작하기: 브레인스토밍 회의를 시작하는 첫날, 직원들은 곧바로 제품의 새로운 개념에 대해 토론하는 것이 아니라 '놀이'를 한다. 이것은 완구 부서가 제품 창의를 실현할 수 있는 가장 핵심적인 부분이다. 예를 들어 펭귄클럽(Club Penguin) 제품 아이디어 회의에서 전체 팀원은 이틀 동안 돔 디자인 공모전을 개최했다. 디즈니 공주(Disney Princess) 시리즈 제품을 제작할 때는 직급이 다른 사람들이 함께 패션 공연을 개최하여 모든 사람들이 자유롭게 상상하도록 했다. 이런 '놀이' 과정은 직원들이 충분한 시간을 갖고 편안한 상태에서 기존 작업의 사고 모델을 극복하도록 한다. 또한 가볍고 즐거운 팀 분위기를 조성한다. 놀이는 경기에서 워밍업과 같다. 주제와 무관한 것처럼 보이는 놀이활동은 모든 팀이 다음 단계에서 실력을 잘 발휘하고 더욱 협력하도록 하기 위함이다.

- 개념에서 실물로: 모든 팀은 개념에서 실제 완구 프로토타입까지 충분히 많은 아이디어를 제안한다. 디즈니의 화가는 각 팀별로 완구의 프로토타입을 그린다. 프로토타입은 완구를 그림에서 실물로 변화시킨다. 프로토타입 제작 과정은 완구 아이디어의 실행 가능성과 시장수용 능력을 테스트하기 위함이다. 헤더리는 "많은 브레인스토밍은 개념 측면에서 얽히는 경향이 있지만, 상품화에 대한 스트레스는 없다"라고 말한다. "디즈니는 제품 프로토타입을 테스트한 후 상품화에 효과적인지를 매우 중요시한다. 최종적으로 5~10개의 프로토타입을 선별하여 상품화한다."

제7장 디자인 씽킹: 프로토타입 단계

"만약 어떤 일을 할 때 성실하지 않고 계속 미룬다면, 엄청난 능력이 있더라도 성공하지 못할 것이다."

– 찰스 디킨스(Charles Dickens), 《황폐한 집(Bleak House)》

프로토타입은 이름에서 알 수 있듯이 최종 제품의 초기 모형을 일컫는다. 프로토타입은 창의와 최종 제품 사이의 과정에서 제작된다. 창의 단계에서 얻은 수많은 아이디어를 실제 제품에 적용하기 위해 이들 아이디어를 비용이 적게 드는 프로토타입으로 제작하여 실물을 볼 수 있고 만질 수 있고 느낄 수 있도록 한다. 아이디어를 실물로 제작하여 다른 사람들의 평가를 받을 수 있도록 한다.

"천 마디 말이 한 장의 그림보다 못하다"라는 말이 있듯이, 디자인 씽킹에서는 "천만 장의 그림이 하나의 프로토타입보다 못하다"라고 말한다. 프로토타입은 한편으로는 팀 내부의 명확한 의사전달을 가능하게 하고, 제품의 중요한 개념을 정확히 소통할 수 있게 하여 디자인이 더욱 견고하고 완벽하게 만들어지도록 해준다. 다른 한편으로는 어떠한 특성들이 가장 중요한지, 어떤 것들이 장식용인지, 어떤 것들을 가감할 수 있는지 발견하는 데 도움이 된다.

I.   프로토타입: 팀원의 지능을 물질화하기

프로토타입은 머릿속의 생각을 물리적 세계로 나타내는 과정이다. 따라서 프로토타입은 어떠한 물리적 형태를 지니고 있는 표현방식이라고 볼 수 있다. 예를 들어 한 면이 스티커로 꽉 차 있는 벽, 드라마 스타일의 공연, 프린트된 3D 모델, 책으로 꽉 채워진 책장, 디지털 인터페이스 또는 투박한 만화 스토리보드 등 특정 물리적 형태를 표현하는 모든 방법이 프로토타입이 될 수 있다.

그래서 프로토타입을 제작하는 과정은 실질적으로 팀 내부의 집단지능을 외면화하여 물리적으로 표현하는 것이다. 집단지능 외면화의 의미는 보이지 않는 창의성을 현실 속에서 볼 수 있고, 만질 수 있고, 느낄

수 있는 물품, 서비스, 정책이나 한 번의 체험으로 바꾸는 것이다. 언어적 의사소통에서 도출된 아이디어와 개념에 구체적 저장방식이 생기고 사람들에게 직관적인 인상을 남길 수 있게 된다.

　내부적으로 프로토타입은 심도 있는 토론과 깊이 있는 교류를 위한 기초가 된다. 아이디어 교류로만 이루어졌던 소통과 비교해보면, 프로토타입을 통해 소통하게 되면 겨냥성과 목표의식이 더욱 뚜렷해져 작업 효율을 대폭 상승시킨다. 외부적으로는 최종 사용자도 프로토타입을 통해 직관적으로 혁신팀의 창의 요점을 이해하고, 자신에게 익숙한 방식으로 피드백을 줄 수 있다.

　예전에 중국 랴오난(遼南)의 그림자인형극 되살리기 운동 당시 사람들은 전통문화의 전승과 계승의 어려움을 알게 되었다. 그림자인형극은 세계무형문화유산으로 지정된 것으로, 2천 년의 오랜 역사와 독특한 예술적 매력을 가지고 있지만, 여러 복잡한 이유로 계승자를 찾지 못하는 어려움에 처했다. 현재 77세인 고령의 예술가가 유일하게 전통적인 공연 방식을 고수하고 있어 랴오난의 그림자인형극 전승이 아슬아슬한 상황이다.

　혁신팀은 방문 인터뷰와 분석을 통해 집안 대대로 계승하는 전통적인 전승방식에만 의존하여 계승자를 찾는 것으로는 충분하지 않다고 생각했다. 우선 젊은 세대들이 랴오난의 그림자인형극을 사랑하는 마음을 일깨워야 한다고 보았다. 오래된 예술 형식이 현 시대에서 다시 인기를

누릴 수 있도록 해야 한다. 혁신팀은 매우 다양한 해결방안을 구상했다. 예를 들어 초등학생 여름캠프 이벤트나 그림자인형극 단독 공연, 전통 예술가와의 미팅 등 과연 어떤 방법이 가장 효과적일지 예측만 하는 것으로는 문제를 해결할 수 없다. 팀원들은 바로 행동으로 옮겨 즉시 주변에 있는 간단한 재료들로 프로토타입 제작을 시작했다. 몇 분 후 세 가지 아이디어 모두 3개의 프로토타입으로 제작되었다.

팀원 모두 직접 움직여서 머릿속의 아이디어를 현실로 바꾸자 각 프로토타입이 나타나는 방식, 겨냥하는 사용자집단, 달성하고자 하는 효과들이 모두 직관적으로 나타났다. 세 가지 방안의 장점과 단점도 피드백을 받는 과정에서 일목요연하게 한눈에 볼 수 있게 되었다.

그 외에도 혁신팀은 대학생, 대학원생, IT 매니저, 소셜미디어 편집장, 공익단체 활동가, 기업 경영인 등의 다양한 집단으로 구성된 혁신 워크숍을 개설한 후, 참여자들에게 워크숍을 몸소 체험한 피드백을 요청했다. 그런 다음 디자인 씽킹의 각 단계에 대한 참여자의 피드백을 바탕으로 워크숍 참여자들의 감정선을 그려보았다. 결과적으로 혁신팀은 여기서 다소 흥미로운 현상을 발견했다. 그중 하나는 바로 프로토타입 제작 단계에서 참가자들의 감정이 절정에 달한다는 사실이었다. 이것은 참여자들이 프로토타입 제작 단계에서 많은 긍정적인 감정을 느낀다는 것을 의미한다.

프로토타입 제작 단계에서 느끼는 즐거운 감정은 물론 여러 측면에서 나오겠지만, 라디오의 주파수를 돌리는 것처럼 '생각하는 채널'에서 '손을 움직이는 채널'로 주파수를 바꾼 것이 의심할 여지없이 가장 중요한 원천 중 하나라고 할 수 있다. 참여자들이 프로토타입 제작 단계에 진입하면, 프로토타입을 제작하는 목적이 무엇인지 고려할 수밖에 없고, 어디에 적용할지, 어떻게 표현해야 할지, 어떻게 이 프로토타입에 반응할지 등 새로운 문제들이 잇따라 나타난다. 이전 단계에서 디자인할 때는 생각해보지 못했던 세부사항들이 하나하나 수면 위로 떠오른다. 프로토타입 제작 단계에서는 적합한 재료를 사용하여 머릿속의 아이디어를 표현해내야 할 뿐만 아니라 만들면서 동시에 계속 생각해야 하고, 제작 중에 나타나는 새로운 문제들에 대응해야 한다. 그래서 프로토타입은 팀원들의 생각을 정교하고 세밀하게 만드는 좋은 방법이다. 팀 토론을 하면서 잠시 주춤할 때, 팀원들이 서로 다른 관점을 가지고 있을 때, 직접 프로토타입 제작에 착수하면 팀원들이 대답해야 할 문제들이 나타나면서 개념을 더욱 정교하게 해주고, 아이디어를 한 단계 높게 발전하도록 돕는다.

독일 포츠담대학교의 디자인 씽킹 수업에서 우리는 새로운 디자인 도전을 받았다. 어떻게 창업자들이 지속적으로 기업가 정신을 열정적으로 유지할 수 있을까? 조사를 위해 우리는 스타트업 인큐베이터센터를 방문했고, 거기서 수많은 창업자를 만날 수 있었다. 방금 창업자가 된 사람들과 아직 직원을 고용하지 못한 창업자들도 인터뷰할 수 있었다. 또한 이미 10~20년 동안 전문 분야에서 기업을 경영하는 창업자들, 사립학교나 100년도 더 된 오래된 상점에서 일하는 매니저와 직원들도 만나 인터뷰했다. 마라톤 경기장을 관찰하여 마라톤 참가자들이 어려움을 만났을 때 어떻게 버텨내는지도 관찰했다. 우리는 사람들이 자신의 일을 좋아하고, 굳은 신념이 있을 때 매우 열정적으로 힘을 내고 효율도 높다는 것을 발견했다. 하지만 반복적인 지루한 일상 업무로 흥미를 잃거나 신념이 흔들리면 열정적이던 상황이 급격히 나빠지게 된다. 그래서 우리가 처음으로 제안한 아이디어는 창업자들에게 비전벽을 만들어주는 것이었다. 창업자들의 마음속에 있는 비전을 기업의 가치관에 이식하여 자기 기업만의 독특한 기질과 장소를 만들어주는 것이다.

우리는 모두 모여 비전벽을 어떻게 만들지 토론하기 시작했다. 수많은 흥미로운 아이디어가 오갔고, 몇 가지 아이디어를 둘러싸고 토론이 계속되었다. 코치인 에이미(Amy)가 와서 책상 위의 타이머를 가리키기 전까지 토론이 끊이지 않았다. 에이미는 "이제 15분 남았어요. 15분 뒤에 실질적인 벽을 볼 수 있어야 해요"라고 말했다. 그러자 모두 당황하기 시작했다. 지금껏 토론하느라 말만 많이 했을 뿐 실제로 만들어낸 것이 없었기 때문이다. 그래서 역할을 나누어 이런저런 재료들을 구해오기 시작했다. 바로 행동으로 옮겨 커다란 포스터 종이, 천, 주전자, 은종이, 색연필 등의 다양한 재료를 찾기 시작했다. 시간이 많지 않았기 때문에 각자 맡은 역할을 묵묵히 하며 이 과정에서는 거의 한마디의 말도 하지 않았고, 굉장히 빠르게 추진했다. 팀원들은 자신이 생각한 대로 비전벽을 만들면서 다른 팀원들이 무엇을 하고 있는지에도 주의를 기울였다. 다음 단계는 다른 팀원이 만들어놓은 기초 위에서 한 단계 진전해야 하기 때문이다. 만약 이 장면을 빨리감기 한 동영상으로 보았다면, 주요 인물들이 스크린에서 빠르게 왔다 갔다 하는 장면을 통해 프로토타입을 만드는 분주한 상태를 대략 이해할 수 있을 것이다.

15분 뒤, 에이미가 테스트를 하기 위해 사용자들을 데리고 왔다. 사용자들이 왔을 때, 공간은 이미 완전히 새롭게 바뀌어 있었고, 우리는 새로운 복장으로 갈아입고 준비를 마친 상태였다. 사용자들이 쉽게 체험할 수 있도록 작은 도구를 준비하여 새롭게 바뀐 공간에 더욱 녹아들 수 있게 했다.

짧은 시간 내에 순발력을 발휘하는 프로토타입 제작은 팀원 한 명한 명의 생각과 기여가 필요하고, 동시에 팀원들 간의 신뢰, 팀워크, 상호 자극도 필요하다. 그렇기에 이와 같은 급박한 상황에서 프로토타입은 팀이 핵심 포인트를 순식간에 찾아내고, 가장 매력적인 아이디어를 선택하여 현실화한다.

2. 프로토타입 제작의 가치

1) 사용자 테스트

프로토타입을 제작하는 주요 목적 중 하나는 정밀성이 낮은 투박한 프로토타입에서 창의적인 구현 가능성을 탐색한 다음 빠르게 여러 차례 반복하는 것이다. 일반적으로 우선적으로 생각해야 하는 프로토타입 제작의 목적은 보여주고 토론해야 하는 부분이 어느 측면인가다. (어떤 측면의 변화 가능성들을 더 이해하고 싶은가? 우리가 얻어낸 아이디어는 어떤 측면이 있는가?) 그런 다음 프로토타입 제작을 할 때 테스트해야 하는 측면을 강조하여 정밀도가 낮은 투박한 프로토타입을 만들어 사용자들이 상호작용하는 간단한 장면을 연출한다. 정밀성이 낮은 투박한 프로토타입을 강조하는 이유는 한 가지 아이디어에만 모든 에너지를 쏟아붓는 대신, 다양한 방향으로 탐색하는 데 도움이 되기 때문이다.

미국의 건축사무소 게리 파트너스(Gehry Partners)의 짐 글림프(Jim Glymph)는 이렇게 경고한 적이 있다. "만약 너무 빠르게 한 가지 생각을 고정시켜버리면, 그것에 깊이 빠져버릴 것이다. 만약 너무 일찍 그것을 구체화해버리면, 그것에 속박될 것이다. 이는 당신이 계속 탐구하는 것을 어렵게 하고, 더 좋은 해결방법을 찾는 것을 방해할 것이다. 초기 프로토타입은 투박한 상태를 유지해야 한다." 그래서 프로토타입은 최대한 간단한 방법으로 만들어내야 한다. 3R(Rough, Rapid, Right) 원칙을 준수해야 하며, 한 가지 프로토타입을 완벽하고 아름답게 만드는 것이 아니다. 우리는 여러 가지 프로토타입을 만들어 디자인 공간의 다양한 가능성을 탐구할 수 있다. 각 프로토타입은 제작할 때 저마다의 정확한 목적이 있어야 한다. 예를 들어 테스트 목적에 따라 가용성 테스트인지 실용성 테스트인지, 실행 가능성 테스트인지 타당성 테스트인지를 구분할 수 있다. 테스트의 여러 요소 중에서 특정 요소를 분리하여 목표로 하는 프로토타입 제작을 시도해보자.

중국 커뮤니케이션대학교 학생들은 노년층의 일상의 즐거움을 향상시키는 디자인 도전을 맡았다. 베이징, 상하이, 광저우, 선전 같은 대도시에 사는 노인들은 고향을 떠나 대도시에 와서 자녀들과 같이 산다. 학생들은 이들이 자녀들의 부담을 줄여주기 위해 손주 양육을 돕고 있다는 것을 발견했다. 노인들은 자녀들과 함께 거주하면서 식재료를 사서 가족들에게 요리를 해주는데, 이렇게 요리를 해주고 손주들을 돌봐주는 것이 자녀들의 생활에 큰 힘이 된다. 노인들은 젊고 기력이 왕성하다. 스마트폰이나 아이패드 등 전자기기도 잘 다룬다. 그리고 가족관계뿐 아니라 개인 생활의 삶의 질도 중요시한다. 디자인팀이 제작한 프로토타입은 '오늘은 무얼 먹을까' 추첨통이다. 집에 있는 식재료에 따라 가능한 요리를 선택하고, 선택한 요리의 레시피를 제공해주는 추첨통을 디자인해주었다.

팀원은 추잉검 포장박스를 찾아 추첨통으로 쓰고, 껌 앞뒤에 식재료와 QR코드를 붙였다. QR코드를 스캔하면 해당 식재료를 사용하여 만들 수 있는 요리의 레시피를 받을 수 있다. 사용법은 간단하다. 냉장고를 열어 어떤 식재료가 있는지 보고, 그 식재료가 그려진 껌을 추첨통에 넣고 흔들어 뽑은 요리가 오늘의 저녁 요리가 되는 것이다. 이 외에도 같은 식재료라도 여러 가지 QR코드가 있고, 대표적인 여러 레시피가 있으므로, 더 많은 선택옵션을 원한다면 식재료를 대표하는 여러 개의 껌을 더 넣어도 된다.

'오늘은 무얼 먹을까' 추첨통 프로토타입은 보기에는 간단하고 투박하지만, 가족구성원들의 환영을 받았다. 가족들은 손주들에게 추첨할 기회를 주고, 그날의 요리 레시피를 결정했다. 왜냐하면 가끔씩 아이의 입맛에 맞지 않는 요리를 할 때도 있기 때문이다. 디자인팀은 아이들이 추첨한다는 것을 발견하고 추첨통 디자인을 개선하기로 했다. 아이들의 놀이수준에 부합하도록 아이들이 좋아하는 만화를 오려 추첨통을 포장했다. 추첨통은 세대 간의 정서적 의사소통을 향상시켰다.

2) 더욱 깊은 공감

프로토타입을 제작하는 목적은 일반적으로 사용자의 피드백을 얻기 위함이라고 생각하는데, 실제로는 프로토타입 제작을 통해 더 깊은 공감을 얻을 수 있다.

어떤 상황이든 간에 우리는 사용자가 프로토타입을 테스트할 때 두 가지 정보를 얻을 수 있다. 하나의 정보는 제품 자체에 대한 것이고, 다른 하나의 정보는 피면접자에 대한 것이다. 보통 인터뷰와 실제 관찰에서 얻는 정보와 비교해보면, 프로토타입을 테스트할 때 얻는 정보는 다른 유형의 정보이다. 프로토타입 단계는 사용자와의 감정공유를 더욱 깊게 하는 기초다. 어떤 디자인팀은 깊이 있는 감정공유를 하기 위한 프로토타입을 만들기도 하며, 다른 기능이나 외관을 테스트하기 위한 프로토타입을 만들지 않을 수도 있다. 이러한 감정공유는 '긍정적 감정공유'라고 부른다. 왜냐하면 디자인팀은 더 이상 단순한 관찰자가 아니라 지속적으로 어떠한 환경과 조건을 만들어내어 더 많은 통찰을 얻기 위해 노력하기 때문이다. '기능성 프로토타입'이 주로 디자인 설계 개념을 이해하는 데 도움이 된다면, '공감 프로토타입'은 특정 방면의 사용자의 생각, 정서, 감정에 대해 더 깊이 이해하는 데 도움을 준다.

감정공유 프로토타입을 제작할 때, 우선 디자인팀이 도전과제의 어떤 측면에 대해 더욱 깊은 통찰을 얻고 싶은지, 어떤 돌파구를 찾고 싶은지 결정해야 한다. 그런 다음 팀원들과 브레인스토밍으로 공감 프로토타입을 제작하는 방법을 토론한다. 예를 들어, 사용자를 보드게임에 참여시켜 그 과정에서 나오는 선택을 디자인팀이 이해하려는 정보에 연결하여 보드게임을 제작할 수도 있다. 또는 임산부가 직면하는 현실을 이해하기 위해 12kg 정도 되는 복대를 만들어 임산부의

실제 느낌을 체험해볼 수도 있다. 공감 프로토타입은 최종사용자를 위한
도구이기도 하지만, 디자인팀 내부에서 사용자에 대한 이해를 심화시키
는 도구이기도 하다.

3) 영감 자극과 해결방안 탐구

'만들다'는 '생각하다'의 연장이고 확장이며, 결과적으로 '생각'이
원천이므로 프로토타입을 제작하는 과정을 '손으로 생각하다'라
고 표현한다.

　　손이 생각을 할 수 있다? 이것은 흥미로운 표현이다. 사실 마
음과 손이 하나를 이룬다고 한다. 마음이 이쯤 생각하면 손도 이
쯤까지 만들고, 손이 저만큼 만들면 마음도 저만큼까지만 생각한다. 창
업자의 비전벽 예시처럼 최종적으로 나타나는 효과는 모두 창의 단계의
토론 중에 얻어낸 것이 아니다. 프로토타입을 제작하는 단계에서 만들면
서 생각하고, 생각하면서 만들어 얻은 것이다. 프로토타입을 제작하면
더 많은 영감을 자극하고, 더 많은 해결 방안을 탐구하게 한다.

　　우리는 일주일 동안 흥미로운 주제에 대해 디자인한 적이 있다. 우리
가 디자인한 흥미로운 주제는 '베이징 지역의 자전거 사용자들은 갑자기
내린 폭우에 어떻게 대처할 것인가?'이다. 이 주제를 선택한 이유는 베이
징은 매년 물 부족을 겪지만, 여름철인 6~8월은 홍수가 나는 우기이고,
비가 내릴 때는 바람도 불기 때문에 베이징에서 자전거를 타고 다니는 사
람들은 우기 때 굉장히 많은 불편함을 겪는다.

　　디자인팀은 많은 아이디어를 도출했다. 팀원들은 베이징에는 비가
오면 홍수로 물이 고이는 현상이 심각하고, 특히 다리 밑에 물이 많이 고
인다는 것을 알게 되었다. 자전거 사용자를 만나 인터뷰하는 동안 사용
자들이 직면한 어려움을 알게 되었다. 사용자들은 물이 고인 곳에서는
몇 걸음도 걷기 힘들며, 물이 고인 길을 갈 때 자전거를 타고 지나갈 엄두

가 나지 않는다고 말했다. 고인 물이 얼마나 깊은지 알 수 없고, 자동차가 물에 빠져 앞으로 가지 못하는 상황도 봤기 때문에 자전거를 탈 용기가 나지 않는다고 말했다. 한 팀원이 자전거를 타고 물이 고인 곳을 지나갈 수 있도록 자전거 모양에 변화를 주자는 아이디어를 제안했다. 그렇다면 어떻게 변경해야 할까? 그래서 우리는 몇 가지 프로토타입을 제작했다. 하나는 자전거의 타이어를 강화하여 더 굵고 큰 타이어를 만드는 것이고, 또 하나는 자전거에 운전대와 유사한 주변장치를 추가하여 제어능력을 갖추는 것이다. 또 다른 것은 자전거의 안장과 페달의 위치를 높여 지면에서 발이 멀리 떨어지도록 함으로써 발이 물에 잠기는 위험을 피하게 해주는 것이다.

　　팀원들은 프로토타입을 만드는 과정 중에 각기 다른 재질과 기계구조를 탐구하여 해결 방안에 변화를 주었다. 한 가지 해결 방안에도 20여 회의 반복적인 테스트를 거쳐야 한다. 프로토타입 제작 과정 자체가 흥미로운 학습이다. 모든 아이디어가 신속하게 현실화되고, 빠르게 피드백과 검증을 받기 때문에 제작의 성공 여부에 관계없이 긍정적인 피드백 신호가 된다.

4) 이른 실패

성공을 갈망하는가? 당연하다! 모든 사람이 성공을 갈망한다. 요즘은 서점에 들어서면, 가장 먼저 눈에 들어오는 것이 여러 가지 성공스토리 서적이다. 사람마다 성공하는 데 다른 요소가 있다는 것도 알고 있고, 작가가 진정한 성공 비결을 책에 쓰지 않는다는 것도 알고 있다. 하지만 성공학은 그 유행을 계속 이어나가고 있다.

　어릴 때부터 성인이 될 때까지 받은 전통적인 교육에서는 모두 성공한 사람으로 성장하리라는 기대를 받는다. 학교 교육은 팀워크보다 경쟁에 대한 강조를 더 많이 하고, 학교, 학부모, 또는 사회 전체가 성적의 높고 낮음과 경시대회 수상 순위로 학생이 우수한지 아닌지를 판단한다. 이 모든 것은 경쟁을 통해 이기고, 사회적 사다리에서 승자가 되는 방법에 대해 전하는 메시지다. 그래서 사람들은 천성적으로 '성공'이라는 단어를 좋아하고 '실패'라는 단어를 피한다.

　예외의 상황은 없는가? 당연히 있다. 게임으로 관심을 돌려보면, 게임에서 플레이어들의 실패는 너무나도 쉽게 볼 수 있다. 마리오(Mario) 같은 2D 스테이지 게임에서 적에게 패하거나, 슈팅게임에서 총에 맞거나, 생명을 잃는다. 플레이어의 역할이 죽으면, 슬픈 음악이 나온다. 플레이어는 화면 속에서 사라지게 되고, 이것은 실패에 대한 엄중한 처벌이며, 철저히 존재를 부정당한다. 하지만 재미있는 것은 슬퍼하거나 절망감을 느끼는 플레이어가 거의 없다는 점이다. 사람들은 실패를 포용하게 된다. 왜냐하면 일시적인 실패는 플레이어가 어떻게 하면 게임 규칙에 더 잘 적응할 수 있는지 알려주기 때문이다. 그런 다음에는 게임을 잘 헤쳐나갈 수 있다. 그러므로 플레이어는 실패에 대한 낙관적인 정신을 가지게 된다.

　IT산업도 마찬가지다. 초기 폭포모델은 개발 후 처음부터 끝까지 다 만들어야 결과를 볼 수 있었다. 전체 주기는 폭포처럼 그대로 흘러내려와야 강을 따라 내려갈 수 있기에 이러한 모델은 시간이 많이 소모되고, 수정하기가 어려웠다. 현대의 IT기업은 더욱 민첩한 개발을 강조한다. 관리가 쉽고, 과정 중에 가설을 결정하고, 끊임없이 프로토타입을 개발하여 검증하고, 더 나은 것으로 교체한다. IT산업의 엘리트들은 프로토타입이 완벽한 해결 방안이 아니라는 것을 알고 있다. 그것은 오직 과정 중에 있는 작품이고, 실패가 많을수록, 진행이 빠를수록 최종 제품의 성공에 유리하다는 것을 알고 있다.

스탠퍼드대학교에서 디자인 씽킹을 통해 성공한 유명한 사례가 있는데, 그것은 학생이 개발한 뉴스 읽기 소프트웨어 프로그램인 펄스(PULSE)다. 사용자가 선택할 수 있는 주요 채널이 기본으로 제공되는 뉴스 앱이며, 동시에 사용자는 판독 이미지를 사용하여 개방적 이미지와 글꼴이 서로 반응하는 방식을 통해 인터랙티브한 체험을 할 수 있고, 대화형 독서 환경을 만들어주는 효과적인 앱이다. 팀원들은 앱을 개발하던 초기에 프로토타입을 만들어 카페에 가서 사람들의 피드백을 받았다. 예상한 대로 '의견'이 '칭찬'과 '감상'보다 많았다. 카페에서 바로 의견을 반영하여 수정한 후, 새로운 프로토타입을 들고 다시 2차 테스트를 했다. 끊임없는 수정과 조정을 통해 점점 '의견'보다 '칭찬'과 '감상'이 많아지게 되었고, 사람

들은 더욱 적극적으로 피드백을 주었다. 결과적으로 이 앱은 온라인에서 좋은 반응을 얻었다. 심지어 애플의 CEO인 스티브 잡스도 좋은 반응을 보였다. 애플의 글로벌 개발자 미팅에서는 "아이패드로 신문 읽기에 좋은 도구"라며 칭찬을 받았다. 많은 테스트와 피드백이 없었다면, 펄스의 최종 성공은 상상하기 어려웠을 것이다.

우리는 자주 에디슨을 전구의 발명가로 오해한다. 그는 사실 텅스텐 필라멘트가 빛을 내는 최고의 재료라는 것을 찾아냈다. 하지만 에디슨은 텅스텐 필라멘트를 찾아내기 전에 1만 가지가 넘는 재료를 시도해보았고, 수없이 많은 실패를 겪었다. 그의 실패 경험은 우리에게 매우 큰 영감을 준다. 에디슨은 "나는 실패하지 않았다. 단지 1만 가지 성공하지 못하는 방법을 발견했을 뿐이다"라고 말했다.

혁신에 대한 과학자들의 이해는 우리에게 많은 생각을 하게 한다.

3. 프로토타입 외관

프로토타입을 만드는 방법은 굉장히 많고, 재료 또한 매우 풍부하다. 재활용 골판지 상자, 쓰고 남은 천, 어린이 레고 장난감, 날짜 지난 신문, 스카치테이프, 풀, 칼, 삶기 전의 스파게티면, 솔방울, 진흙, 모양이 특이한 화분, 테이블, 의자, 모자, 끈 등 어떤 물품이라도 프로토타입 제작에 사용할 수 있다. 또한 각종 재료 중에서 빠르게 재료를 선택하고 머릿속의 아이디어를 실제 물품으로 표현해내는 것이 프로토타입 단계의 가장 즐거운 활동 중 하나다.

프로토타입은 제작의 정밀도에 따라 제작방식이 다르다. 프로토타입 단계 초기에는 일반적으로 정밀도가 낮은 프로토타입을 제작하여 빠르게 피드백을 받을 수 있게 한다. 후기로 가면 제품의 다양한 기능에 대한 요구사항이 증가하고 보다 정확하게 파악된 외관이 기초가 되기 때문에 정밀도가 높은 모형을 만들어야 한다. 완제품에 가까워질 때는 실제 제품과 일대일의 비율로 제작하는 견본품이 필요할 수도 있다. 견본품은 공식적으로 출시되기 전에 최종적으로 검토하고 미세한 조정이 가능하도록 돕는다.

우리는 비영리단체를 위해 여러 차례 디자인한 적이 있다. 한 공익단체가 2011년 발생한 사건으로 인해 신뢰 위기에 직면했고, 공익자선 단체에 대한 긍정적인 이미지와 영향력이 심각한 도전에 놓이게 되었다. 결과적으로 개인 기부자들의 기부금 액수가 급격히 감소했다. 따라서 우리가 해야 할 첫 번째 단계는 비영리단체의 투명한 재무제표 공개 시스템을 구축하는 것이었다. 그러나 재무제표의 내용은 복잡하고 난해하여 재무

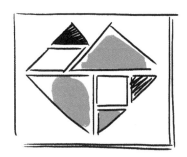

전문가가 아닌 개인 기부자가 이해하기 어렵다. 그래서 에스에이피(SAP)사의 지원을 받아 에스에이피사의 크리스털 엑셀시우스(Crystal Xcelsius) 어플을 사용하여 비영리조직을 위한 대화식 재무제표 프레젠테이션을 만들었다. 예를 들어, 기부자가 중국지도의 한 지역을 클릭하면 해당 지역의 기부건수, 기부금액, 기부자 인원수를 실시간으로 볼 수 있으며 특정 연도나 월의 버튼을 클릭하여 그 기간에 해당하는 기부금을 검색해서 볼 수 있다.

우리가 자주 사용하는 엑셀(Excel) 재무제표 양식이나 워드(Word)의 파이차트, 히스토그램 등과 비교해볼 때 크리스털 엑셀시우스의 관리기능은 생생하고 친근한 쿼리 인터페이스를 제공한다. 위 그림은 주로 아동 환자를 위한 비영리단체의 특성을 결합한 것으로, 인터페이스는 7개의 퍼즐조각을 이용하여 하트 형태로 만들었다. 우리는 스케치 초안으로 소통을 시작한 다음 다시 종이를 사용하여 7개의 사각형 퍼즐을 포개어 내용을 디자인했고, 마지막으로 컴퓨터로 디지털 효과를 주었다. 프로토타입 제작 방법과 정밀도는 끊임없이 변화하고 개선되었다. 또한 이 예에서 프로토타입을 표현하는 데 고정된 방식이 없다는 것을 알 수 있다. 우리는 기존 재료를 사용하여 아이디어를 실현하고 의도한 목적을 달성할 것을 권장한다. 가장 일반적으로 응용되는 표현방식은 종이 프로토타입, 스토리보드, 실제 모형, 역할연기, 동영상, 지도 등이다.

1) 종이 프로토타입

종이 프로토타입은 가장 일반적인 프로토타입 중의 하나다. 과도한 노력 없이 프로토타입의 형태, 크기 또는 속성을 테스트할 때 종이 프로토타입을 선택하는 것이 좋다. 종이 프로토타입에 필요한 도구는 매우 간단하다. 일반적으로 종이와 함께 가위와 풀이 필요하다.

스탠퍼드대학교에서 시작된 디자인 씽킹 체험 프로젝트가 있다. 2장에서 소개한 자신의 친구를 위한 이상적인 지갑을 디자인하는 프로젝트다. 이 프로젝트의 핵심은 지갑을 통해 지갑 사용자를 이해하는 것이다. 친구의 업무와 생활은 어떠한가? 친구에게 중요한 대인관계는 어떤 것들이 있는가? 어떤 흥미로운 일이 발생했는가? 어떤 어려움이 있는가? 친구에 대한 관찰과 이해를 바탕으로 친구를 위한 이상적인 지갑을 디자인한다. 우리는 이러한 상황에서 참가자들에게 최소한의 재료만을 제공하며, 종이를 사용하여 이상적인 지갑 프로토타입을 만들기를 권장한다.

종이 프로토타입은 매우 투박하게 제작되지만, 때로는 매우 정밀하게 제작할 수도 있다. 대부분의 경우 정성적 문제를 설명하기 위해 투박한 개념을 표현하는 프로토타입을 만들지만, 정량 분석의 경우 완성도 높은 정밀한 종이 프로토타입을 만들어야 한다.

2) 스토리보드

스토리보드의 개념은 영화 산업에서 비롯된 것으로, 이야기를 전개하기 위해 일련의 사진이나 손으로 스케치한 그림을 지칭한다. 영화 및 TV 드라마의 스토리보드는 각본을 시각화한 것이다. 주요 장면, 매 장면의 길이, 대사, 특수효과 등을 표시한다. 스토리보드는 감독이 영화 제작에서 스태프들과 의사소통하는 데 중요한 도구이며 스토리보드를 통해 배우, 카메라, 특수효과, 아티스트 등과 영화에 대한 통일된 이해를 구축할 수 있다.

이 개념을 빌려서 스토리보드를 사용하면 각각의 역할, 장면 및 사건을 일렬로 연결하여 사람들에게 완벽한 체험을 제공할 수 있다. 예를 들어, 혁신적인 보험 상품을 디자인하는 과정에서 목표사용자는 25세가량의 젊은 연령층이고, 갓 대학교를 졸업하고 첫 직장을 다니기 시작하는 사람들이다. 대학을 다닐 때는 부모가 보험료를 지불했고, 자기 스스로 보험 상품을 구매한 경험이 없는 전환기에 있는 사용자들이다. 이러한 사용자는 일반적으로 보험 상품 구매 경험이 없고 보험 상품에 익숙하지 않기 때문에 보험회사는 스토리보드를 사용하여 Y세대 고객이 보험 상품을 구매하는 전형적인 장면을 나열한다. 예를 들어, 비행기가 이륙하기 전에 여행자보험을 구매하라는 문자를 받고 나서 보험 상품을 구입하기로 결정하는 장면들을 나열한다. 또는 연말에 자동차보험을 갱신하라는 전화를 받고 자동차보험 상품을 재계약하는 스토리를 만들 수 있다. 보험회사는 후속 테스트에서 스토리보드의 장면들이 기존 방법보다 빠른 구매 결정으로 이어진다는 사실을 발견했다. 보험회사는 새로운 고객 수요에 대응하기 위해 간단하고 편리하며 빠르게 보장받을 수 있는 표준화된 보험 상품을 개발하기로 결정한다.

3) 모형 제작

모형은 실제 제품에 대한 물리적 사물에 해당하는 개념으로, 모형 제작은 2차원 아이디어를 3차원 공간에 적용하는 것과 같다. 특히 최근의 3D 프린팅 기술의 발전에 따라 좋은 아이디어를 즉시 사람들의 눈앞에 보여줄 수 있다.

높은 정밀성을 요구하지 않는다면, 한 폭의 평면 그림에서 시작하여 스캔과 모델링, 3D인쇄라는 일련의 단계에 이르기까지 걸리는 시간은 불과 몇 시간이면 충분하고 비용도 저렴하다. 3D 프린터가 없어도 주변의 컵, 화분, 책, 골판지, 스펀지, 부드러운 천 등 개조하기 쉬운 재료를 사용하여 빠르게 아이디어의 입체적인 모형을 만들 수 있다. 빠르게 만든 모형으로 디자인의 핵심 개념을 설명할 수 있다면 더욱 세밀한 부분은 추후에 진행시켜 완성할 수 있다. 매우 정밀한 세부 정보가 필요한 경우 캐드(CAD)를 이용하여 디지털 모델을 3D 모델 제작을 위한 청사진으로 사용한다. 마지막으로 플라스틱, 종이, 목재, 초콜릿 등의 재료를 쌓아 올린 청사진을 실물로 바꿀 수 있다. 이 세밀하고 정교한 프로토타입은 제품의 외관과 내용을 보여주고 사용자 테스트를 더욱 자세하고 정확하게 만든다. 일부 업계에서는 자동차 정유 같은 매우 전문적인 재료를 사용하여 자세하고 정확한 모형을 만든다.

베이징에는 난루오구시앙(南锣鼓巷) 거리가 있다. 난루오구시앙은 베이징 중심에서 동쪽 방향 교차로 지역에 위치해 있으며, 베이징의 풍미를 느낄 수 있는 거리로 오래된 건축물이 있고, '후통'이라고 알려진 좁은 골목길이 있다. 이 거리는 베이징에서 가장 번화한 상업 지역 중의 하나다. 한 중학생이 난루오구시앙은 상업적 가치 외에도 거대한 문화적 가치가 있다는 것을 생각해냈다. 이 학생은 반년 동안 난루오구시앙을 방문하여 조사한 후 난루오구시앙의 문화지도를 새롭게 제작했다. 시중에 나와 있는 지도와 비교할 때 지형적으로 모두 일치하지만, 중요한 랜드마크 표시에 큰 차이가 있었다. 상업지도는 특색 있는 상점, 식당, 바 등의 정보로 가득 차 있지만 문화지도는 베이징의 오래된 후통 관련 정보와 다양한 형태의 가옥 등 베이징의 풍미가 농후하다. 난루오구시앙에 가본 적이 없는 사람들이나 이미 가보았지만 아직 문화여행을 해본 적이 없는 사람들에게 어떻게 소개하는 것이 좋을까? 가장 직접적이고 쉬운 방안은 문화지도를 손으로 그려 완성하는 것이지만, 중학생은 레고 장남감으로 작은 블록을 세워 난루오구시앙 거리의 소형 모형을 만들었다. 다른 색상을 사용하여 개방된 곳과 미개방된 곳을 구분하고, 관람추천 정도에 대한 정보를 구분했다. 전면적으로 입체로 표현하여 난루오구시앙의 문화적 풍모를 드러냈다.

4) 역할연기

역할연기는 매우 흥미로운 도구다. 특히 해결방안이 서비스이거나 작업 과정인 경우에 사용되며, 구체적인 제품에도 사용될 수 있다. 팀원은 서비스나 작업 과정에 참여하고, 관련된 이해관계자의 역할을 연기할 수도 있다. 역할연기는 사용자의 사용상황이나 과정을 결합한다. 역할연기 방식의 장점은 생동감 있는 이미지다. 감정이입의 효과가 크며, 연기 과정에서 극적인 효과도 상당히 크다. 역할연기는 디자인 씽킹의 프로토타입 단계에서 빈번하게 사용되는 방법이다.

'양뚜오뚜오'(羊多多)는 신선한 육류 및 양고기 제품에 주력하는 인터넷 브랜드다. '양뚜오뚜오'는 내몽골의 시린구오러멍(錫林郭勒盟) 지역에 청정 목장이 있어 산지에서 식탁까지 전 과정이 추적 가능한 녹색 생태 체인점을 운영하며 생산과 마케팅을 통합했다. 안전한 유기농 상품을 합리적 가격으로 제공하여 지역사회에 '신선한 식품점'이라는 새로운 경영 방식을 만들었다. 우리를 찾아왔을 때, 양뚜오뚜오는 이미 사흘마다 새로운 체인점이 개점되는 속도로 빠르게 발전하고 있었고, 1년 안에 수백 개의 체인점 규모에 도달하기를 희망했다. 이 목표를 달성하기 위해 양뚜오뚜오는 고객의 구매 체험을 개선해야 한다는 것을 잘 알고 있었다.

　　일반적으로 볼 때, 구매 체험을 개선하려면 서비스 태도를 개선하고 구매 과정을 최적화해야 한다. 디자인팀은 여러 매장을 반복적으로 방문하여 인터뷰를 진행했고, 양뚜오뚜오가 고객에게 어필하는 가장 큰 부분은 품질 좋고 저렴한 가격의 양고기와 쇠고기를 제공한다는 것을 알게 되었다. 그러나 문제는 일반 고객의 대다수가 쇠고기와 양고기의 생산 과정을 상세히 알지 못하므로 신선한 쇠고기와 양고기를 냉동실에 오랫동안 보관하며, 고기를 어떻게 골라야 하는지도 모른다는 점이었다. 따라서 프로젝트 팀원들은 고객의 역할을 연기하여 구매 결정 과정에서 고객의 고통 지점을 재현했다. 상점 점원의 역할을 맡은 팀원은 고객이 수요를 다소 어리숙하게 반복해서 말하는 것을 듣고 있다. 점원은 과장된 몸짓과 표정으로 연기했고, 대사를 통해 구매 체험에서 관건이 되는 문제를 잘 드러내주었다. 무대 아래의 관중은 박장대소하며 고객이 구매 과정 중에 맞닥뜨리는 문제를 쉽게 이해할 수 있었다.

5) 동영상 제작

종이 프로토타입이든, 스토리보드이든, 견고한 모형이든, 역할연기든 이 모든 프로토타입을 대규모로 확산시키기는 쉽지 않다. 비교적 범위가 넓은 대중에게 전파하기를 희망한다면, 그리고 먼 지역에서도 대량의 사용자 피드백을 얻으려면 동영상 제작방법을 고려할 수 있다.

　　많은 사람들은 동영상을 촬영하고 편집하는 것을 전문 지식이라고

생각한다. 그래서 동영상 제작에 자신없어하며 감히 자신은 동영상 촬영 방법을 사용하여 아이디어를 표현할 수 없다고 생각한다. 전문적으로 제작된 동영상만이 좋은 아이디어를 표현할 수 있다고 생각하는 듯하다. 대규모 블록버스터를 만들기 위해서는 고도의 전문 지식과 기술이 필요하지만, 하드웨어 장치가 계속 변화하고 있고, 휴대전화로 동영상을 촬영하는 것도 매우 편리하며, 동영상 제작에 도움이 되는 소프트웨어도 많이 있다. 또 간단한 영상 효과도 추가할 수 있다. 유튜브(YouTube)에서 가장 많이 클릭된 동영상을 주의 깊게 보면, 고품질 비디오는 아니지만 훌륭한 콘텐츠를 가지고 사람들의 공감을 불러일으킬 수 있는 여러 요소를 갖추고 있다. 엄청난 비용을 들여 제작한 광고 중에서도 사람들의 시선을 거의 사로잡지 못하는 것이 많다. 따라서 동영상의 내용이 동영상 제작 방식보다 중요하므로 좋은 아이디어가 있다면 자신이 출연하여 연기할 것인지, 또는 애니메이션 방식으로 이야기할 것인지 생각한 다음 적합한 방식을 선택하여 동영상 제작을 시작한다.

저니투크리에이션(Journey2Creation)은 독일 베를린에 본사를 둔 디자인 씽킹 컨설팅회사로 도이치반(Deutsche Bahn), 뮌헨재보험(Munich Re) 및 유니세프(UNICEF) 같은 다국적기업을 위한 사람 중심의 혁신적인 컨설팅 서비스를 제공한다. 공동 창립자 중 1명인 루카스 리스트(Lucas Liszt)는 독일 철도에 대한 개념을 3분짜리 동영상으로 만든 경험을 묘사한 적이 있다. 매우 간단한 스케치를 사용하여 영화에 필요한 구성요소를 만든 다음 스톱 모션 애니메이션을 사용하여 장면을 만들었다. 각 구성요소는 스토리보드에서 설정한 방식으로 무대 위에서 움직였고, 매우 빠르게 영화 촬영을 완료할 수 있었다. 상대적으로 투박한 개념의 영화 제작에서 얻을 수 있는 이점 중 하나는 청중이 심리적 부담이 크지 않기 때문에 실제 피드백과 의견을 쉽게 얻을 수 있다는 것이다. 매우 아름다운 동영상을 만든 경우, 동영상을 보고 난 후 사용자 평가가 아름다운 단어로 편향될 수 있다.

4. 실패가 일찍 오게 하라

유명한 마시멜로(marshmallow) 게임이 있다. 4명이 한 팀이 되어 각 팀은 20개의 스파게티면, 1m의 실, 1m의 테이프, 마시멜로, 가위 1개 등의 다양한 재료를 받게 된다. 모든 팀은 18분의 제한된 시간 내에 위에 열거된 재료들을 사용하여 최대한 높은 탑을 쌓아야 한다. 그리고 마시멜로는 탑의 맨 위에 올려놓아야 한다.

전 세계적으로 이 게임에 흥미를 느낀 많은 사람이 참가했다. '마시멜로 게임 콘테스트'(Marshmallow Game Contest)라는 웹사이트도 만들어져 웹사이트에 분석할 수 있는 데이터가 많이 있다. 경기에서 최악의 성과를 거두는 사람들은 종종 경영대 학생들이다. 이들은 일단 과제를 받고 나면 다양한 계획을 세우고 종이에다 세계에서 가장 높은 건물을 스케치하느라 주어진 시간의 절반을 소모한다. 탑을 다 쌓았을 때 마시멜로가 너무 무겁다는 것을 발견했다! 부드러운 스파게티면이 솜사탕의 무게를 견디지 못한다. 팀의 모든 구성원에게 위기의 순간이었다. 시간도 충분하지 않다. 처음에 매우 구체적인 계획을 세웠지만, 마지막 순간에 해야 할 한 가지 요소를 고려하지 않았다. 이미 상황을 통제할 수 없었

다. 탑은 기울어지고 실패에 직면했다.

　　이러한 상황은 실제 상황에서도 낯설지 않다. 프로젝트 초기에는 신중하게 준비하고 반복하여 시연했지만, 구현 과정에서 문제가 발생한다. 특히 마지막 밀짚 무게를 견디지 못해 프로젝트는 결국 결실을 맺지 못하고 끝난다.

　　그러면 누구와 팀을 구성하여 마시멜로 게임을 하는 것이 가장 좋을까? 놀랍게도 유치원생들이다. 아이들은 미션 카드를 받은 후, 마시멜로에 관심을 갖는다. 왜냐하면 받은 재료 중에 마시멜로만 먹을 수 있기 때문이다. 아이들은 마시멜로가 매우 무거워서 스파게티면 위에 놓을 수 없다는 것을 바로 발견한다. 그래서 우선 하나의 층만으로 탑을 만들어본다. 가능해 보이는 가장 작은 탑을 완성해보는 것이다. 그런 다음 어떻게 탑을 더 높이 쌓을 수 있을지 살펴보고, 두 번째 층을 쌓고 최적화하는 방법을 확인한다. 이와 같은 행동 방식으로 작은 실험을 수행할 수 있으며, 모든 시점에서 점수를 받을 수 있다.

　　마시멜로 게임의 기록을 보면, 세계에서 가장 큰 탑의 높이가 81cm다. 평균 높이는 약 40cm이며, 회사의 CEO들이 직원보다 우수했다. 먼저 프로토타입을 제작하여 가능해 보이는 가장 작은 견본을 만든 다음 게임을 진행하면 점수가 크게 향상될 것이다.

　　다음의 그림은 프로젝트 초기 단계부터 프로토타입을 제작할 필요

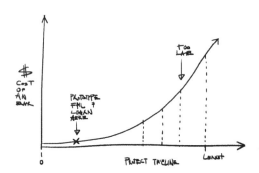

성을 분명히 보여준다. 그래프의 가로축은 프로젝트 시간이고, 세로축은 회사가 투자한 프로젝트 자금이다. 시간이 지남에 따라 프로젝트의 불확실성이 점차 줄어들고 프로젝트 투자는 증가한다. 프로젝트가 거의 끝나갈 때쯤 테스트 단계에서 문제가 발견되면, 특히 그 문제가 중요한 것일 때 마시멜로 게임에서처럼 팀은 곧 '위기 순간'에 직면하게 되며 많은 시간과 돈을 잃게 된다. 따라서 프로젝트가 불확실한 단계에서 프로토타입을 미리 만들고, 프로토타입을 테스트하고, 테스트를 통해 배우고, 제품을 교체함으로써 실패가 더 일찍 오도록 한다.

중국 에스에이피(SAP)사의 수석건축가 루바이 니앤(鲁百年) 박사는 "먼저 일을 해보고, 그런 다음 일을 잘하자"라고 말했다. 프로토타입 단계에서는 이 문장을 꼭 기억해야 한다.

제8장 디자인 씽킹: 테스트 단계

"나는 실패하지 않았다. 단지 1만 가지 성공하지 못하는 방법을 발견했을 뿐이다."

– 토머스 에디슨(Thomas Edison)

에디슨은 텅스텐 필라멘트를 전구 재료로 사용할 수 있다는 사실을 발견하기 전에 1만 번 이상의 테스트를 거쳤다. 이시진은 《본초강목》을 집필하기 위해 약초의 약리성분을 수차례 테스트했다. 라이트 형제는 세계 최초의 비행기를 발명하기 전에 여러 번 비행을 했다. 업계 선구자들은 100년 이상을 연구했다. 과학자들은 세계를 탐구하는 과정에서 끊임없이 새로운 구상을 한다. 그리고 관련된 실험을 설계하고, 특정한 조건에서 테스트하고, 최종적으로 테스트 결과를 분석한다. 이와 같은 과정이 익숙하게 느껴지는가? 그럴 것이다. 디자인 씽킹의 과정과 유사하기 때문이다. 디자인 씽킹은 외부 상황이 복잡하고 불확실하고 변수가 많은 공간에서 가치 있는 혁신적인 해결방안을 찾아내는 것이다. 이는 과학자들이 미지의 현실세계를 탐색하여 섬광처럼 반짝이는 진리를 발견하는 것과 같다. 양자는 모두 아이디어를 제시하고 프로토타입을 제작하며 수많은 테스트를 거친다.

I. 테스트 개요

테스트는 어떤 신제품이나 새로운 서비스가 출시되기 전에 거쳐야 하는 필수적인 단계다. 왜냐하면 신제품이나 새로운 서비스가 단번에 성공하는 경우는 매우 드물기 때문이다. 거의 모든 제품과 서비스의 발전은 테스트 과정에서 부단히 개선되고 수정되어야 한다. 그리고 자체적으로 지닌 독특한 이점과 결합해야 최종적으로 성공할 수 있다. 점점 더 치열해지는 시장의 경쟁과 기업들의 자원 쟁탈 상황에서 기업이 정식으로 시장에 출시한 제품과 서비스에 오류가 있어서는 안 된다. 반드시 전략상의 오류와 편차를 최대한 방지해야 한다. 그래서 기업이 정식으로 신제품이나 새로운 서비스를 발표하기 전에 필요한 테스트를 진행해야 한다. 이를

통해 정식으로 출시되기 전에 점차적인 조정, 개선, 최적화로 최종적으로 출시되는 제품과 서비스가 가능한 한 시장의 실제 수요에 근접하도록 최선을 다해야 한다.

　　소프트웨어 산업은 초기에는 건설업이나 제조업에서 사용한 폭포모델(Waterfall Model)을 도입했다. 폭포모델의 핵심은 프로젝트 전 과정을 순차적인 단계로 쪼개어 그에 상응하는 작업업무를 지정하며, 개발단계를 선형적이며 하나의 주기에 위치시켜 완성하는 구조화된 접근방식이다. 개발 단계는 수요 분석(requirement), 소프트웨어 설계(design) 및 프로그래밍 실행(implementation), 테스트(test)와 소프트웨어 운영 및 유지(maintenance) 등의 단계로 구분하고, 이들 6단계는 위에서 아래로 순차적으로 상호 연결되는 고정된 순서로 진행된다. 폭포에서 물이 흐르는 것처럼 단계별로 아래 단계로 이어지기 때문에 '폭포모델'이라는 명칭으로 불렸다. 폭포모델의 장점은 각 단계에 따른 역할과 기능을 제공하여 각 단계에 대한 이해가 용이하고, 개발자는 현재 단계가 완성되면 다음 단계에 집중할 수 있다. 그러나 폭포모델은 선형적인 모델이기 때문에 사용자는 전체 과정의 마지막 단계에 이르러야만 개발 결과를 볼 수 있고, 결과적으로 사용자 수요와 변화에 민첩하게 대응할 수 없으며, 특히 초기의 조건과 전제가 변화하면 소프트웨어 개발 과정의 위험이 크게 증가했다.

　　그 후 소프트웨어 산업에서는 민첩모델(Agile Model)을 발전시켰다. 민첩모델은 팀원과 사용자 간의 협력을 통해 해결방법이 진화되는 방법이다. 폭포모델처럼 사전에 계획되거나 구조화된 방식으로는 사용자 수요의 변화를 반영할 수 없고, 소프트웨어 개발은 건설업이나 제조업과 달리 변화에 민감하다. 그렇기 때문에 사용자의 수요 변화뿐 아니라 시장의 상황이나 기술의 발달 변화에 대한 도전에도 유연하게 대응할 수 있는 적응형 계획과 사용자 체험에 기반을 두는 민첩모델이 더욱 적합한 것으로 받아들여졌다. 민첩모델은 여러 분야에서 사용되고 있고, 소프트웨어 개발에서 사용되는 민첩모델 프레임을 '스크럼'(Scrum)이라고 부른다. 스크럼은 럭비경기에서 사용되는 용어이기 때문에 스크럼을 '럭비 접근법'이라고도 부른다. 럭비는 어느 구기종목보다 많은 15명의 선수가 팀을 이루기 때문에 선수들 간의 협동이 매우 중요한 경기다. 스크럼은 경기를 다시 시작하기 위한 전초전으로 팀원들이 서로의 팔과 어깨를 끼고 머리를 아래로 향하여 공을 다투기 위한 상태를 일컫는다.

　　스크럼은 소프트웨어 같은 복잡한 상품개발을 위한 '조직된 지식창조'의 형태를 의미하고, 속도와 유연성을 증가시키고 혁신을 선형이 아닌 나선형의 형태로 점진적으로 개선하는 모델 프레임이다. 스크럼은 10명 정도의 팀원으로 구성되며, 개발 주기를 세분화된 목표에 따라 여러 스프린트(sprints)로 분해한다. 스프린트는 짧은 기간 내에 목표를 달성하기 위해 반복되며, 스프린트 주기는 통상 2~4주 이내다. 스프린트 잔업 리스트(sprint backlog)는 스프린트 계획 회의를 통해 나온 결정에 근거하며, 다른 사람이 변경할 수 없다. 이것은 스프린트 업무 수행에서 어느 누구에게도 간섭받지 않는다는 것을 의미한다. 스프린트 주기 중간에도 운영 가능한 소프트웨어 성과물을 제출할 수 있다. 사용자는 소프트웨어를 일찍 체험할 수 있고, 사용자의 참여는 개발팀의 일부분이 된다. 그래서 사용자 수요의 변화에 따라 적절히 변경할 수 있다.

　　소프트웨어 산업의 개발 경험에 비추어볼 때, 개발의 각 단계는 제품 생산을 다이내믹하게 조정하는 데 유리한 테스트를 진행해야 한다. 여기서 '테스트'라는 개념은 전통적 소프트웨어 테스트에서 하는 것처럼 수동 조작 방식이나 자동 운영 방식을 통해 소프트웨어가 요구하는 기능을 만족하게 수행하는지에 국한된 것만이 아니라 최종사용자와 상호작용하고 사용자의 사용 체험을 포함한다.

테스트는 기대되는 과정이다. 이전 단계에서 조사를 통해 대량의 자료를 수집하고, 통찰을 발굴하고, 문제를 재정의하고, 창의력을 발휘하여 아이디어를 내고, 프로토타입을 제작하여 마침내 생각의 결과를 실물로 표현하고, 사람들이 듣고 볼 수 있는 기회를 갖게 된다. 우리 모두는 흥분하고 감동한다. 사용자의 얼굴에 나타나는 감정표현을 유심히 보기 바란다. 프로토타입 제작 과정이 끝난 후에 전체 팀원은 소통전략을 짜고 팀 내부와 외부의 관련된 사용자들에게 팀의 해결방안을 설명하여 사용자 피드백을 신속하게 확보한다. 이러한 피드백들은 다음 전략을 한 단계 진전시키는 결정의 기초가 되는 소중한 자원이다.

인도의 사회적기업인 비전스프링(VisionSpring)사가 진행한 테스트 사례가 있다. 비전스프링사는 주로 성인을 대상으로 안경을 판매해왔다. 그러다가 어린이를 대상으로 하는 시력보호사업으로도 사업 확장을 계획했다. 이제 비전스프링사의 업무는 안경 디자인 외에도 여러 새로운 업무를 포괄하게 되었다. 예를 들어 자율적으로 조직된 팀이 '시력보호캠프'를 홍보하고 교사를 대상으로 시력보호의 중요성을 인식하도록 교육하고, 어린이들을 지역의 시력보호캠프로 보내 시력상태를 검사하게 했다.

'시력보호캠프'에서는 어린이들의 시력상태를 항상 검사해야 했다. 시력검사는 한 번에 15명의 어린이를 대상으로 실시하며, 연령은 8~12세였다. 일반적인 방식으로 시력을 검사하려고 하자 갑자기 한 여자아이가 울었다. 아이는 시력검사를 받는 것에 정신적 스트레스를 느꼈다. 이와 같은 정신적 스트레스는 다른 부작용을 초래할 수 있고, 시력검사의 결과가 정확하지 않을 가능성도 높다.

아이가 안심할 수 있도록 담임교사에게 아이의 시력검사를 돕도록 했다. 친숙한 사람 앞에서 안정감을 갖기 바랐지만 상황은 크게 개선되지 않았고, 아이는 여전히 울고 있었다. 이때 캠프 디자이너에게 한 가지 아이디어가 떠올랐다. 반전 규칙을 적용하여 아이에게 교사의 시력을 검사하도록 한 것이다. 이 방법은 정말로 효과가 있었다. 아이는 매우 진지하게 교사의 시력을 검사했으며, 같은 반 친구들은 옆에서 부러운 듯이 아이를 바라보았다. 이어서 디자이너는 아이들이 서로 시력을 검사하도록 했고, 시력검사 과정을 토론하게 했다. 아이들은 의사 역할을 하는 것을 매우 좋아했다. 또한 시력검사 방법을 존중하고 각 단계의 지시사항을 철저하게 준수했다.

비전스프링사의 운영팀장인 피터 엘리아센(Peter Eliassen)은 "아이들의 시력을 검사하고 안경을 제공하는 과정에는 여러 독특한 문제가 발생한다. 우리는 프로토타입과 신속한 테스트를 통해 아이들이 시력검사를 하는 과정에서 편안함을 느끼며 긴장하지 않도록 하는 데 집중했다"라고 말했다. "현재 비전스프링사는 디자인 씽킹 부서를 갖춘 회사가 되었다. 우리는 프로토타입과 테스트 방법을 계속 활용하여 우리에게 가장 중요한 고객—판매 담당자와 최종소비자—으로부터 새로운 시장에 대한 피드백과 실행성 분석을 확보할 것이다." 비전스프링사는 테스트를 계속하여 해결방안을 개선하는 탁월한 효과를 거두었다.

그러나 모든 프로젝트가 이렇게 운이 좋지는 않다. 테스트를 제때 진행하지 않아 여러 번 진행되는 경우, '매우 멋있게 보이는' 많은 아이디어도 어쩔 수 없이 결국 무산된다. 남아프리카공화국의 트레보 필드(Trevor Field)는 아프리카 일부 지역에서 주민의 식수 부족 문제를 해결하기 위해 1997년 회사를 설립하여 물펌프와 회전식 놀이기구를 결합한 장치인 플레이 펌프(Play Pump)를 생산했다. 이 펌프는 아이들이 놀면서 회전할 때 물이 지하에서 펌핑되어 나온다. 플레이 펌프를 통해 전통적인 압축식 물펌프를 대체할 수 있었다. 이 프로젝트는 창의적 디자인으로 큰 호평을 받았으며, 2006년 '클린턴 글로벌 아이디어' 연례회의에서 1,640만 달러의 기부금을 받았다. 그 후 남아프리카공화국, 탄자니아, 모잠비크 등의 국가에 널리 보급되었다.

그러나 얼마 후 플레이 펌프를 설치한 여러 지역에서 전통적인 물펌프로 다시 교체해 달라는 원성이 계속 들려왔다. 알고 보니 전통적 물펌프는 한 통의 물을 펌프하는 데 28초가 걸리는 반면, 플레이 펌프는 3분 7초나 걸렸다. 이는 한 생활구역의 1일 식수량을 펌프질하기 위해서는 아이들이 27시간이나 '놀아야' 한다는 것을 의미했다. 물이 충분히 보급되지 못하는 것이 분명했다. 게다가 플레이 펌프의 구조가 너무 복잡해서 설비가 고장 나면 즉시 수리되지 못해 단수가 되는 상황이 종종 발생했다.

사회 혁신 분야에서 아이디어는 혁신적으로 보이지만 실제로 적용되지 못하는 프로젝트가 적지 않다. 때로 '최고 전문가의 아이디어'나 '눈이 번쩍 뜨이는 획기적 아이디어'가 천재적인 창의 과정에서 나오거나 프로토타입과 테스트를 거치지 않은 채 바로 시중에 나온다. 서비스 대상의 기본적 수요를 무시하면 여러 프로젝트들이 결국 검증을 통과하지 못하여 부득이하게 실패를 맞게 된다.

프로젝트가 정식으로 실시되기 전에 소규모 테스트를 진행하면 관련 데이터와 피드백을 신속하게 얻을 수 있다. 이를 통해 가설을 검증하고 해결방안을 수정할 수 있다. 대부분의 경우 테스트를 진행한 후에도 심지어 원래의 해결방안을 뒤집는 더욱 흥미로운 방안이 나오게 된다. 따라서 테스트 단계는 혁신적인 아이디어를 시장에 내놓을 때 디자인팀의 성공 가능성을 높이고, 프로젝트의 전망을 예견하기 어려운 상황에서 맹목적으로 많은 자금을 투자하지 않도록 효과적으로 예방할 수 있다. 그리고 이전 단계에서 주의를 기울이지 못했던 일부 요인의 영향을 통제하여 전체 프로젝트가 실패하지 않도록 예방할 수 있다.

디자인 씽킹은 단지 차가운 데이터에만 주목하지 않고 사람과의 접촉을 중시한다. 모든 테스트는 실제 현실세계로 되돌아가서 실제 사람과 반응해야 한다. 한 예로 호주의 빅토리아주는 교통사고에 관한 홍보영상을 촬영했다. 영상물에서 한 기자가 마이크를 들고 거리를 지나가는 사

람들을 붙잡고 인터뷰를 했다. 기자가 행인 1명에게 질문했다. "작년에 우리 빅토리아주에서 교통사고로 246명이 목숨을 잃었습니다. 이것은 정말 받아들이기 어려운 숫자가 아닙니까? 이 숫자가 어느 정도로 줄어들어야 적절하다고 생각하십니까?" 행인은 그 자리에 서서 잠시 생각하고는 다소 머뭇거리면서 말했다. "70명요. 제가 볼 때는 70명이면 적절하다고 봅니다." 이때 기자가 몸을 돌려 카메라를 길거리로 비췄다. 길모퉁이에서 70명이 걸어오고 있었다. 이 사람들은 놀랍게도 바로 이 남자의 부모, 아내, 아이들, 친구, 교사 등 정확하게 70명이 카메라를 향해 천천히 걸어오고 있었다. 기자는 다시 마이크를 들고 행인과 대화했다. "이 사람들이 모두 70명입니다. 이 숫자가 어느 정도로 줄어야 적합하다고 봅니까?" 그 남자의 태도는 완전히 변했다. 그는 믿을 수 없다는 표정을 지었다. 확고하게 "0"이라고 말하면서 손을 꽉 쥐고 공중에서 손을 흔들면서 0을 그리는 모습을 보여주었다.

　이 홍보물은 단지 한 편의 공익 홍보영상이지만, 우리에게 전해주는 메시지가 있다. 우리는 숫자를 생각할 때 사실 숫자의 배후에 있는 의미를 진정으로 이해하지 못한다. 살아있는 사람이 눈앞에 나타나면 우리의 판단에 체온이 더해지고 더욱 정확해진다. 그래서 우리는 테스트 단계에서 항상 팀원과 사용자가 다시 접촉하도록 하며, 팀원이 자신만의 작은 공간에서 사용자의 수요를 억측하지 않도록 한다.

　또 다른 사례로는 2015년 말에 중국 전역의 네티즌이 질타한 12306사이트가 있다. 이 사이트는 복잡한 인증번호 절차를 요구한 차표 구매 사이트다. 사이트 관리자가 관리자의 입장에서 불법 사용자의 침입을 차단한다는 목표를 우선순위에 두고 복잡한 인증번호를 요구한 것이다. 그러나 사용자는 사이트에서 간단히 차표 구매를 할 수 있는 서비스를 원했으며, 차표를 신속하게 구매하여 순조롭게 여행을 갈 수 있기만을 바랐다. 결국 지나치게 복잡한 인증절차는 고통스러운 티켓 구매 체험으로 변했다. 사이트를 통한 티켓 구매라는 소박한 기대와는 달리 서비스 이용상의 불편함이 엄청나게 커지면서 사용자의 부정적 체험이 급속히 쌓여갔다. 그러자 돌이킬 수 없을 만큼 입소문이 퍼지고 부정적인 인식이 생겨났다.

위의 예에서 볼 수 있듯이 테스트 단계에서는 자신의 전문가 신분을 잊어버리고 가능한 한 '무지한 사람'으로 재빨리 변화하여 테스트 기회를 이용해 사용자로부터 겸손하게 배워야 한다. 일반적인 상황에서 '전문성'이라는 단어는 가능한 한 실현하고 싶은 우리의 직업 목표다. 그러나 어떤 경우에는 '전문성'이 우수함과 탁월함으로 향해 가는 우리의 길을 방해하는 구속이 된다. 우리는 여러 전문 분야의 최정상급 인재들이 어린아이 같은 마음을 가지고서 이미 알고 있는 세계에 대해 새로운 호기심으로 대하는 것을 자주 발견한다. 초심을 잃지 않고 지속적으로 사용자의 상황에 공감하고 새로운 통찰을 하게 될 때 디자인을 위한 영감을 얻게 된다.

2. 테스트 준비

테스트 담당자는 사용자의 실제적인 피드백을 얻기 위해 매번 테스트 대상자와 만나기 전에 최선을 다해 준비해야 한다. 여기에는 잘 설계된 테스트 작업, 테스트에 적합한 대상자 모색, 테스트 환경 조성 등이 포함된다.

1) 테스트 작업

테스트 작업은 단계에 따라 구분한다. 단계에 따라 각기 다른 테스트 작업이 있다. 첫 번째 단계는 전략 단계로, 이 단계에서 고려해야 할 것은 디자인 개념이다. 현재 시장에 나와 있는 다른 제품이나 서비스보다 고객의 수요를 더욱 만족시켜주기 위해 어떤 개념을 디자인해야 하는지 기업에 알려주어야 한다. 그러나 디자인 개념 단계에서 우리는 단지 '사고'와 '아이디어'를 반영하는 하나의 개념만을 갖고 있을 뿐이다. 그래서 테스트를 시작할 필요가 있다. 개념을 테스트하는 목적은 여러 가지 제품의 개념이나 서비스 개념 중에서 가장 적합한 하나의 개념을 선택하고, 이 개념이 겨냥하는 소비자집단의 잠재적 요구를 만족시킬 수 있는지 고려하며, 또한 이 개념이 가져올 상업적 가치를 일차적으로 평가하는 데 있다. 그래서 이 단계에서는 보통 사용자와 교류하는 소통 방식을 사용하고 사용자가 평가할 여러 프로토타입을 준비한다.

두 번째 단계는 계획 단계로, 샘플 테스트를 한다. 샘플 테스트의 목적은 최종 제품이나 서비스가 어떤 형태로 구현되는지 기업에 알려주기 위해서다. 그래서 우리는 프로토타입의 기능성이 사용자의 수요에 부합하는지, 프로토타입이 외관적으로 매력이 있는지, 제품이나 서비스의 디자인이 사용자에게 어떤 느낌을 주는지 파악해야 한다. 이 단계에서 현재 디자인의 단점을 발견하고, 향후 목표시장을 정확하게 찾고 상업적 가치를 더욱 고려하여 평가해야 한다.

세 번째 단계는 전술 단계다. 샘플 테스트가 완료되었다고 해서 전면적인 출시 단계로 접어든 것을 의미하지는 않는다. 많은 기업은 샘플 테스트 외에 소규모 범위에서 신제품에 대한 시범 판매 테스트를 진행하여 제품의 판매 전망과 이윤을 예측한다. 예를 들어 맥도널드의 경우, 북미 지역에서 인기 있는 치즈 마카로니를 먼저 오하이오주 클리블랜드의 18개 매장에서 테스트한 후 아동용 메인 메뉴로 정했다. 맥도널드 대변인 리사 맥콤(Lisa McComb)은 "우리는 계속해서 소비자가 만족하는 새로운 맛을 찾고 있습니다. 소비자가 어떤 반응을 보이는지 확인하고 난 후에 출시할 것인지를 고려합니다"라고 말했다. 시범 판매를 통해 신제품의 마케팅 전략을 검증하거나 수정할 수 있다. 맥도널드는 치즈 마카로니의 열량이 단지 200칼로리라는 사실을 부각시켰고, 매우 건강한 식품이라고 강조했다. 이는 대중에게 각인된 맥도널드 햄버거와 감자튀김에 대한 부정적 이미지를 없애는 데 어느 정도 긍정적인 영향을 미쳤다.

　　요약하면 단계별로 테스트 작업을 정한다. 전략 단계에서는 개념 테스트를 진행하여 기업 자원과 시장 수요에 부합하는 제품과 서비스 개념을 선택한다. 계획 단계에서는 샘플 테스트를 진행하여 제품과 서비스가 이전 단계에서 디자인한 개념에 일치하는지 확인하고, 시장에서 우위를 점하도록 한다. 전술 단계에서는 시범 판매 테스트를 진행하여 제품과 서비스가 정식으로 출시될 때 차이가 나지 않도록 상업 가치 목표를 충분히 실현시킬 수 있도록 한다.

2) 테스트 대상자 선택

테스트 대상자의 선택은 최종 테스트 결과의 정확성과 관련된다. 테스트 대상자를 잘못 선택하면 전체 테스트의 오류를 초래할 수 있다. 우리는 보험산업을 위한 혁신 워크숍에 참가했다. 도전은 새로운 보험 판촉에 대한 아이디어를 구상하는 것이었다. 팀원은 직장에 갓 입사한 젊은이들이 보험 상품을 구매하도록 지원하는 것이었다. 조사단계를 거쳐 분석한 결과, 직장에 갓 입사한 중국 젊은이들은 비교적 여러 가지 두드러진 특징이 있었다. 첫째, 25세 정도 되는 젊은층은 대체로 위험에 대한 인식이 부족하다. 그들은 젊고 혈기왕성하며, 혈혈단신이다. 출국이나 여행 등 특수한 상황을 제외하고는 보험 상품에 대한 구매충동이 적다. 둘째, 입사 전에 가입한 보험 상품은 대부분 부모가 가입하거나 학교에서 단체로 가입한 것들이다. 자신이 스스로 보험에 가입한 경험이 거의 없다. 보험 상품의 종류와 정책에 대해서도 알지 못한다. 셋째, 젊은층은 현재 직장에 갓 입사해 소득 수준도 제한적이다. 게다가 소비는 많고 저축은 적다. 넷째, 그들은 인터넷 세대다. 어릴 때부터 인터넷을 사용하여 온라인 구매 등의 소비행위 패턴이 있다.

그래서 디자인 씽킹팀은 집단의 특성에 맞추어 크라우드펀딩 (crowdfunding) 보험 상품을 마케팅했다. 크라우드펀딩 보험상품은 5명당 하나의 보험풀을 공유하고, 크라우드펀딩 방식으로 각 개인이 일부분의 적은 금액만 지불하면 피보험 기회를 가지게 된다. 왜 '피보험 기회'라고 부르는가? 왜냐하면 5명이 크라우드펀딩으로 하나의 보험증권만 받기 때문이다. 이 보험은 유효기간 내에 맨 처음 위험이 발생한 멤버에게만 보상된다. 5명의 멤버 중 한 사람에게 위험이 발생하면 보험은 효력이 발생한다. 그리고 계약조건에 따라 배상이 지급된다. 그리고 보험 혜택을 받은 수혜자(큰 금액의 보험금을 받을 수 있다)는 일부 자금을 제공하여 다른 멤버들을 위해 계속 보험료를 지불해야 하며, 계약 주기는 보험에 가입한 날부터 다시 계산된다.

이렇게 설계된 새로운 보험 상품은 젊은 가입자들에게 보험 상품 구매의 경제적 압박을 줄이며, 상대적으로 적은 자금 투자로 동일한 보험 혜택을 보장받을 수 있다. 보험회사의 입장에서도 크라우드펀딩 방식이 배상 지급 확률을 증가시키는 것처럼 보이지만, 사실상 각 개인으로부터 징수하는 보험료는 각 보험 가입자가 지불하는 금액인 5분의 1 이상이다. 다시 말해 크라우드펀딩 보험 상품의 단가는 동일한 서비스의 보험보다 약간 높다. 그래서 회사의 수익도 일정 수준 보장된다. 그리고 크라우드펀딩 제품은 계속해서 연동하여 보험 가입을 하기 때문에 보이지 않게 보험 상품의 수명을 연장하며, 고객의 안정성과 지속성을 확보하고 젊은 층 고객과 함께 성장한다. 그들이 더 많은 유동성 자금과 부동산을 가지게 되면 보험회사의 다른 유형의 보험 상품도 더 쉽게 구매하게 되어 회사 브랜드에 대한 충성도 구축에 유리하다.

테스트 단계에서 우리가 맞이한 첫 번째 테스트 대상자는 재학 중인 대학생이었다. 팀의 보험 상품 판촉방안에 대한 설명을 듣고 난 후 대학생은 이해할 수 없다는 듯이 물었다. "왜 다른 멤버와 함께 보험에 가입해야 하지요? 내가 필요하다고 느끼면 혼자 가입할 겁니다. 매년 1만 위안 정도는 저 스스로도 감당할 수 있습니다"라고 말했다. 그리고 두 번째 테스트 대상자는 직장에 입사한 지 4년이 되었으며, 곧 결혼할 예정인 남성이었다. 그는 많은 현실적인 문제를 해결해야 하기 때문에 비교적 합리적이었다. 그는 보험 상품에 대해 질문하기 시작했다. "크라우드펀드 방식으로 공동 가입할 멤버는 제가 직접 찾아야 하나요? 아니면 회사가 지정해주나요? 그리고 보험을 통해 합리적인 재테크를 할 수 있나요?" 등을 질문하며 관련된 문제에 관심을 비쳤다. 그 후 우리는 30세 정도의 젊은 직장인들을 만나보았다. 테스트 대상자들을 만나고 나서 금전에 대한 인식이 대학생과 직장인 간에 큰 차이가 있다는 것을 알 수 있었다. 인식 차이의 가장 중요한 원인은 각 대상자에 따라 소득 출처와 지출 항목이 차이가 나기 때문이다. 자전거를 타본 경험이 없는 사람과 자전거 초보자들에게 타이어에 공기를 주입하고 사람을 태우는 것에 대해 질문하면 유

사한 인식의 차이를 발견할 것이다. 아마도 완전히 다른 대답을 듣게 될 것이다. 그래서 테스트 대상자 중에서 고무적인 대상자의 피드백에 주목해야 하며, 오차를 과감하게 제거해야 한다.

3) 테스트 환경 구축

테스트 환경 조성은 물리적 측면과 심리적 측면이라는 두 가지 측면의 준비가 필요하다. 일반적으로 테스트 대상자를 테스트 공간에 초대할 때 테스트 공간을 잘 배치하여 좋은 해석적인 의미를 갖도록 한다. 테스트 대상자가 테스트 공간에 들어올 때 프로젝트의 분위기를 쉽게 느끼도록 하여 자연스럽게 자신을 프로젝트 역할 속에 대입하도록 한다.

독일 프리드리히 대왕 탄생 300주년 기념 행사를 앞두고 주최 측은 하소플라트너 디자인씽킹연구소에 혁신 프로젝트를 맡겼다. 프로젝트의 도전과제는 최대한 많은 청소년이 참여하도록 유도하기 위해 상수시 궁전의 내부 공간에 대한 디자인 방안을 제시하는 것이었다. 디자인팀은 테스트 단계에서 300년 전 궁정에서 유행한 벽지 도안을 프린트하여 팀의 화이트보드에 붙이고, 작업 공간에 앤틱하고 클래식한 소파를 배치했다. 전체 작업 공간을 마치 시간이 거꾸로 흐르는 것처럼 고전적으로 장식했다. 그리고 나서 팀원들은 궁정 복장을 입고 가발을 쓴 다음 테스트 대상자를 초대하여 테스트를 진행했다. 전체 진행 과정은 매우 유쾌했고,

큰 성과를 거두었다.

    테스트 대상자를 잘 디자인된 공간으로 초대하는 것은 좋은 방법이다. 그러나 어떤 경우에는 디자인팀은 일상적 환경에서 사람들의 진실한 반응을 파악할 필요가 있다. 독일 베를린 테겔(Tegel) 공항의 안전검사를 재설계한 예는 매우 좋은 본보기다. 전 세계적으로 공항 보안 문제가 빈번히 발생하여 공항은 안전관리에 큰 어려움을 겪고 있다. 안전검사가 엄격하면 여행객은 신발도 벗어야 하고, 허리띠도 풀어야 하며, 외투나 스카프 등 몸에 착용한 의류를 벗어야 한다. 이러한 안전검사는 검사의 효율을 낮출 뿐만 아니라 검사 과정에서 여행객 또한 당황스럽고 수치심을 느낀다. 미국의 한 일간지는 안전검사를 받는 여성 승객의 사진을 뉴스 헤드라인에 올렸다. 이것을 계기로 안전검사에 대한 대중의 관심을 불러일으켰다. 얼마 전 우리는 독일 베를린 테겔(Tegel)공항에서 탑승 대기 전에 엄격한 안전검사를 받아야 했고, 방송에서는 물건 보관에 주의하라는 안내 메시지가 계속해서 들려와 여행의 심리적 부담을 크게 느꼈다. 안전검사를 받는 전체 시간은 3~5분 정도였지만 매우 길게 느껴졌다.

    프로젝트의 디자인 책임을 맡은 우리는 일련의 창의적인 과정을 통해 공항 카트를 다시 디자인했다. 새롭게 디자인된 공항 카트는 공간을 더욱 세분하여 여러 층으로 수납할 수 있도록 디자인하여 마치 가정의 수납상자와 같이 각종 여행물품을 질서정연하게 넣을 수 있었다. 아래층에는 일반 여행 가방을 놓고, 위층에는 컴퓨터, 휴대폰 등 전자제품을 둔다. 그리고 특별히 액체물품을 두는 공간도 있다. 이렇게 승객은 안전검사를 하기 전 대기시간에 물품을 잘 정리하여 직접 카트를 밀고 카트와 함께 안전검사 문을 통과한다. 이렇게 하면 안전검사 입구에 멈춰 서서 정신없이 여행 가방을 열고 여러 물품을 꺼낼 필요가 없다.

이로써 승객이 안전검사를 통과하는 시간이 크게 단축되었다. 더욱 중요한 것은 안전검사 담당자가 짐을 스캔할 때 승객이 자신의 물건을 담은 박스를 지켜볼 필요도 없게 되었다. 하나의 카트에 모든 물품을 싣고 함께 가기 때문에 승객은 더욱 안심하게 되었다. 현재 아마존 무인 마트가 제시한 '아마존고'(Amazon Go) 서비스와 유사하다. 디자인팀은 방안의 실행성을 검증하기 위해 제작한 프로토타입을 공항에 가지고 와서 다른 카트와 함께 두었다. 그리고 옆에 카메라를 두고 승객의 반응을 관찰했다. 승객이 어떻게 설명서를 읽고 여행 가방을 정리하고 서비스를 사용하는지 포착했다. 그 결과 여러 가치 있는 피드백을 확보했다.

3. 테스트 방법

테스트 단계는 우리가 제작한 창의적인 프로토타입이 사용자의 실제 요구를 충족시켰는지, 그리고 사용자의 피드백을 받는 과정에서 새로운 영감을 얻었는지 확인하는 것이다. 테스트는 여러 방식으로 할 수 있다. 프로토타입의 기능 테스트, 팀 간 교차 테스트, 극단적 사용자 테스트, 전문가 테스트 등과 같은 여러 테스트 방법을 사용하면 테스트 결과를 빠르고 효과적으로 확보할 수 있다.

프로토타입 기능 테스트는 사용자가 프로토타입이 제공하는 기능을 어떻게 사용하고 이해하는지 여부를 관찰하는 것이다. 프로토타입은 종종 전 단계에서 얻은 통찰과 아이디어에서 파생된 것이며, 디자인 도전에 대한 하나의 해결방안이므로 특정 기능을 탑재하고 있다. 기능 테스트를 수행할 때는 기능에 따라 나누어 테스트하는 것이 가장 좋다. 한 번에 하나의 기능을 테스트하여 겨냥하는 사용자의 피드백과 의견을 얻는다. 쇼핑몰 1층에 설치할 전자 안내데스크를 테스트할 때 탐색 메뉴의 분

류가 적합한지 개별적으로 테스트할 수 있으며, 가장 우수한 것을 선택하고 개선한다. 전자 안내데스크의 화면 크기가 적합한지, 또는 검색과 조작이 편리한지 별도로 테스트할 수 있다.

팀 교차 테스트는 디자인팀 간에 상호 테스트하여 피드백을 공유하는 것이다. 이 방법은 테스트 단계뿐만 아니라 디자인 씽킹의 다른 단계에서도 사용된다. 일반적으로 동일한 프로젝트에 2개 이상의 팀이 참여한다. 팀마다 이해와 관찰이 동일하지 않으며 중점을 두는 부분도 다르기 때문에 각 팀의 해결방안은 개방적이고 다양한 특성을 갖게 된다. 전체 과정에서 각 팀은 각 단계에서 서로 성과를 공유하고 교류하므로 프로젝트가 한 단계씩 나아갈 때 각 팀의 활동도 동시에 추진된다. 테스트 단계에서 각 팀은 서로에게 테스트 사용자 역할을 해주며, 내부 피드백을 줄 수 있다. 이 과정은 종종 프로토타입의 품질을 더욱 향상시키는 데 도움이 되며, 테스트 계획을 최적화하여 사용자를 중심으로 한 테스트 개발에 도움이 된다.

극단적 사용자 테스트는 관련 제품의 사용 경험이 풍부한 고객에게 기반을 두어 영감을 얻는 것이다. 이른바 극단적 사용자는 제품을 빈번하게 사용하는 사람들을 가리킨다. 소셜미디어 앱의 경우 극단적 사용자는 매일 앱에 로그인하여 수백 명의 사람들과 지속적으로 상호작용하며 사진을 공유하는 사람들이다. 그 외에도 극단적 사용자에는 제품 사용 범위를 초월하여 과도하게 제품을 사용하는 유형의 사람도 포함한다. 예를 들어, 직접 자동차를 개조하여 13분 내에 베이징 2환도로로 진입하기를 기대하는 폭주족 사용자도 있다. 이렇게 제품의 특정 기능을 극단적으로 사용하는 사람들도 극단적 사용자의 유형이다.

극단적 사용자의 경우에는 수요가 너무나 시급하여 제품 사용에 문제가 발생하거나 제품이 충분하지 못하게 되면 일시적인 보조방법을 사

용한다. 이들의 행동은 포착하기 쉽기 때문에 극단적 사용자에게 매우 의미 있는 수요를 관찰할 기회를 갖게 된다. 사실 평범한 사람들도 비슷한 수요를 가질 수 있지만, 그다지 극단적이거나 시급하지 않다. 따라서 극단적 사용자의 수요를 이해하면 평범한 사용자에게로 돌아가 같은 방식으로 적용하여 만족시킬 수 있다. 평범한 사용자의 수요는 그다지 명백하게 표현되지 않은 '숨겨져 있는 수요'다. 이것이 극단적 사용자 테스트를 하는 이유다.

전문가 테스트는 관련 분야의 전문가에게 프로토타입을 제공하여 전문적인 피드백을 받기 위함이다. 전문가는 한 분야에서 오랜 기간 연구했고 대부분의 사용자 상황을 비교적 이해하고 있기 때문에 전문가 테스트는 단기간에 디자인 도전과 해결방식에 대한 이해를 심화할 수 있다. 흥미로운 점은 디자인 씽킹팀이 종종 비전문가로 구성된다는 것이다. 자동차 분야의 문제를 연구했을 때 팀원 중에는 자동차 관련 전문가가 1명도 없었고, 공항 문제를 연구했을 때도 항공교통 분야의 전문가가 없었다. 해결방안이 완성된 후에는 수십 년 동안 관련 분야에서 연구한 전문가 앞에서 어쩔 수 없이 우리의 아이디어와 프로토타입을 전시하고 테스트하는 상황에 직면해야 한다.

전문가 앞에서 테스트라니 상상이나 할 수 있는가? 이것이 가능할까? 전문가 테스트의 결말은 어떻게 될까? 전문가 테스트의 비법은 전문가에게 디자인팀의 해결방안을 받아들이도록 설득하는 것이 아니라 새로운 가능성이 나타나게 하는 것이다. 우리는 '문외한'과 같다. 초등학생처럼 기존 지식 틀에 속박되지 않기 때문에 '가능성 없어 보이는' 새로운 아이디어를 대담하게 제시할 수 있다. 이러한 아이디어와 프로토타입은 엉뚱하고 비약적인 것처럼 보인다. 일반적으로 전문가는 호기심과 기대감을 갖고 소통할 것이다. 간단한 소개와 작동법을 들은 후 전문가의 첫 반응은 종종 "와우! 어떻게 이처럼 간단한 아이디어를 그전에는 생각하지 못했을까요?"이다. 대부분 프로토타입 주위를 두 번 정도 돌고 나서 프로토타입을 개선하기 위해 어떻게 도울 수 있는지 세밀하게 생각하기 시작한다.

1) 테스트는 제품 홍보가 아니다

테스트 대상이 전문가인지 일반 사용자인지 상관없이 우리의 프로토타입을 테스트할 때 테스트 대상자들은 마음속에 새로운 것을 기대하고 있으며 자신의 체험에서 나오는 피드백을 기꺼이 제공한다. 그러나 테스트 시점에서는 제품을 즉시 구매하거나 특정 서비스에 대한 비용을 지불할 준비가 되어 있지 않다. 이 점을 파악하고, 돌아가서 테스트 과정에서 보여주는 우리의 행동들을 살펴보자. 그러면 테스트 과정 중에 발생하는 문제를 발견할 수 있다.

　　테스트 과정에서 자주 발생하는 우리의 전형적인 행동은 우리의 아이디어와 프로토타입을 과신하여 프로토타입을 보여주지도 않은 상태

에서 사용자에게 질문할 시간이나 끼어들 틈도 주지도 않은 채 열변을 토하며 프로토타입을 소개한다는 것이다. 사용자가 질문하면 마치 사용자 눈앞에 있는 프로토타입이 완전무결한 이상적인 해결방안인 것처럼 재빨리 머리를 굴려 변명거리를 찾아 문제를 감추려 하고, 사용자가 제기한 도전을 받아들이려 하지 않는 경향이 있다. 만약 사용자가 "좋아요. 이것이 바로 제가 원하는 것입니다!"라고 말하면, 우리는 기쁜 마음에 제품의 각종 기능을 끊임없이 소개하며 이러한 기능을 만들게 된 배경 이야기를 하기 시작한다. 그러면 테스트 대상자들은 머리를 끄덕이며 "아이디어가 참 좋군요"라고 말한다.

물론 이렇게 하면 결과적으로 테스트 시간이 정해져 있는 상태에서 사용자는 우리의 해결방안을 완전히 이해하고, 프로토타입 제작 배경의 상세한 이야기를 듣게 된다. 왜냐하면 배정된 테스트 시간의 80%를 우리가 다 사용하여 설명했기 때문이다. 그렇게 되면 사용자의 피드백을 너무 적게 받게 된다. 사용자가 입을 열고 피드백을 말하도록 내준 시간은 20%에 불과했기 때문이다. 이 시점에서 우리는 테스트가 실패했다는 것을 깨닫게 된다.

이와는 반대로 할 것을 제안한다. 사용자의 피드백을 듣고자 한다면 프로토타입을 홍보하면서 소통하는 것이 아니라 사용자와 접촉하는 귀중한 기회를 인터뷰 방식을 사용하여 질문하고, 관찰하고, 경청함으로써 사용자의 피드백이 자연스럽게 나오도록 하는 더욱 많은 기회를 만드는 것이다.

애플의 전 CEO 스티브 잡스(Steve Jobs)는 "항상 배고프고 항상 어리석어라"(Stay hungry, stay foolish)라는 말을 했다. 사실, 잡스가 말한 '배고픔(hungry)'은 '지식갈구의 갈증'만이 아니라 미지의 세계에 대한 진정한 굶주림이다. '어리석음(foolish)'은 '겸손'이라는 뜻뿐만 아니라 일종의 진정한 '서투름'을 내포한다. 테스트할 때 가장 좋은 것은 서투름이다.

우리보다 사용자를 똑똑하게 하자. 사용자가 우리에게 가치 있는 정보를 더욱 많이 제공하도록 하자.

2) 사용자는 언제나 옳다

테스트는 사용자와 교류하는 과정이다. 어떤 장면이 많은 상호작용을 유발할까? 자연스럽게 떠오르는 것은 게임 분야다. 게임은 플레이어가 입력하는 대로 실시간으로 반응한다. 많은 양의 상호작용과 풍부한 사용자 행동 데이터를 생성한다. 그렇다면, 우리의 테스트 단계에서도 이렇게 대량의 사용자 상호작용을 생성할 수 있지 않을까?

　게임에는 하나의 세계관과 목표가 있으며, 게임을 시작하면 플레이어가 탐색을 시작한다. 처음 게임을 시작할 때는 플레이어에게 게임 규칙이 소개되지 않지만, 점차 게임이 진행됨에 따라 차츰 알게 된다. 이제 '마리오' 게임의 고전 버전에 대해 생각해보자. 플레이어는 피치공주가 붙잡혀 있는 것을 알고 있으며 공주를 구하기 위해 몬스터들을 물리치고 용감하게 출발한다. 그는 먼저 버섯을 만나게 되고 점프하여 버섯 밟는 법을 배운다. 그 후 머리 위에 물음표가 달린 벽돌을 만나게 되는데, 점프하여 머리로 벽돌을 격파하여 아이템을 얻는 법을 배운다. 플레이어가 물음표 없는 벽돌을 치면 그냥 벽돌만 깨진다. 첫 번째 미션이 완성되면, 플레이어는 계속해서 블록 장애물을 점프하는 두 번째 미션으로 들어간다.

　추억의 게임에 나오는 작은 부분이지만, 테스트할 때 본보기로 삼을 수 있는 여러 가지 디자인을 발견할 수 있다. 첫째, 상대방에게 한 번에 너무 많은 정보를 제공하지 않는다. 테스트할 때 프로젝트의 목적과 배경을 간단하게 소개하고, 그 후에 테스트의 목적도 간단히 소개하고 나

서 사용자를 테스트 과정으로 안내한다. 둘째, 테스트가 진행될 때 사용자와 실시간으로 상호작용하고 사용자가 계속 탐색하도록 격려한다. 이전 단계에서 제작한 프로토타입은 사용자와 상호작용하기에 가장 좋고 용이하다. 사용자는 직접 볼 수 있고, 만질 수 있고, 사용할 수 있는 프로토타입에 호감을 느끼게 된다. 개방형 질문을 사용하는 것도 도움이 된다. 셋째, 프로토타입과 사용자 간의 상호작용이 반드시 우리가 원하는 대로 되는 것은 아니다. 마리오처럼 물음표가 없는 벽돌을 칠 수 있듯이, 사용자도 우리의 제품과 서비스를 잘못된 방식으로 사용할 수 있다. 디자인팀은 이런 상황이 발생해도 놀라지 말고 반드시 '사용자가 항상 옳다'는 것을 염두에 두어야 한다. 마리오가 벽돌을 잘못 치는 것처럼 사용자의 잘못된 조작에 직면한 경우 이에 대응할 수 있는 내부 시스템이 구비되어야 한다. 사용자의 조작법을 바로잡아주는 대신 잘못된 조작을 방지하는 '확실한' 방법을 세심하게 디자인한다.

4. 테스트 후 요약하기

테스트가 끝나면 팀원들끼리 모여 사용자의 피드백을 분류하고 분석한다. 이때 테스트 피드백 양식(아래 그림 참조)을 통해 테스트 단계에서 얻은 결과를 신속하게 확인할 수 있다.

테스트의 피드백 양식은 4개의 사분면으로 나뉜다. 사분면 중 위의

두 사분면은 어떤 디자인이 효과적이고 어떤 디자인은 효과적이지 않은
지를 표시하는 데 사용된다. 아래의 왼쪽 사분면은 사용자 테스트 중에
발견한 새로운 문제를 기록하는 데 사용되며, 아래의 오른쪽 사분면은
사용자가 건의한 새로운 아이디어나 테스트 중에 등장한 새로운 아이디
어를 기록하는 데 사용된다.

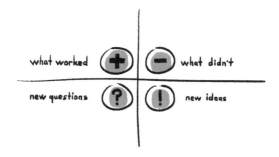

디자인팀은 테스트 중에 기록된 포스트잇 메모지, 사진, 이미지 및
기타 정보를 체계적으로 정리하여 한 단계 나아간 검토를 할 수 있다. 프
로토타입에 대한 사용자의 의견은 객관적이고 오차가 적은가? 현재 프로
토타입이 실제 사용자의 수요를 충족하는가? 테스트에서 얻은 것은 어떤
새로운 통찰인가?

일반적으로 사용자는 제품과 서비스를 이해한 후 다음과 같은 세 가
지 결론에 도달하게 된다. 첫째, 현재 프로토타입은 우수한 제품으로, 기
존 제품이나 서비스보다 우수하다. 둘째, 동등한 제품으로, 기존 제품이
나 서비스와 차이가 없다. 셋째, 미흡한 제품으로, 기존 제품이나 서비스
보다 못하다. 그렇다면, 생각해보자. 사용자가 실제로 인식한 것은 무엇
인가? 사용자가 제공한 피드백의 결론은 객관적일까? 아마도 상당히 많
은 요인이 결론에 영향을 미쳤을 것이다. 예를 들어, 우수한 제품이라고
피드백을 준 사용자는 신제품 자체가 아니라 제품 브랜드를 매우 좋아하
기 때문일 수도 있다. 실제로 신제품에 결함이 있을 수도 있다. 그러나 고

객은 브랜드에 대한 무조건적인 충성심 때문에 결함이 있어도 무시할 수 있다. 이런 부분은 테스트 결과를 요약할 때 주의를 기울여야 하는 부분이다.

마지막으로 디자인팀은 현재 프로토타입을 계속 개선해나갈 것인지 아니면 새로운 통찰을 바탕으로 더욱 흥미롭고 완전히 새로운 프로토타입을 만들 것인지 결정해야 한다. 어쩌면 이전 단계로 되돌아가야 할 수도 있다. 더욱 투박한 아이디어를 떠올릴 수 있는 창의 단계로 되돌아갈 수도 있다. 어떤 경우에는 창의 단계도 충분하지 않을 수 있다. 창의 단계 이전인 종합 단계로 돌아가 사용자에 대한 통찰을 정교화하고 더욱 정확하게 혁신 기회가 될 지점을 탐색하고 진전해야 한다. 따라서 디자인 씽킹의 6단계를 첫 단계부터 마지막 단계까지 하나의 주기로 진행한 이후 이전 단계로 되돌아가 새롭게 또 다른 주기를 반복한다. 아래 그림을 보면, 디자인 씽킹의 6단계는 단일한 방향으로 선형적으로 진행되는 것이 아니라 단계들이 맞물려 있고, 반복적이며, 연결되어 있다. 디자인 씽킹의 전 과정은 원형으로 표시된 6개의 개별 단계로 구성되기도 하지만, 동시에 6단계를 연결하는 연결선에 의해서도 다중적이며 중첩적으로 구성된다는 것을 기억하자.

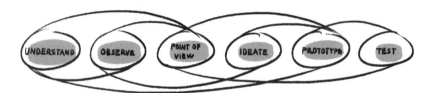

제9장 디자인 씽킹: 미래 설계

"우리는 이전에도 수많은 획기적인 기회가 있었다. 기회는 모두 해결할
수 없는 문제인 것처럼 보였다."

– 존 가드너(John Gardner)

사회가 지속적으로 발전함에 따라 기업이든 각종 조직이든 그들이 직면한 문제는 너무 복잡해져서 이전에 문제를 바라보던 기존 방식으로는 현재 문제의 복잡성에 대응하기에 충분하지 않다. 문제에 대한 획기적이고 혁신적인 해결방안을 찾기 위해 여러 각도에서 바라보고 포괄적으로 분석해야 한다.

끊임없이 출현하는 복잡한 문제를 새롭고 획기적인 기회로 바꾸는 방법은 무엇인가? 최근 몇 년 동안 점점 더 많은 기업 리더가 디자인 씽킹을 이야기하고 적용하기 시작했으며, 디자이너처럼 생각하고 더 높은 관점에서 기술, 비즈니스 및 인문학의 요구를 종합적으로 파악하고 '미래를 디자인'하는 방식으로 '미래를 예측'한다.

I. 왜 디자인 씽킹인가? 왜 지금인가?

베이징에서 열린 디자인 씽킹 아시아총회에서 스탠퍼드대학교 디자인 씽킹 스쿨(Stanford d. school)의 마이크 베리(Mike Berry) 교수는 인상적인 이야기를 했다. 전설에 따르면, 체스를 발명한 사이사 반 다엘(Saisa Ban Dayel)은 왕이 무엇을 원하는지 묻자 체스판에 밀알을 가득 채워주는 것으로 포상해달라고 했다. "폐하, 체스판의 첫 번째 칸에는 밀알 1개를 주세요. 두 번째 칸에는 2개를, 세 번째 칸에는 4개를 주세요. 모든 칸에 밀알이 놓일 때까지 이와 같이 계속 주세요. 체스판의 64개 정사각형 칸에 채워진 밀알을 폐하의 백성에게 주십시오." 왕은 신하의 요구가 그리 많지 않다고 여겨 바로 흔쾌히 수락했다. 처음에는 요구가 하찮게 생각되었는데, 일단 계산해보니 국왕은 전국에 있는 밀을 다 가져와도 약속을 이행할 수 없다는 것을 깨달았다. 사이사가 요구한 밀알 수는 도대체 몇 개일까? 등비수열 공식을 사용하여 2의 64제곱에서 1을 뺀 결과를 계산할

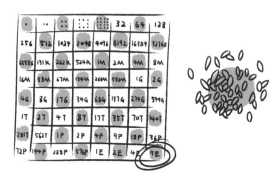

수 있었다. 총 184,467,740,073,095,599,999개의 밀알이다. 밀알 35개의 무게가 1그램이라면 전체 밀알의 총 무게는 527억 톤이며, 당시 밀 생산 능력에 비추어 전 세계 모든 지역에서 2천 년 동안 생산되어야 할 양이었다!

전환점의 가장자리에 있는 많은 것들은 변화하기 전에는 항상 정상적으로 보인다. 여름날 연못을 바라보면 하나의 특수한 효과를 발견할 수 있다. 연못에서 사람들이 느낄 수 있는 것은 바로 밤이 되면 연꽃이 피는 것이다. 너무나 아름다운 광경이다. 경제학에서는 이것을 '연잎 효과'라고 지칭한다. 연잎 효과의 의미는 다음과 같다. 첫날 연못에 연꽃 잎이 1개 자라면, 하루가 지나면 2개의 새 잎이 자라며, 이틀이 지나면 4개의 새 잎이 자라고, 3일이 지나면 8개의 새 잎이 자란다. 연잎의 성장은 28일이나 계속된다. 우리는 연못에서 연꽃이 자라는 전체 과정의 1/4만을 볼 수 있을 뿐이다. 29일이 되기까지 연못의 수면 위에는 여전히 아무것도 없다. 연잎은 느리게 성장하고 있다. 29일째가 되면 연잎이 연못의 절반을 뒤덮게 되고, 하루가 지나면 연잎이 연못 전체를 덮는다. 28일의 '전환점'이 되기 전까지는 성장 속도가 느려서 사람들의 관심을 끌기 어려울 수 있으나, 전환점에 도달하면 한순간에 터져나와 할 말을 잃을 만큼 영향력이 커진다.

많은 일들이 처음에는 단순해 보인다. 그러나 예상치 못한 방식으로 발전하는 경향이 있으며, 체크판의 밀알이나 연못의 연잎과 같이 생각보다 빠르게 변화한다. 우리는 진정 미래에 직면할 준비가 되어 있는가?

미국 실리콘밸리에 있는 싱귤래러티대학교(Singularity University)는 기하급수적인 변화를 선도하는 개척자다. 이 대학은 구글(Google), 시스코(Cisco), 인텔(Intel), 링크드인(LinkedIn), 오토데스크(Autodesk)의 6개 회사가 공동으로 자금을 지원하여 설립되었다. 나사(NASA)가 대학 부지를 제공했으며, 시험도 없고 논문도 제출하지 않으며, 공식적으로 인정되는 졸업장도 없다. 그러나 그들은 학제 간 교육을 통해 '세계에서 가장 똑똑한 두뇌를 모으고 훈련'한다. 차세대 지도자로 배양하고, 기하급수적으로 성장하는 과학기술을 습득하여 10년 동안 10억 명의 삶을 개선한다. "10년 동안 10억 명의 삶을 향상시키는 것"은 쉬운 목표가 아니기 때문에 이 대학교는 특히 '기하급수적 속도'를 중요하게 생각한다. 싱귤래러티대학교의 전략관계팀 팀장인 마지안 모실린(Ma Jian Moxilin)은 한 연설에서, 그 자리에 모인 수십 명의 유럽 대학 교수들에게 "축하합니다. 여러분과 저는 이렇게 즐거운 세상에 살고 있습니다"라고 말했다. 기하급수적 속도에 감탄하며 싱귤래러티대학교는 와이파이(WiFi) 비밀번호를 '12481632'로 설정했다고 밝혔다. 이는 다름 아닌 '지수를 곱해서 나온 숫자'다.

1) 큰 패배가 아니라 빠른 패배

21세기 초에 살고 있는 사람들은 세상이 변하고 있다고 확실하게 느낀다. 디지털 물결을 기회로 삼아 많은 기업들이 성공을 거두었고, 전통산업의 기업들은 새로운 벤처기업의 출현에 위협을 느끼고 있다. 세계 최대의 여행 및 숙박 서비스 제공업체인 에어비앤비(Airbnb)는 방을 소유하지 않

Airbnb　滴滴　阿里巴巴

는다. 중국 최대의 자동차 네트워크 플랫폼 제공업체인 디디(Didi)도 자동차를 소유하지 않는다. 세계에서 가장 큰 인터넷쇼핑 사이트 알리바바(Alibaba)는 재고가 없다. 수백 년 된 상점은 디지털 혁신 과정에서 인터넷 상점에 의해 타격을 받았다. 코끼리가 쓰러지는 시점이 우리와 조금도 멀리 있지 않다. 마치 수세기가 지난 것 같지만 우리는 코끼리를 일으켜 세워야 한다.

　미디어업계의 거물인 머독(Murdoch)은 이 상황을 다음과 같이 정확하게 설명했다. "이것은 큰 패배가 아니라 빠른 패배입니다." 우리의 기억 속에 있는 노란 로고의 필름회사 코닥(Kodak)은 당시 가장 비중 있는 필름 공급업체 중 하나였다. 1990년대 후반, 전 세계에서 8천만 장 이상의 사진이 찍혔고, 이 사진들은 모두 필름을 인화한 것이다. 사람들은 사진 촬영 후 필름을 인화하기 위해 전문가에게 필름통을 보내야 했다. 며칠을 기다린 후에 만족스럽지 않은 사진을 받을 가능성이 크다. 그러나 이 모든 불편에도 불구하고 시장에 더 나은 대안이 없었기 때문에 소비자는 받아들일 수밖에 없었다.

　실제로 1975년 코닥연구소의 스티브 사이산(Steve Saishan)은 이미 디지털카메라의 프로토타입을 제작했다. 그러나 회사는 이것을 단지 하나의 작은 프로젝트로 인식했고, 제품으로 만들기에는 시장이 아직 충분히 성숙하지 않았으며, 더 큰 문제는 디지털카메라가 코닥회사의 주요 수입원인 필름시장을 먹어 치울 것으로 믿었다.

　마이크로소프트사의 CEO 사티아 나델라(Satya Nadella)는 "성공한 회사는 이른 성공이 특히 큰 성공에 걸림돌이 될 수 있음을 항상 명심해야 한다"라고 말했다. 전복적인 혁신은 자기 혁명인가? 이것은 대기업들이 직면하는 혁신적인 딜레마다.

막대한 이익을 내는 영화 산업에 대한 코닥의 '경로 의존성'은 회사의 변화를 주저하여 느리게 만들었고, 결국 노란 거인의 하락으로 이어졌다. 2005년 영화시장이 부진해졌을 때 사람들의 사진 촬영 방식도 극적으로 변했다. 사진 저장 방법과 공유 방법도 함께 변했다. 2012년 '인스타그램'(Instagram)이라는 소프트웨어가 빠르고 재미있고 탁월한 방식으로 사진 공유를 위해 출시되었고, 심지어 버락 오바마(Barack Obama) 전 미국 대통령도 이 앱을 사용했다. 13명의 직원을 둔 인스타그램은 페이스북이 10억 달러에 빠르게 인수했다.

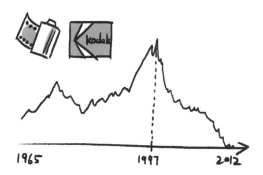

2) 왜 전 세계의 눈이 '감자'를 보고 있는가?

우리는 아우디자동차(Audi Motors)를 위한 특별 워크숍을 조직한 적이 있다. 혁신을 자극하기 위한 공간 디자인에 관한 워크숍이었다. 우리는 아우디자동차의 디지털 R&D부서의 디자이너들과 학생들을 대상으로 프로젝트를 하면서 오랫동안 협력해왔다. 아우디 직원들과 구글의 무인

자동차에 대해 이야기할 때, 이 독일 친구들은 복잡한 감정을 보여주었다. 고위 경영진으로부터 인상적인 말을 들었는데, 그것은 "구글은 자동차를 만들 수 없습니다!"라는 말이었다.

당연히 구글은 전통적인 자동차 제조업체가 아니기 때문에 이상한 '감자'를 만들었고, 미국 실리콘밸리에 위치한 마운틴 뷰(Mountain View)의 구글 파크(Google Park)에서 노부부인 린다(Linda)와 와트(Watt)에게 '테스트 운전'을 부탁했다. 이 차량은 2명만 탈 수 있으며, 핸들, 액셀러레이터 페달과 브레이크 페달이 없다. 구글은 차 내부에 카메라를 장착하고 테스트 운전자의 흥분과 기쁨을 촬영했다. 촬영된 동영상을 보면 운전할 때 핸들을 제어할 필요가 없으며 액셀러레이터나 브레이크를 밟을 필요도 없다. 구글은 이 동영상을 대담하게 유튜브(YouTube)에 공개했다.

오랜 역사를 가진 전통적인 독일 자동차 제조업체인 아우디는 구글처럼 만들지 않았다. 이미 2014년에 아우디의 RS7 스포츠카는 무인자율주행으로 240km 속도로 하이델베르크 서쪽 호켄하임 트랙에서 주행했다. 독일 투어링카 마스터스대회(Deutsche Tourenwagen Masters, DTM)에 참가한 아우디는 수많은 전문가들을 초대하여 이 역사적인 순간을 직접 목격하게 했다. 아우디는 무인자동차 동영상을 온라인에 배포했고, 대중매체들은 앞 다투어 보도했다. 더 좋은 소식은 현재 아우디는 실리콘밸리에서 라스베이거스까지 900km의 무인자동차 테스트를 완료했으며 도로 주행 테스트는 성공적이었다.

그러나 인정할 수밖에 없다. 인터넷 기업의 입장에서는 구글맵(Google Map)과 구글어스(Google Earth) 등의 전 세계 교통 데이터를 사용하여 무인자동차 영역으로 파고드는 것이 '세계 최고의 자동차를 제작하는 것'보다 낫고, 더 큰 상상력의 공간을 얻을 수 있다. 실리콘밸리, 보스턴,

베이징, 시드니 등 전 세계 각 지역에 있는 사람들은 지칠 줄 모르고 못생긴 '감자'에 대해 이야기하면서 혁신의 흥분을 숨기지 못한다. 물론 아우디 CEO인 루퍼트 슈타들러(Rupert Stadler)도 이를 잘 알고 있다. "전통적 사고로는 미래의 발전에 대처하기란 충분하지 않으며, 세계 최고의 자동차를 생산하는 것만으로는 충분하지 않다. 이러한 유연한 사고에 직면하여 자동차 제조업의 주인이 누구인가는 더 이상 중요하지 않다."

3) 물고기는 물을 본다

물고기에 대한 우화가 하나 있다. 작은 물고기 두 마리가 함께 헤엄치고 있을 때, 다른 방향에서 오는 나이든 물고기를 만났다. 나이든 물고기는 작은 물고기들에게 고개를 끄덕이며 말했다. "좋은 아침! 어린 물고기들아, 여기 물은 어떠니?" 두 마리의 작은 물고기는 놀라서 허겁지겁 도망갔다. 어느 정도 헤엄쳐 간 후, 작은 물고기 중 한 마리가 다른 물고기를 보며 물었다. "대체 물이 뭐야?"

이처럼 우리는 가장 많이 접촉하면서도 없어서는 안 되는 것들을 간과하기 쉽다. 단순한 것들이 우리를 깊이 생각할 수 있게 한다. 물고기가 물을 볼 수 있어야 앞뒤 문맥과 상황을 이해하고 새로운 관점에서 사용자를 이해할 수 있다. 우리가 자동차를 살 때, 자동차라는 교통 수단을 사는 것이 아니라 속도를 사는 것이다. 마찬가지로 화장품을 구매할 때는 제품이 아닌 아름다움을 산다. 위챗에 아이 사진을 올리는 행위는 단순히 사진이 아니라 아이를 사랑하는 좋은 부모 이미지를 구성하는 것이다.

디자인 씽킹은 혁신의 길을 찾을 때, 사람들에게 눈을 돌려 사람들을 관찰하고, 이해하고, 사람들의 요구로부터 출발한다. 입장을 바꾸어 생각하고 사람들의 인생에서 발견되지 않아 만족되지 않은 수요를 이해하고 관찰하며, 사람들의 체온을 느끼며 혁신을 만든다.

또 다른 운 좋은 창업자인 척 템플턴(Chuck Templeton)의 이야기다. 그의 아내가 손님이 방문하기 전에 온라인으로 식당을 예약하려고 했는데, 3시간이 지나도록 여전히 식당예약을 하지 못하고 있는 것을 발견했다. 그의 원래 계획은 한 차례 즐거운 식사를 준비하는 것이었는데, 이 과정은 매우 번거로웠다. 우선, 식당에 가본 다른 사람의 평가를 보고 식당을 선택한 다음 전화로 좌석을 예약해야 한다. 좌석이 이미 가득 찼다면 식당을 다시 선택해야 한다. 인터넷이나 신문에서 할인쿠폰도 찾아야 한다. 척은 이런 불편함을 해소하기 위해 온라인 예약 플랫폼인 오픈테이블(Open Table)을 개발했다. 오픈테이블은 고객에게 전문적인 식당예약 서비스를 제공하기 위한 앱으로, 고객은 식사시간을 포함하여 식당의 좌석 상황과 잔여좌석, 메뉴판을 볼 수 있다. 또한 포인트를 적립하여 할인도 받을 수 있다. 식당은 오픈테이블에 한 달에 199달러를 지불하고, 각 손님은 1달러를 더 지불한다. 현재 1만 개가 넘는 식당에서 이 서비스를 사용하고 있다.

4) 인간의 수요로 되돌아가기

포드자동차(Ford Motors)의 설립자 헨리 포드(Henry Ford)가 사람들에게 "무엇이 필요합니까?"라고 묻자 사람들은 단지 "더 빠른 말을 원합니다"라고 대답했다. 소비자는 종종 자신이 원하는 것이 무엇인지 모르며, 충분히 정확하게 표현하지도 못한다. 그렇다면 사용자 조사를 포기해야 할까? 아니면 반대로 헨리의 질문에 문제가 있는 걸까? 사용자에게 계속해서 "왜?"라고 묻는다면 우리는 더 나은 답변을 얻을 수 있을까?

시간이 지남에 따라 많은 자동차 제조업체는 거만한 자태를 내려놓고 고객의 목소리를 주의 깊게 듣는다. 고급 자동차 생산을 위해 노력해 온 다임러(Daimler)는 다양한 비즈니스 영역에 디자인 씽킹을 도입하고 사용자의 수요를 중심에 두고 있다.

(1) 천 명의 고객, 천 명의 수요가 있다

베이징 메르세데스-벤츠 부사장 마크 난디(Mark Nandi)는 "언제나 디자인 씽킹과 민첩 개발모델을 사용합니다"라고 말했다. 마크는 독일인으로, 18년 동안 메르세데스-벤츠자동차에서 근무하는 동안 "최상이 아니면 아무것도 없다"라는 메르세데스-벤츠의 사명을 온몸으로 실천한다.

한번은 난디 부사장이 대형 콘퍼런스장에 캐주얼 재킷에 청바지를 입고 등장했다. 현장에 있던 기자는 난디 부사장의 복장을 민감하게 포착하여 다음과 같이 물었다. "오늘 복장이 매우 특별해 보입니다. 이 복장의 의미는 메르세데스-벤츠 경영진이 미래에 넥타이를 맬 필요가 없다는 뜻입니까?" 그러자 그는 "통계에 따르면, 중국 시장에서 메르세데스-벤츠 소유자의 평균 연령은 36세이며, 독일 소유자의 평균 연령인 59세보다 훨씬 낮습니다. 우리는 사용자와 가깝게, 그리고 소비자와 함께 서 있어야 합니다"라고 유머스럽게 대답했다.

난디가 주관하는 '스타 엠블럼 패키지', '아름다운 고객체험', '산리툰 메르세데스 체험스토어', '티몰 플래그 스토어'는 모두 사용자에게 최대한 가깝게 다가서는 일련의 프로젝트들이다. 그는 "천 명의 고객, 천 명의 수요가 있다"라는 셰익스피어의 말을 인용하는 것을 좋아한다. 이 인용구는 팀원들이 메르세데스 사용자를 빠르게 잘 이해할 수 있도록 한다.

(2) 체온이 느껴지는 혁신

폭스바겐그룹(Volkswagen Group)은 베이징 산리툰에 위치해 있다. 대형 사무실빌딩 1층 홀의 천장부터 바닥까지 내려오는 대형 창문 앞에 폭스바겐(Volkswagen), 아우디(Audi), 벤틀리(Bentley), 포르쉐(Porsche) 등의 럭셔리 브랜드 자동차가 함께 전시되어 있다. 커피숍의 벽에는 낙서하듯 독일식 디자인 느낌의 대형 자동차 모델이 가득 그려져 있다. 이 홀을 걷는 사람들은 자연스럽게 입구 왼쪽에 걸린 "사랑은 안전입니다"라는 슬로건을 볼 수 있다.

중국 폭스바겐그룹의 사회적 책임부서(Social Enterprise Responsibility Department) 책임자인 인진(殷进)은 "어린이의 도로안전교육은 사회 전체의 관심을 필요로 합니다. 도로안전에서 어린이는 취약한 집단이며, 교통사고가 날 가능성이 성인의 경우보다 훨씬 높습니다"라고 말한다. 폭스바겐그룹은 2013년부터 6개의 주요 브랜드와 2개의 합작 벤처와 함께 '폭스바겐그룹 어린이 안전 캠페인'을 공동으로 시작했으며, 안전 시트, 안전백 등의 물자를 사회에 기부했다. 또한 중국 부녀자들과 긴밀히 협업하여 기금을 개발한 뒤 중국 전역의 13개 도시에 '폭스바겐 어린이도로 안전센터'를 건립했다. 지역사회의 형편에 맞게 아동안전교육을 상시화했다.

폭스바겐그룹은 전문적인 관점에서 도로안전 지식을 전파하는 것만으로는 충분하지 않다는 것을 깨닫고, 중국 커뮤니케이션대학교의 디자인 씽킹팀을 찾아왔다. 디자인팀은 3개월간의 공동작업을 통해 가족 사용자로부터 통찰을 발견할 것으로 기대했다.

    중국커뮤니케이션대학교의 다양한 배경을 가진 교수와 학생팀은 폭스바겐 디지털 혁신 부서의 연구개발 직원인 페트로(Petro) 씨와 여러 차례 베이징의 어린이도로안전센터(儿童道路安全中心)와 조이시티(大悦城), 중국과학기술박물관(中国科技馆), 구궁박물관(故宫博物院) 등의 장소를 방문했다. 팀은 행사장에서 100명 이상의 어린이, 교사, 부모, 교통경찰 등을 인터뷰한 후, 부모가 옆에 있을 때 어린이가 교통사고를 당한다는 것을 알게 되었다. 부모의 안전의식이 약한 것이 주요 원인이었다. 따라서 후속 디자인 단계에서 팀은 초점을 부모-자식 관계에 두었고, 제어 가능한 범위 내에서 게임 엔진 등 현대 과학기술의 수단을 강화하여 부모들이 적극적으로 참여하도록 장려하는 따뜻하고 흥미로운 일련의 활동을 개발했다. 그리고 베이징과 톈진에서 현장 테스트를 실시했다.

    기자는 인터뷰에서 "자녀가 없는 대학생팀이 디자인하는 부모-자식 프로젝트가 성공할 수 있을까요?"라고 거침없이 질문했다. 그 같은 질문에 대해 인진은 프로젝트 결과보고 회의에서 "우리는 항상 도로안전교육을 위해 굉장히 많은 부정적인 상황을 사용해야만 사람들의 안전의식을 깨우칠 수 있다고 생각합니다. 중국 커뮤니케이션대학교의 디자인 씽킹팀은 심도 있고 섬세한 통찰을 발견했습니다. 최종 디자인의 중점을 부모-자식관계로 정했습니다. 이 체험의 전체 과정은 따뜻하고 포근합니다. 13개 어린이도로안전센터의 중점사항을 재편성해줄 뿐 아니라 혁신에 온도가 있다고 느끼게 합니다"라고 말했다.

이제 폭스바겐그룹의 사회적 기업 책임부서는 디자인 씽킹 방식을 사용하여 연중과 연말에 전략적 혁신을 수행하고, 일상 업무에서 혁신의 방식을 사용하여 홍보 부서와 협력하기 시작했다. 중국 커뮤니케이션대학교의 학생들은 폭스바겐그룹 인턴십에 초청되었다.

2. 미래에 직면한 디자인 씽킹

1) 불확실한 미래에 직면하여 판단력을 잃을 것인가?

구글의 무인자동차 전망과 관련하여 독일 하소플라트너 디자인 씽킹 연구소의 울리히 와인버그 교수는 아우디 CEO인 루퍼트 슈타들러(Rupert Stadler)와 최근 베를린의 훔볼트 박스(Humboldt-Box)에서 대화를 나누었다. 과거 수십 년 동안 세계에서 가장 중요한 혁신은 독일이 아닌 실리콘밸리에서 비롯된 것이다. 와인버그 교수가 "미래의 수십 년 동안 우리는 모두 구글의 무인자동차를 운전하게 될까요?"라고 묻자, 슈타들러는 "결코 그렇지 않다!"라고 대답했다. 그는 이어서 아우디는 무인자율주행 차량에서 기술진보를 해왔다고 강조하며, 이를 '비행 운전 경험'이라고 불렀다.

새로 등장한 테슬라(Tesla)의 전기자동차에 대해서도 비슷한 판단이 이루어졌다. 이 새로운 럭셔리 전기자동차가 시장에 출시되었을 때, 빠르게 충전 가능한 급속 충전소가 아직 설치되지 않은 상태에서 자동차 운전자는 충전 시간이 길어 불편함을 겪었다. 전 세계적으로 유지 보수나 애프터서비스도 부족했고, 일단 방전되면 견인하는 것도 문제였다. 소프트웨어 기술에 의존하는 자동차는 당시 기술이 성숙하지 않았기 때문에 단계적 제품일 가능성이 높았다. 그래서 메르세데스-벤츠 경영진은 전략 워크숍에서 테슬라가 많이 팔지 못할 것이라고 결론을 내렸다. 그러나 테

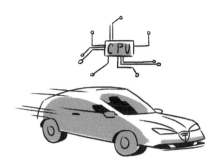

슬라는 빠르게 시장에 진입했으며 모든 사람들을 놀라게 했다.

테슬라자동차(Tesla Motors)의 CEO 에론 무스크(Eron Musk)는 다음과 같이 말했다. "우리는 모델 S시리즈의 자동차 바퀴를 정밀한 컴퓨터로 디자인했습니다." 지난 200년간 자동차의 위치가 새롭게 바뀐 적이 없다. 그런데 테슬라가 전기자동차를 생산했다. 테슬라는 하드웨어회사이면서도 소프트웨어회사다. 따라서 테슬라는 다른 전통적인 자동차회사와 같이 '연식 자동차'에는 관심을 기울이지 않지만, 소프트웨어 업데이트에는 많은 관심을 기울인다.

어쨌든 자동차 산업의 전통적인 헤게모니를 쥐고 있는 회사들은 여전히 휴대폰 산업보다 훨씬 운이 좋다. 적어도 질적 변화보다는 양적 변화의 비즈니스 모델을 따라잡을 수 있는 충분히 확장된 공간이 있고, 심지어 새로운 경쟁자를 능가할 수도 있다. 대조적으로 애플의 전복적인 혁신은 스마트폰 산업을 새롭게 정의하여 새로운 경쟁구도와 비즈니스 모델과 표준을 만들어 이전 기술을 사용하는 주요 휴대폰 경쟁사를 차단했다. 처음 노키아(Nokia)의 엔지니어들이 애플 휴대전화를 발견했을 때, 테이블에서 떨어져 화면이 깨졌다. 그러자 노키아는 애플 휴대전화가 잘 팔리지 않을 것이라고 결론을 내렸다. 그러나 결과적으로 기존 휴대폰 제조업체를 지배했던 비즈니스 모델과 표준이 새로운 시장에서 역할을 잃어버리는 바람에 글로벌 휴대폰 업체였던 노키아와 모토롤라(Motorola)는 몰락했다.

2) 숨겨진 기회는 어디에 있는가?

수년간 세 가지 핵심 기술(컴퓨팅, 저장 및 대역폭)의 기본 모듈은 계속해서 빠르게 증가하고 있다. 디지털의 물결에서 과거에 큰 성공을 거두었다 하더라도 그 경험을 미래 시나리오로 이식할 수 있다고 보장할 수는 없다.

오늘날 우리는 더 이상 완전히 통제할 수 있는 상황에 처해 있지 않으며, 과거의 시야범위 내에서 '보이지 않는 경쟁상대'는 대형 조직에 실질적인 충격을 가져다줄 수 있다. 이전에 차이나통신(China Telecom)은 자신의 최종 경쟁상대가 위챗(WeChat) 같은 제품이 될 것이라고는 생각지도 못 했다. 은행도 처음에는 알리페이(Alipay)나 위바오(Yubao)가 전통적으로 강력한 금융 기관들과 겨룰 수 있는 서비스 형태라고 간주하지 않았다.

컴퓨터의 시대는 지나갔는가? 무크(MOOC: Massive Open Online Courses 온라인공개강좌)는 이미 과거의 것을 가르치고 있는가? 인공지 능의 개발로 공장에서의 제조 작업은 더 이상 존재하지 않는가? 싱귤래 러티대학교가 2023년으로 예측한 기술적 특이점(technological singular-ity)에 도달하면 인간은 더욱 도태될 것인가? 세상은 너무 빠르게 변하고 있으며, 우리는 미래를 다소 두려워한다.

그러나 동전에는 양면이 있는 것처럼 반 컵 정도 담긴 물을 보고 어 떤 사람은 물이 절반밖에 없다고 말할 것이고 어떤 사람은 절반이나 남 아 있다고 말할 것이다. 도전의 뒤에는 반드시 엄청난 기회가 있으며, 문 제는 우리가 그러한 기회를 찾아서 잡을 수 있는지에 달려 있다. "컴퓨터 의 다음 제품은 무엇입니까?"라는 질문은 선형적 사고를 드러낸다. 오늘 날의 기술은 우리에게 많은 도움을 줄 수 있다. 유전자 기술을 통해 사회 구조를 근본적으로 바꿀 수 있고, 하룻밤 사이에 하나의 산업을 전복시 키고 사회 변혁을 창출할 수도 있다. 미래는 일종의 네트워크 사고다.

인류사회의 산업 발전 역사를 되돌아보면 처음에는 원료만 추출했 다. 건축자재로 사용하기 위해 강가의 모래를 건져냈다. 그러다가 상품과 서비스를 창출하고 제공하기 시작했다. 물을 정수하는 필터를 생산했고, 필터를 교환하는 서비스를 제공했다. 이제는 경험을 창출한다. 사용자의 미적 가치를 충족시키는 정수기를 제공해야 한다. 고객의 기대가 높아지 는 긴장된 분위기 속에서 주문제작, 맞춤형, 차별화를 통해 전 세계적으로 주요 산업에서 업그레이드가 진행 중이다. 우리에게는 혁신을 위한 지침이 필요하고, 변화 과정에서 스스로를 인도해야 한다.

과거에 우리가 직면한 문제가 "50+50=?"였다면, 이제는 "?+?=100"이라는 문제에 직면하고 있다. 이것이 의미하는 바는 '우리의 수요를 빠르게, 문제를 신속하게 기회로 구성 및 재구성'할 수 있어야 한다는 것이다.

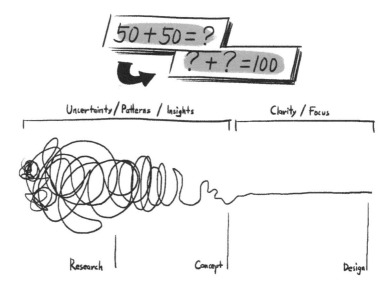

위의 그림은 디자인 씽킹의 비즈니스 혁신 모델이다. 이 그림으로 디자인 씽킹의 혁신적인 모델 아래 숨겨져 있는 핵심적인 이점을 명확히 볼 수 있다. 디자인 씽킹의 강력한 능력은 문제를 재구성함으로써 문제를 해결하는 것이다. 일반적으로 프로젝트를 시작하기 전에 다양한 영향 요인들이 서로 얽히고 설켜서 프로젝트의 불확실성이 높아지고, 관리자는 결정을 내리기 어려워진다. 이해, 관찰, 종합을 통한 디자인 씽킹은 사용자에게 가까이 접근하고 깊이 파고들어 복잡한 정보에서 패턴을 찾고, 통찰을 추출하고, 개념을 형성하여 프로젝트의 확실성을 향상시킨다. 이로서

한 단계 진전된 디자인과 발전 방향에 집중한다. 따라서 진정으로 문제가 무엇인지 발견하고 집중하는 것이 디자인 씽킹의 전복적인 혁신의 출발점이며, 이를 통해서만 결과가 좋게 변할 수 있다. 불확실성에서 확실성을 찾고 통찰을 추출하는 것도 혁신적인 리더십 구축의 핵심이다.

3) 혁신의 세 번째 물결

(1) 뮌헨재보험회사의 새로운 혁신

미래지향적 혁신은 더 많은 사람들의 손에 달려 있다. 글로벌 기업에서, 대학생에게서, 그리고 창업자에게서 우리는 이러한 경향을 본다. 독일 뮌헨에 본사를 둔 뮌헨재보험회사(Munich Reinsurance Company)는 150개 이상의 국가에서 운영되며 60개 이상의 지점을 보유하고 있다. 뮌헨재보험회사는 비즈니스 파트너의 높은 수준의 전문 지식 및 우수한 서비스를 바탕으로 경영성과에서 큰 성공을 거두었을 뿐 아니라 국제적으로도 권위자의 명성을 얻었다. 중국보험규제위원회(China Insurance Regulatory Commission)의 심사를 통과하여 중국에서 종합 사업 허가를 받은 국제 재보험회사다.

한번은 뮌헨재보험회사의 직원들에게 "전 세계에서 가장 혁신적인 회사는 어느 회사입니까?"라고 물었다. 이런 질문에 대한 대답은 흔히 구글, 애플, 우버 등이다. 그런데 뮌헨재보험회사의 아시아태평양 지역을 담당하는 고위 임원은 이렇게 대답했다. "우리 회사가 130년 전에 사람들에게 보험을 판매하기 위해 종이 한 장을 가져갔을 때, 매우 혁신적이었습니다. 그 누구도 종이 한 장으로 비즈니스를 할 수 있다고 생각한 사람은 없었기 때문입니다. 그러나 그런 역량을 점차 잃어버리고 있는 것 같습니다. 이제는 혁신 회사의 어느 누구도 그때 장면을 다시 생각하지 않는 것 같습니다."

　그러고 나서 그는 과거에 회사가 경험한 두 가지 혁신의 물결을 소개했다. 이 두 가지 혁신의 결과는 다소 실망스러웠지만, 세 번째 혁신 물결을 추진하려는 회사의 확고한 의지를 저해하지는 않았다. 디자인 씽킹의 체계적인 혁신이념과 일련의 실행 가능한 혁신적인 방식을 통해 이 보험 업계의 거인은 다시 비즈니스 가치 창출을 주도할 혁신의 기회를 엿보고 있다.

　현재 뮌헨재보험회사는 과감히 새로운 혁신의 물결에 투자하고 있다. 먼저 전 세계 각 지점에 디자인 씽킹 작업 모드를 도입하고, 기업 혁신 문화를 구축했다. 베이징의 다산즈(大山子) 751공원에 신속하게 혁신랩을 설립하고, "고객과의 공동 창조"와 "신속한 프로토타입 디자인"을 제창하며 적극적으로 디자인 씽킹 워크숍과 프로젝트 방법을 채택하여 고객 및 스타트업 기업과 협력하고 있다.

　혁신랩의 사무실은 일반 사무실과 다르게 보였다. 오래된 가구와 전체적인 분위기의 조합은 디자인 공간을 연상케 한다. 사무실에 정장을 입은 사람은 없었으며, 실리콘밸리 같은 문화가 권장된다. 류더센(陆德森) 이사는 다음과 같이 강조했다. "우리는 끊임없이 출현하는 현실의 수요에 혁신적으로 대응할 수 있도록 제때 발견할 수 있기를 희망합니다. 우리 회사는 그러한 해결방안을 찾기 위해 계속해서 보험 업무의 경계를 확장해왔습니다. 만약 기술과 전복적인 혁신의 길 중에 하나를 선택하라고 하면, 성장 가능성이 존재하는 것이 가장 확실한 선택입니다. 우리는

풍부한 지식과 능력을 갖추고 있으며, 이제 혁신랩을 설립했습니다. 혁신
실험실은 고객과 동반 성장하도록 도울 것입니다."

　　뮌헨재보험회사는 모든 단계에서 고객 수요가 반영되도록 보장할 뿐
만 아니라 공동으로 모델을 창출하고 신속하게 프로토타입을 제작한다.
이는 제품을 적시에 출시하는 데 큰 이점을 제공한다. 현재 베이징 혁신
랩(Beijing Innovation Lab)이 집중하는 혁신 주제에는 전면적 네트워크,
무인운전 및 예측 분석, 공유경제 및 스마트홈 같은 미래 시나리오를 포
함하고 있다.

　　(2) 나사(NASA) 위성은 대학원생팀이 설계했다!
2011년 스탠퍼드대학교 디자인 씽킹 스쿨은 나사(NASA)로부터 록히드
마틴 통신위성(Lockheed Martin Communication Satellite)의 물리적 구
조를 재설계해 달라는 제안을 받았다. 나사는 세계 최대의 방위산업체이
자 세계적 수준의 탄약 기업이며 핵심 사업은 항공, 전자, 정보기술, 항공
우주 시스템 및 미사일 제작이다. 이러한 전문성이 매우 강한 디자인 도
전이 디자인 씽킹 스쿨 창립자 중의 한 명이자 ME310 랩 책임자인 래리
라이퍼(Larry Leifer) 교수에게 전달되었다.

　　라이퍼 교수는 스탠퍼드 대학원생팀과 함께 나사에 도착했다. 라이
퍼 교수는 학생들에게 거대한 위성을 주시하는 것 외에도 활발히 일하는
사람들도 집중해서 보아야 한다고 친절하게 상기시켜주었다. 스탠퍼드대
학팀은 세계 항공우주산업에서 가장 뛰어난 엘리트들이 오전 7시부터
밤 12시까지 매우 높은 강도로 12~24개월을 계속해서 일해야 하지만, 그
들의 작업 공간이 매우 협소하다는 것을 발견했다. 거대한 위성이 대부분
의 공간을 차지하기 때문에 20명의 과학자들은 한 곳에 밀집해서 일해야
했다. 여기서 스탠퍼드대학교의 교수와 학생들은 아이디어를 생각해냈
고 나사에 전달했다. "존경받는 과학자들에게 적절한 작업 공간을 제공

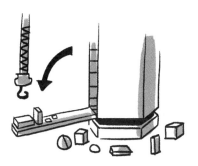

할 수 있습니까? 통신위성의 구조가 직육면체로 디자인된다면, 한 면을 단독으로 설치하여 검사와 수리를 지원할 수 있고, 위성의 유지관리 효율을 개선하여 비용을 줄일 수 있으며, 과학자들의 작업환경을 크게 개선할 수 있습니다. 모든 과학자는 독립적인 공간에서 연구수행과 위성 조작을 할 수 있게 됩니다."

나사는 매우 기뻐하며 이 해결방안을 채택하고 실제로 적용했다. 〈포브스〉(Forbes)지의 후속 보고서에 따르면 록히드 마틴 통신위성은 이 해결방안으로 위성 1대당 약 2,500만 달러를 절감했고, 연간 총 1억 5천만 달러를 절약할 수 있었다. 또한 스탠퍼드대학교 교수와 학생팀은 나사 과학자와 직원 간의 긴밀한 협력을 통해 혁신적인 디자인 씽킹 문화를 후원자인 나사에게도 이식했다. 록히드 마틴팀은 스탠퍼드대학교를 방문하여 장기적인 협력기회를 더욱 많이 창출했을 뿐만 아니라 학생팀원 중에서 졸업 후 나사에 합류할 이상적인 직원을 찾을 수 있었다.

통신위성에 대해 잘 알지 못하는 대학원생팀이 전 세계에서 가장 발전한 항공우주 장비의 물리적 구조를 개선하고 실질적인 성공을 거두었다. 이 사실은 프로젝트가 끝난 후의 사후적인 평가다. 세계적으로 저명한 업적을 보유한 나사가 전문적인 컨설팅회사를 고용하지 않고 문외한인 혁신팀의 지혜에 의존한 이유는 무엇일까? 전문 컨설팅회사는 비용이 비싸지만 완벽한 비즈니스 실행방안을 제공하고 다양한 실행 경로와 대량의 데이터 비교 분석을 제공하여 경영지도자의 정책안을 지원하기도 하는데, 이러한 방식으로 인한 잘못된 정책은 비일비재하다. 반면 교수와 학생팀은 통신위성 분야의 전문가는 아니지만, 디자인 씽킹의 새로운 방식에 의거하여 통신위성에만 국한되지 않는 다양한 관련 분야의 전문가와 긴밀히 협력하여 인간적이고 상상력이 가득한 해결방안을 풍부하게 얻을 수 있었다.

(3) 딸기 기업가와 풀뿌리 기업가

하너지홀딩스그룹(Hanergy Holding Group)의 부사장 왕다오민(王道民) 박사는 혁신 관리 및 기업가의 상황을 이야기하면서 생생한 은유를 사용했다. 대기업 내부의 개방형 혁신 플랫폼의 기업가를 '딸기 기업가'(Strawberry Entrepreneur)라고 칭했고, 기업 외부에서 맨손으로 처음부터 시작하는 기업가를 '풀뿌리 기업가'(Grass-roots Entrepreneur)라고 칭했다. 딸기 기업가와 풀뿌리 기업가는 기업가의 동기, 가용한 자원과 직면해 있는 도전 등에서 두 유형의 차이점을 잘 반영한다.

기업의 관리자는 딸기가 온실의 우수한 조건을 잘 활용할 수 있기를 기대하지만, 종종 외풍과 비를 맞고 자라는 풀뿌리만큼 활력이 없기 때문에 기업은 외부의 새로운 지적 자원을 계속해서 흡수할 것이다. 또한 디자인 씽킹 스쿨과의 협력을 통하거나 이미 기초가 다져진 창업기업을 직접 인수할 것이다.

디자인 씽킹 스쿨의 학생들은 휴대폰 세대다. 회사 직원들은 디자인 씽킹 스쿨과 함께 일할 때 종종 학생들의 신선한 업무 스타일과 결과에 놀라게 된다. 중국 평안보험사(China Ping An Property Insurance) 베이징지점의 혁신부서 총괄책임자인 하오 리준(郝立军)은 평안보험사에서 20년 동안 근무했다. "학교에 올 때마다 공부를 하는 것이 아니라 놀러 온다고 느낀다. 여기서 나는 무엇이든 가능하다는 혁신으로 다시 충만감을 느끼고 있다"라고 말했다.

3.　디자인 씽킹을 사용하여 현실을 전환하다

디자인 씽킹의 최종 목적지는 변화다. 디자인 씽킹이 제안하는 방법은 문제를 정확하게 직시하고, 끊임없이 공간, 과정, 팀의 세 가지 요소로 돌아와서 체험에서 실행으로 한걸음씩 전환을 현실화하는 것이다.

1) 잠재적 가정에 도전한다

버트런드 러셀(Bertrand Arthur William Russell)은 "모든 사상가에게 가장 큰 도전은 문제를 진술할 때 해결방안이 실현될 여지를 남겨두는 것"이라고 말했다. 이 대가의 말에서 문제를 구성하고 재구성하는 것이 어려운 부분이라는 것을 어렴풋이 느낄 수 있다. 때로는 하나의 문제를 둘러싸고 명확한 답을 도출하기 위해서는 더욱 많은 질문이 필요하다. 때로 우리는 문제에 대답할 수 없다. 그 대신에 다른 방식으로 질문해야 한다.

자동차 산업과 관련된 예를 살펴보자. 환경보호를 위해 정부가 차량 연료 소비를 줄이려고 지속적으로 노력한다는 것을 알고 있다. 도시의 미세먼지가 심각해지자 차량 수를 줄이려고 한다. 자동차 산업의 연구개발 부서는 이를 위해 많은 노력을 기울였다. 그러나 연료 소비가 100l 미만이든 5l 미만으로 감소하더라도 연료 에너지는 여전히 석유다.

실제로 "100km마다 기름을 얼마나 절약할 수 있을까?" 이 문제를 재구성해보자. 바로 다른 문제를 제기할 수 있다. "사람들이 A 위치에서 B 위치로 가는 데 에너지를 덜 사용하는 방법이 있을까?" 이렇게 질문하면 휘발유와 경유를 제외하고 새로운 에너지를 사용하는 차량이 사람들의 시야에 들어올 것이다.

한 단계 더 나아가 이렇게 질문하면 근본적으로 다른 문제를 제기한다. "어떻게 사람들이 A 위치에서 B 위치로 갈 수 있을까?" 지하철, 자전거, 열기구 등 다양한 해결방안이 있다. 이제 자동차는 더 이상 유일한 후보가 아니다.

다시 한 단계 깊이 나아가면 파생되는 문제는 "무슨 목적으로 사람들이 A 위치에서 B 위치로 갈까?"일 것이다. 아마도 우리는 사람들이 A에서 B로 갈 필요조차 없다는 것을 발견하게 될 것이다. 특정 정보만 전달하면 될 수도 있다.

이와 같은 일련의 사고는 우리에게 매우 다른 질문을 제기한다. 이 질문들의 가치는 100km마다 소비되는 자동차의 연료를 어떻게 줄일지의 질문을 훨씬 능가한다. 연료 소비가 아무리 낮더라도 여전히 단기적이고 표면적인 문제이기 때문이다.

미국 속담에 "망치가 있으면 모든 것이 못처럼 보인다"라는 말이 있다. 위의 자동차 예는 복잡한 문제에 직면하여 작은 문제로 나누고 논리적 사고로 해결하는 방법을 보여주지만, 종종 단기적인 문제만 해결하고 광범위하고 장기적인 문제는 해결하지 못한다.

2) 마법의 세 가지 요소로 돌아가기

기업의 고위 관리자가 인정하고 입소문으로 퍼지는 업무방식과 혁신 문화는 대체 무엇일까? 디자인 씽킹은 처음에 고등학교에서 만들어졌으며, 지난 10년 동안 전 세계에서 빠르게 받아들여져 다양한 국가와 지역에 적응하고 착륙하여 어떤 프로젝트는 성공했고 어떤 프로젝트는 실패했다. 성공과 실패의 이유는 어디에 있을까? 성공률을 높이는 데 본보기가 되는 경험이 있을까?

　에스에이피(SAP)사의 설립자 중 한 명인 하소 플라트너는 디자인 씽킹의 지속적인 발전을 관찰하고 촉진하기 위해 자신의 이름을 딴 연구소를 설립하고, 디자인 씽킹의 진화에 관한 프로젝트에 착수했다. 연구자들은 디자인 씽킹의 성공적인 실행에는 공간, 과정, 팀이라는 세 가지 흥미로운 요소가 있다는 것을 발견했다.

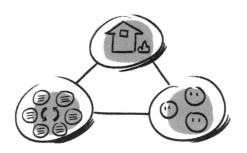

　(1) 공간

공간은 유형적이면서도 무형적이다. 또한 물리적이면서도 심리적이다. 창업자의 공간을 보면 종종 대부분의 좌석이 개방되어 있고, 공용 시설도 많이 있어 사람들에게 편리하다는 느낌을 주며, 개발 속도와 규모 경쟁을 암시한다. 창업자 공간의 사람들은 젊고, 빨리 걸으며, 커피는 기본이다. 때때로 글로벌기업은 창업가 공간을 빌려서 직원들에게 창업가의 문화를 이해하게 하고, 대형 상선을 탄 사람들의 풍랑을 느끼게 한다.

　디자인 씽킹의 공간 디자인에 관한 흥미로운 이야기가 있다. 독일 하소플라트너 디자인씽킹연구소의 전체 공간은 대학교수와 '시스템 180'(System180)이라는 독일 회사가 디자인한 것이다. 대형 화이트보드,

서서 일할 수 있는 작업대, 가벼우면서 다리가 긴 높은 의자가 있다. 스탠퍼드대학교처럼 커다란 빨간 소파도 두었다. 중국 커뮤니케이션대학교가 2011년 디자인씽킹혁신센터를 설립했을 때, 중국 교수들은 독일의 공간 디자인 방안을 완전히 복제하는 것을 원하지 않았다. 중국 문화를 기반으로 한 사고와 융합되기를 희망했다. 따라서 독일의 혁신 공간에 있는 직사각형 테이블은 중국 사람들의 융화와 공유의 문화적 특성에 부합하는 원형 테이블로 바뀌었다.

　독일 하소플라트너연구소의 울리히 와인버그(Ulrich Weinberg) 교수는 중국을 방문하여 새로운 원형 테이블을 보고 칭찬을 아끼지 않았다. 원형 테이블이 매우 중국적이라고 생각했으며, 가장 중요한 것은 원형 테이블이 상석 개념을 제거한다는 것이다. 직사각형 테이블에 앉을 때는 보통 지위의 차이를 반영하여 상사가 직사각형의 더 짧은 쪽에 앉는다. 둥근 테이블은 모든 측면이 동일하여 이런 공간에서 사람들은 상하 위계 구분이 없다고 느끼게 되는데, 이것은 창의 단계에서 매우 중요하다.

　그러나 중국에서 당연한 것으로 간주되는 원형 테이블이 독일에 그대로 배치되면 조금 이상해 보일 수 있다. 독일인은 원형 테이블에서 먹거나 작업한 경험이 없다. 와인버그 교수는 중국의 원형 테이블 사진을 찍어 독일로 돌아와 시스템180사의 엔지니어들과 상의하여 새로운 6각 테이블을 디자인했고, 독일 하소플라트너연구소에서 사용하고 있다. 그 후, HPI에서 배우기 위해 방문하는 많은 회사들도 시스템180사에서 잇달아 6각 테이블을 주문하여 자신들의 혁신 공간에 배치했다.

(2) 과정

동양의 지혜와 서양의 지혜는 많은 차이점이 있으며, 동양은 전체, 신비, 영적 각성을 숭상하고 서양은 형상, 사실, 진실을 추구한다. 한의학은 기(气)와 혈(血)을, 서양 의학은 해부에 대해 이야기한다. 그림에서도 돈황 벽화의 비천 선녀에게는 단지 2개의 깃이 있고, 서양의 천사는 날개가 그려져 있다.

　　그렇다면 혁신은 어떻게 발생한 것인가? 동쪽으로부터의 해답은 수년의 축적과 번뜩이는 영감에서 우연히 얻는 것이므로 창의의 암호는 오랫동안 음악가, 건축가, 작가 등의 손에 있었으며 신비롭고 예측할 수 없다. 서양은 항상 일관적으로 연구 스타일을 고수하여, 일련의 구체적인 절차를 개발했으며, 각 절차에는 여러 방법과 도구가 포함되어 있어 더이상 혁신이 요원한 것이 아니며, 모든 사람이 자신의 창의력을 발휘할 기회를 얻는다.

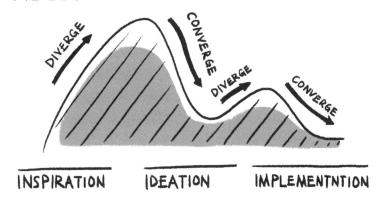

아이데오(IDEO)사는 비즈니스에서 디자인 씽킹을 더욱 잘 활용하기 위해 영감(Inspiration), 아이디어(Ideation), 실행(Implemenation)의 세 단계로 구성되는 3I 모델을 제안했다. 발견적 단계의 주요 부분은 문제 영역이다. "나는 디자인 도전이 있다." "어떻게 시작해야 할까?" "어떻게 인터뷰를 할까?" "어떻게 사람 중심 관점을 유지할까?" 창의 단계의 주요 부분은 해결방안 영역이다. "나는 디자인 기회가 있다." "어떻게 이해한 내용을 표현할까?" "어떻게 통찰을 창의로 표현할까?" 구현 단계의 주요 부분은 실행 영역이다. "나에게는 혁신적인 해결방안이 있다." "어떻게 개념을 현실로 바꿀까?" "어떻게 기하급수적인 성장을 달성할까?" "어떻게 지속 가능한 개발을 계획할까?"

3I 모델은 두 가지 분명한 발산과 수렴 과정을 보여준다. 첫 번째 발산과 수렴은 영감 단계와 창의 단계에서 발생한다. 관찰과 인터뷰를 한 후 종합 단계에서 정보가 추출된다. 두 번째 발산과 수렴은 창의 단계와 구현 단계에서 발생한다. 많은 아이디어를 얻은 후 비교적 가치가 높은 아이디어를 선택하여 현실로 전환한다. 영국디자인위원회는 아래 그림과 같이 4D 모델을 제안했다. 이 모델은 '이중 다이아몬드 모델'이라고 부른다.

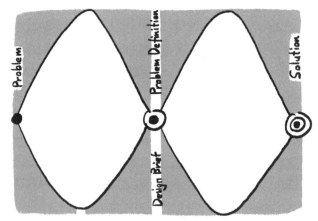

이중 다이아몬드 모델은 발산과 수렴 과정을 생생하게 반영하며, 감성과 합리성을 모두 중시하고, 좌뇌와 우뇌가 공동 작업하는 과정이다. 모델의 왼쪽 끝은 해결해야 할 문제이고, 중간은 디자인 도전을 재구성하

며, 오른쪽 끝은 최종적으로 얻은 해결방안이다.

　　이러한 과정에서 참가자들은 음악회를 경험하는 것과 같이 때로는 풀었다가 조이고, 때로는 거칠다가 섬세하게 좋은 리듬감을 형성한다. 리듬감은 여러 다른 형태의 작업을 진행하면서도 계속해서 활기찬 상태에서 사고를 유지할 수 있게 한다.

　　(3) 팀

미 육군에서 전역한 스탠리 맥크리스털(Stanley McChrystal) 장군은 베스트셀러인 《팀들로 구성된 팀》(Team of Teams)을 출판했다. 맥크리스털 장군은 이 책에서 군대에서의 조직모델을 다루고 있다. 미국 합동특수작전부대는 다양한 부서의 최고 인재들로 구성되어 있는데, 기병대, 미 해군 바다표범돌격대, 델타포스 등에서 선발된 엘리트들을 포함한다. 이 부대원들은 이전에 미국이 치른 국지전에서 탁월한 성과를 거둔 적이 있다. 그러나 오합지졸로 보이는 오만한 알카에다(Al Qaeda) 조직을 상대로 전쟁에 패배하고 줄행랑을 쳤다. '명령하달식' 모델은 관료주의 조직으로 전환되어 정보에 대한 반응이 느려져 전선의 장병들은 큰 손실을 입었다. 맥크리스털 장군은 알카에다 조직과 싸우기 위해 조직을 재정비하는 과정에서 군대와 같이 전통적인 위계 조직에서도 탈중심적인 조직모델이 효과적이라는 것을 알게 되었다.

　　맥크리스털 장군은 빠르게 변화하며 네트워크화되어가는 전장 상황에 대응하기 위해 팀을 구성하는 모든 팀원이 최고의 엘리트일 필요는 없으며, 좋은 팀을 구성하는 데 필요한 두 가지 조건을 제시했다. 첫째, 팀원의 배경은 다양해야 하며, 팀 구성원은 다양한 지식 구조와 사고방식을 통해 상호 보완하고 지속적으로 학습할 수 있어야 한다. 둘째, 팀원 간에는 충분한 의사소통이 필요하고 공동의 핵심 개념과 목표를 공유한다는 원칙을 기초로 정보와 아이디어를 공유해야 한다.

　우리는 흔히 쇼핑몰이 전장과 같다고 말한다. 《팀들로 구성된 팀》에서 묘사되는 위계적인 조직은 군대뿐만 아니라 기업에도 보편적으로 존재한다. 기업의 조직도를 그려보면 현재 기업의 대부분은 재무부서, 마케팅부서 및 영업부서 같이 수직적인 방식으로 관리되고 명령에 기반을 둔 관리방법이 채택되고 있다. 상급 직급에서만 정보가 순환되고 팀의 모든 사람에게 공개되지 않는다. 맥크리스털 장군의 전장 경험에 따르면 원래 소수의 사람들만 참석했던 작전회의가 점점 더 많은 사람들로 확대되어 점차 모든 사람이 회의에 참석할 때까지 전 세계적으로 7천 명에 달하는 놀랄 만큼 큰 규모가 되었다. 2시간의 작전회의에서는 누구나 화이트보드, 스케치, 전자화면, 디지털사진, 디지털지도 등을 사용하여 정보를 공유하고 자료를 관리하고 협업하며 전투 결과를 평가할 수 있다. 이러한 작업 방식으로 상위 계급과 하위 계급이 수평으로 분리된다. 전문 부서 간의 장벽이 완전히 해소되어 부대원들이 전장에서 전투기를 포착하는 데 도움이 되었다. 조직을 개혁한 후 합동특수작전부대원들의 행동이 이전보다 17배 더 빨라졌고, 정보가 모든 사람에게 개방적이기는 하지만 군대에 주는 전체 이익이 정보 유출 위험보다 훨씬 컸다.

　믿기 어려워 보이는 이런 종류의 탈중심, 분산 및 적응형 조직관리는 여러 기업에서 인정과 존중을 받아 '위큐'(WeQ)라는 새로운 용어가 탄생했다. 이것은 개인의 '아이큐'(IQ)에 대비되는 개념으로, 개인의 능력이나 기여를 강조하는 것과 비교할 때 위큐는 팀이 가져다주는 가치에 더 많은 관심을 기울인다. 예를 들어, 세계적인 기술 및 서비스 제공업체인 독일 보쉬그룹은 부서 간 혁신팀을 설립하여 전통적인 방식의 개인 성과평가지표를 없애고 팀 성과 평가지표를 채택했다. 뉴욕에 본사를 둔 글로벌미디어 기업인 콘데나스트(Condé Nast)도 유사한 메커니즘을 채택했다. 콘데나스트는 다양한 분야의 잡지 〈보그〉(Vogue), 〈지큐〉(GQ), 〈셀

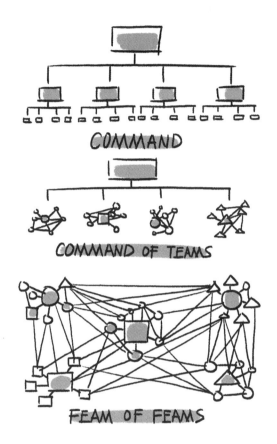

프)(SELF), 〈에이디〉(AD), 〈콘데나스트 트래블러〉(Condé Nast Traveler)
를 발행하고, 잡지 부서 간 혁신팀이 디지털콘텐츠 서비스를 향상시켰다.

에스에이피(SAP)사의 창립자 중 한 명인 하소 플라트너는 "디자인
씽킹은 언어다. 우리의 소프트웨어 엔지니어와 재무 직원, 마케팅 담당자
및 파트너가 협업할 수 있는 의사소통 언어다. 현재 소통 혁신이 학제간,
부서간 팀에 반영되는 추세는 비즈니스, 교육 및 사회 분야로 계속 확대
되고 있다"라고 말했다.

3) 체험-응용-전환

아이데오(IDEO)사의 창립자이자 스탠퍼드대학교 디자인씽킹연구소 (Stanford Institute of Design Thinking)의 창립자 중 한 명인 데이비드 켈리(David Kelly)는 "이 아이디어가 마음에 들면 가지세요. 저에게는 더 좋은 아이디어가 있습니다"라고 말한 적이 있다. 이 말에는 혁신에 대한 자신감이 거침없이 드러난다. 형제인 톰 켈리(Tom Kelly)와 함께 베스트셀러 《혁신적 자신감》(*Innovative Confidence*)을 공동 출판했다. 사람들이 디자인 씽킹을 통해 창의력을 향상시키고, 주변 세상을 바꿀 용기를 갖도록 격려하며, 혁신적인 개념을 실제 행동으로 옮김으로써 기업, 비즈니스 뿐 아니라 인생을 번영하게 했다.

그러나 이것은 간단한 과정이 아니다. 어렸을 때 우리는 찰흙을 갖고 온갖 물건을 만들었고, 크레용으로 마음이 내키는 대로 훌훌 그렸으며, 하얀 말이 하늘을 날 듯 창의력이 풍부했다. 그러나 성장 과정에서 혁신을 시도하지만 제대로 평가받지 못하고 결국 전통 산업에 종사하게 된다. 화가나 조각가, 디자이너나 글 쓰는 사람들에게는 '창의형 인간'이라는 혁신자의 옷을 입혀 경의를 표하면서, 자기 자신에게는 '비창의적 인간'이라는 딱지를 붙인다.

디자인 씽킹 스쿨에 들어가면 1~2시간 만에 매우 빠른 속도로 디자인 씽킹의 혁신 체험을 통해 분명하게 창의력의 불꽃이 튀는 것을 느낄 수 있다. 또한 교수의 독창적인 커리큘럼 설계를 통해 매우 짧은 시간 안에 대량의 혁신 성과를 생산할 수 있다. 조금 더 많은 시간을 할애하면 하루, 이틀 또는 일주일의 체험 과정에 참가하여 구체적인 디자인에 도전할 기회를 갖게 된다. 긍정적인 분위기에서 자신의 타고난 창의력이 어떻게 변화하는지 느낄 수 있다. 그러다가 마침내 문제에 대한 일련의 혁신적인 해결방안이 형성된다.

체험은 좋다. 그러나 불행히도 좋은 체험은 지속되지 않는다. 워크숍에 참가해본 경험이 있는 사람들은 흔히 체험 단계가 고열과 같다고 느낀다. 그 시간과 그 장소에서 교수와 팀원이 공동작업을 할 때 우리의 창의력은 폭발했지만, 그 장소를 떠나 테이블도, 화이트보드도, 사람들도 없는 일상생활로 돌아오면, 모든 사람은 기존 방식으로 계속해서 생활하고 일하게 된다. 따라서 식견이 있는 기업들은 종종 특정 프로젝트를 담당하는 직원을 체험에서 응용 단계로 진입하도록 하여 전복적인 혁신 제품, 서비스 및 모델을 창출한다.

프로젝트의 단계별 기간은 보통 3개월이며, 프로젝트의 첫 단계는 도전 영역을 탐색하고, 해결해야 할 도전을 충분히 이해하고 도전을 재구성한다. 두 번째 단계는 해결방안 영역을 탐색하고, 획기적인 프로토타입이나 흥미로운 프로토타입, 또는 실행할 수 있는 체계적인 프로토타입을 제작한다. 세 번째 단계는 실행 가능한 제품이나 서비스를 출시한다. 테스트하여 교체하고, 민첩하게 제품과 서비스 개발을 진행한다.

디자인 씽킹 스쿨은 프로젝트 전반에 걸쳐 '창조의 산파' 역할을 수행하고, 기업이 직면한 실제 문제를 '혁신 과제'로 간주하며, 각 혁신 과제의 도전자는 서로 다른 전문 배경을 가진 교수와 학생들로 구성된 팀이다. 관련 업계 전문가와 회사 직원들도 참여한다. 프로젝트가 끝나면 상응하는 혁신 방안이 창출될 뿐 아니라 회사 직원들도 이 과정에서 혁신의 공통언어와 가치관을 확립하게 되어 부서 간 협력을 강화하고, 대부분의 경우 기업의 인력자원 부서는 대학에서 풍부한 잠재적 창의 인재를 발견할 수 있다.

세 번째 과정은 전환이다. 회사마다 혁신과 디자인 수준에 대한 이해가 다르다. 가장 기본적인 외부 환경에 대한 이해로부터 사용자 경험이나 제품에 대한 전면적인 고려에 대한 이해, 더 나아가 기업의 제품 전략에 대한 이해와 기업 문화와 사고에 대한 이해의 수준이 제각기 다르다. 직원들이 회사 내부에서 새로운 업무 방식과 의사소통을 시작했을 때 경영진은 새로운 평가 시스템과 관리 표준 시스템을 구축하기 시작했으며, 사무실 공간과 분위기가 새로운 면모를 보일 때 문화와 사고방식의 전환이 일어났다.

4) 길 위의 디자인 씽킹

독일 포츠담에 소재한 하소플라트너 디자인씽킹연구소는 유럽 혁신의 교두보이며, 학장의 지도하에 5년마다 혁신가를 위한 디자인 씽킹대회를 개최하고 있다. 지멘스(Siemens), 비엠더블유(BMW), 보쉬(Bosch) 등 세계적으로 유명한 회사들과 저명한 대학교가 함께 모이는 성대한 행사를 울리히 와인버그 교수가 주최한다.

아름다운 도시 포츠담은 2017년 9월, 또 한 번 떠들썩했다. 성대한 행사를 주관한 하소플라트너연구소는 행사에 참가하는 사람들이 포츠담에 도착해서야 디자인 씽킹의 혁신 위력을 느끼게 하고 싶지는 않았다. 그래서 그들은 새로운 프로젝트를 기획하여 "길 위의 디자인 씽킹"(Design Thinking on Road)이라는 이름을 붙였다. 100년이 넘는 역사를 가진 독일의 철도회사 도이치반(Deutsche Bahn)은 이 프로젝트에 긍정적으로 호응하고, 열차 칸 하나를 디자인 씽킹의 혁신공간으로 개조하여 티켓을 판매하도록 했다. 그 결과 전 세계 각지에서 포츠담으로 몰려온 참가자들은 도로에서부터 디자인 씽킹의 혁신 여정을 시작했다. 이 대담한 변화는 독일 철도 경영진이 허용한 혁신 테스트로 볼 수 있다. 철도 운

행이 성공하면, 가까운 시일 내에 '창의 열차 칸'을 만들 수 있으며, 여행 길에서 영감을 찾고자 희망하는 사람들을 도울 수 있다.

많은 일이 일어나고 있다. 만약 어떤 모험적인 항공사가 국제선에 '창공의 디자인 씽킹'(Design Thinking in Air)을 개설하여 창의 여정을 완벽하게 연결한다면 육·해·공의 완벽히 준비된 혁신의 입체 장면을 만들 수 있다. 누가 알겠는가? 상상이 새로운 삶의 방식이 되면 실제로 이 모든 일이 일어날 수 있다.

후기: 디자인 씽킹, 혁신가들의 공통언어

비즈니스 분야뿐 아니라 교육과 사회 분야에서도 점점 더 많은 사람들이 혁신과 변혁을 추구합니다. 우리는 여러 다른 문화적 배경의 혁신가들을 이해하기 위해 명확하고, 균형 있고, 효과적이고, 쉽게 전달할 수 있는 언어가 필요합니다. 그래서 디자인 씽킹이 생겨났습니다.

디자인 씽킹이란 무엇일까요?

디자인 씽킹은 일련의 과정입니다. 사용자로부터 시작하여 사용자의 수요에 봉사하고, 비즈니스, 교육, 사회 등 제 분야의 혁신을 촉진하며, 이해, 관찰, 종합, 창의, 프로토타입, 테스트, 반복 개선 단계로 이루어지는 일련의 과정입니다.

디자인 씽킹은 힘입니다. 문제를 탐구하고 해결하기 위해 우리가 가진 포괄적인 능력을 향상시킵니다. 현실세계로 돌아가 특정 상황에서 문제를 정의하고, 창의적 아이디어를 확장·수렴·결합하는 종합적인 능력을 배양합니다.

디자인 씽킹은 혁신을 추구하는 사람들의 공통언어입니다. 디자인 씽킹을 통해 모든 사람이 자신을 향상시키고, 분야 간 협력과 탐험의 틀에서 혁신에 참여하여 세계가 긍정적인 방향으로 변화하도록 증진할 수 있습니다.

디자인 씽킹의 도구와 방법은 광고창작, 산업제조, 인류학, 뉴스미디어 등 다양한 분야에서 온 것입니다. 관찰방법은 인류학적 현지조사에서 왔고, 또 다른 관찰방법은 시장조사에서 왔습니다. '프로토타입' 개념은 제조업 분야로부터 왔으며, '반복' 개념은 컴퓨터 분야로부터 왔습니다. 광고회사와의 비즈니스 경험으로 수십 년 동안 소비자 조사, 통찰, 브레인스토밍 등이 사용되었습니다.

최근 디자인 씽킹은 이러한 오래된 도구들을 새로운 방식으로 다시 모아 더욱 역동적인 마법의 힘을 갖게 되었습니다. 디자인 씽킹은 사회에서, 대학에서, 비즈니스 세계에서 끊임없이 새로운 방법을 흡수하고, 새로운 경험을 통합하며, 더욱 넓은 무대로 가고 있습니다. 2012년 이래로 독일 포츠담대학교의 하소플라트너연구소(Hasso Plattner Institute)와 협력하여 디자인 씽킹 교육 시스템이 중국에 전면적으로 도입되었습니다.

우선, 고등교육은 전환의 시대를 맞이했습니다. 어떻게 창의력을 배양할까요? 창의력을 키우는 방법은 무엇일까요? 디지털 자원이 점점 많아질수록 지식습득은 더 이상 교육의 초점이 될 수 없습니다. 만약 학생들이 최신 정보를 쉽게 얻고 어쩌면 교수보다 더 많은 정보를 얻는다면, 교육은 큰 변화에 직면하게 됩니다. 왜 학생들은 교육을 받습니까? 지식과 경험은 오래된 세계를 대표합니다. 빠르게 변화하는 새로운 시대에 교육의 목적은 세계를 탐험하고 문제를 해결하는 것입니다. 어떻게 교육을 통해 문제에 대한 창의적인 해결책을 얻을 수 있습니까? 이는 디자인 씽킹이 대답해야 할 질문입니다.

중국의 제조업은 국가 혁신에서 주요 추세가 되었습니다. 디지털 물결을 타고 혁신적인 활동들이 끝없이 등장합니다. 중국은 혁신을 위한 핫스팟입니다. 시장에서의 학습 외에 본보기로 삼을 수 있는 혁신 경로는 무엇이 있습니까? 하드웨어와 투자 외에 중국의 혁신에는 무엇이 부족합니까? 기업가의 출발점은 비즈니스 기회를 인식하는 것입니다. 만약 문제가 발견된다면, 문제를 기업가의 기회로 전환시켜야 합니다. 디자인 씽킹과 이를 대표하는 혁신적 문화와 방법이 출현했고, 이제 제때를 맞이 했습니다. 2015년 중국에서 '제1회 디자인 씽킹 아시아총회'(First Design Thinking Asia Summit)가 개최된 이후 중국의 디자인 씽킹은 새로운 깨달음의 시기로 접어들었습니다.

지난 5년 동안 우리는 디자인 씽킹 대학원 과정을 개설하고, 글로벌 기업과 사회단체의 혁신을 위해 디자인 씽킹 워크숍을 개최해왔습니다. 우리 디자인 씽킹팀은 다양한 기업의 혁신 프로젝트를 맡아 전문가와 대학원팀이 협업하여 사용자로부터 통찰을 얻어 실행 가능한 해결방안을 제안했습니다. 디자인 씽킹 대학원은 학제 간 전공으로 대학원생의 기존 학습 방식을 전복시킵니다. 대학원생들은 단독으로 연구하는 대신 상호 간에 협업을 하며, 실험실에서 책을 읽는 대신 실제 현장으로 가서 문제를 탐구합니다.

또한 기업의 경우에는 디자인 씽킹 워크숍에 참여하여 단지 학습만 하는 것이 아니라 직접 탐색하고, 몸소 체험하면서 도전과제를 받아들입니다. 우리와 협력한 기업고객은 보험, 자동차, 패션, 미디어, IT 같은 다양한 분야로부터 왔습니다. 협력 과정에서 점점 더 많은 기업들이 직원의 혁신적인 자질에 관심을 기울이게 되었고, 인사관리 방법을 개선함으로써 혁신적인 인재가 기업에 활력을 불어넣을 수 있도록 했습니다.

우리는 비영리단체와도 협력하여 디자인 씽킹으로 사회 혁신을 촉진했습니다. 디자인 씽킹은 사용자를 기반으로 하여 사용자 환경을 충분히 고려한 사고 틀에서 중국 NGO들과 혁신의 불꽃을 일으켰습니다.

디자인 씽킹팀의 새로운 사고과정과 팀의 혁신적인 행동은 기업 혁신 및 교육·사회 혁신에서 긍정적인 반응을 얻었습니다. 이제 우리는 책이라는 형태로 더욱 많은 독자들에게 디자인 씽킹의 경험과 방법을 소개하기를 희망합니다.

이 책은 디자인 씽킹을 여섯 단계로 집필했습니다. 이론에 치우치지 않고 실용적인 교육과 다양한 유형의 사례를 포함했습니다. 이 책이 디자인 씽킹에 대한 명확한 그림을 펼쳐내는 실용적인 매뉴얼이 되리라 믿습니다.

친애하는 독자 여러분이 우리에게 "디자인 씽킹은 무엇입니까?"라고 묻는다면, 우리는 이렇게 대답할 것입니다. "너무 많이 묻지 말고 와서 직접 체험해보십시오."

디자인 씽커들(d-thinkers)은 "미래를 예측하는 가장 좋은 방법은 미래를 창조하는 것"이라고 믿습니다. 우리는 미래 혁신의 비전을 위해 디자인 씽킹의 세 가지 요소인 비즈니스, 기술, 인간의 수요 간 균형을 추구합니다.

디자인 씽킹은 직접 체험하면서 학습하는 것을 강조합니다. 디자인 씽킹은 경험, 탐구 및 실천을 통해 최종적으로 각자의 혁신 틀을 구축하도록 유도합니다. 따라서 이 책은 단지 '가이드'일 뿐입니다. 실습과 사고를 통해 자신만의 새로운 혁신관념을 세울 수 있습니다.

혁신가 여러분, 과거 경험에서 벗어나십시오. 직위와 위엄을 내려놓고 변화를 받아들이십시오. 공통의 언어를 사용하여 디자인 씽킹의 새로운 세계를 탐험합시다.

왕커위에(王可越)

디자인 씽킹 추천도서

Cross, Nigel. *Design Thinking: Understanding How Designers Think and Work*. Oxford UK and New York: Berg, 2011.

Mootee, Idris. *Design Thinking for Strategic Innovation*. Wiley, 2013.

Faste, Rolf. "The Human Challenge in Engineering Design." *International Journal of Engineering Education* vol 17, 2001.

Kelly, Tom. *Ten Faces of Innovation*. London: Profile, 2006.

Lawson, Bryan. *How Designers Think*. Oxford UK: Architectural Press/ Elsevier, 2006.

Liedtka, Jeanne. *Designing for Growth: A Design Thinking Tool Kit For Managers*. Columbia University Press, 2011

Liedtka, Jeanne. *Solving Problems with Design Thinking: Ten Stories of What Works*. Columbia University Press, 2013.

Lockwood, Thomas. *Design Thinking: Integrating Innovation, Customer Experience and Brand Value*. New York, NY: Allworth, 2010.

Lupton, Ellen. *Graphic Design Thinking: Beyond Brainstorming*. NY: Princeton Architectural Press, 2011.

Martin, Roger L. *The Opposable Mind: How Successful Leaders Win through Integrative Thinking*. Boston, MA: Harvard Business School,

2007.

Nelson, George. *How to See: a Guide to Reading Our Man-made Environment*. San Francisco, CA: Design Within Reach, 2006.

Pink, Daniel H. *A Whole New Mind: Why Right-brainers w ill Rule the Future*. New York: Riverhead, 2006.

Plattner, Hasso et al. *Design Thinking: Understand, Improve, Apply*. Berlin, Heidelberg: Springer, 2010.

찾아보기

저자 소개

슈이린린(税琳琳)

박사. 중국 커뮤니케이션대학교 부교수. 미국 스탠포드 대학교 객원교수. 글로벌 디자인 씽킹 협회(Global Design Thinking Association) 창립자 중 한 명. 현재 중국 커뮤니케이션대학교 디자인씽킹혁신센터 소장, 중국 사회예술협회 이사, 문화관광부 온라인 게임콘텐츠 심의위원회 전문위원. 〈디자인 씽킹 혁신 가이드〉 전문도서출판, 〈스탠포드 디자인 씽킹 과정 시리즈 1~5〉의 편집장.

장하오(姜浩)

박사. 중국 커뮤니케이션대학교 애니메이션과 디지털 아트 스쿨 교수, 미디어 융합 및 커뮤니케이션 국가중점연구소 연구원, 혁신, 디지털 미디어 교육, 데이터 이론 및 지능형 이론연구. 과학 기술부 과학기술형 중소기업 혁신기금 평가 전문가, 교육부 학위센터 평가 전문위원 및 베이징시 교육위원회 학술평가 전문위원.

왕커웨(王可越)

박사. 중국 커뮤니케이션대학교 부교수. 미국 보스턴 에머슨대학교 방문학자. 글로벌 광고기업과 미디어 기업에서 10년 이상 근무 및 관리경력. 최근 5년 동안 혁신 과정 연구개발에 참여, 고등학교, 기업 및 사회단체에서 100회 이상의 디자인 씽킹 워크숍 기획 및 조직. '상황적 혁신(情境化创新)' 연구 주도.

역자 소개

이원정(李原婳)

성공회대학교 미디어컨텐츠융합자율학부 디지털컨텐츠전공 부교수. 성공회대학교 크리에이티브아트센터(Creative Art) 센터장. 중국 커뮤니케이션대학교(Communication University of China) 디자인씽킹혁신센터 (Design Center Innovation Center) 국제위원회 한국팀 위원장. 중국 커뮤니케이션대학교 방송TV예술학 박사. 연구분야는 디자인 융합, 중국 미디어 컨텐츠, 애니메이션 캐릭터, 아시아 비교연구, 디지털 컨텐츠와 문화 연구 등이다.

이윤경(李倫京)

고려대학교 문과대학 한국사회연구소 교수. 중국 커뮤니케이션대학교(Communication University of China) 디자인씽킹혁신센터 (Design Thinking Innovation Center) 국제위원회 한국팀 부위원장. 대만 외교부 외국인학자 초청프로그램, 대만 중앙연구원 (Academia Sinica) 사회학연구소 방문학자, 독일 튀빙겐대학교 Oriental Studies 교환교수, 미국 뉴욕유엔본부 경제사회국(DESA) 방문연구, 한양대학교 사회학과 겸임교수 역임. 주요 연구 분야는 사회 혁신, 융합연구, 연구방법론, 질적연구방법, 중국연구, 국제이주, 한국학, 해외한인사회, 초국가주의 등이다.

이 저서는 2017년도 정부(교육부)의 재원으로 한국연구재단-학문후속세대양성사업의 지원을 받아 수행된 연구임(과제번호-2017S1A5B5A07063376).